MANUEL PRATIQUE

ET JURIDIQUE

DES

ARCHITECTES ET DES ENTREPRENEURS

DU MÊME AUTEUR

SOUS PRESSE

Des Murs mitoyens et des Servitudes passives. 1 vol.

EN PRÉPARATION

Dictionnaire juridique des architectes et des entrepreneurs en matière de travaux publics et du bâtiment, 2 forts vol.

DIJON, IMPRIMERIE DARANTIERE, RUE CHABOT-CHARNY, 65.

MANUEL PRATIQUE ET JURIDIQUE

DES

ARCHITECTES

ET DES

ENTREPRENEURS

EN MATIÈRE

DE TRAVAUX PUBLICS ET DU BATIMENT

PAR

JEAN-BERNARD PASSERIEU

AVOCAT PRÈS LA COUR D'APPEL DE PARIS

PARIS

IMPRIMERIE ET LIBRAIRIE GÉNÉRALE DE JURISPRUDENCE

MARCHAL ET BILLARD, IMPRIMEURS-ÉDITEURS

LIBRAIRES DE LA COUR DE CASSATION

Place Dauphine, 27

—

1892

Tous droits réservés.

A M. CRESSON

AVOCAT A LA COUR D'APPEL DE PARIS
EX-BATONNIER DE L'ORDRE

ANCIEN PRÉFET DE POLICE DU 4 SEPTEMBRE 1870

Respectueux hommage.

J.-B. P.

Bagnères-de-Luchon, ce 4 septembre 1891.

ABRÉVIATIONS

Cass . . . . Cour de cassation.

C. E. . . . . Conseil d'Etat.

C. civ. . . . . . . Code civil.

D. P. . . . . Dalloz, *Recueil périodique*. Le premier numéro indique l'année ; le second, la partie du volume ; le troisième, la page auxquelles il faut se reporter.

Sir. . . . . Sirey. Le premier numéro indique l'année ; le second, la partie du volume ; le troisième, la page auxquelles il faut se reporter.

J. d. A. . . . . . . *Journal des Architectes et des Entrepreneurs.*

J. P. . . . . *Journal du Palais.*

R. T. P. . . . . . *Revue du Contentieux des Travaux publics.*

Les arrêts du Conseil d'Etat cités sans être suivis du nom du recueil d'origine se trouvent dans le Recueil de MM. Panhard et Dabot

AVANT-PROPOS

Condenser en un résumé aussi bref que possible, à la fois succinct et complet, les différentes règles en matière de travaux au point de vue des droits et des obligations des architectes et des entrepreneurs, tel est le but que nous nous sommes proposé.

Ayant le désir de présenter au lecteur un livre pratique, il nous fallait mettre de côté toute dissertation, toute discussion théorique, pour ne nous attacher qu'à l'interprétation donnée par la jurisprudence tant civile qu'administrative aux lois, décrets et règlements.

Nous avons dû placer la jurisprudence administrative du Conseil d'Etat en face de celle de la Cour de cassation quand elles diffèrent sur l'application d'un même texte, ce qui arrive encore assez fréquemment.

Notre intention n'est pas d'écrire une œuvre de savantes discussions, mais un livre utile et commode, un compendium permettant à l'architecte, à l'entrepreneur, à l'homme de cabinet, juge ou avocat, de trouver immédiatement le renseignement qui lui est nécessaire sur les divers points se rattachant aux bâtiments ou aux travaux publics.

Les ouvrages savants, les dissertations élevées sur toutes les matières spéciales faisant l'objet de ce volume foisonnent, mais un manuel résumant les décisions diverses, économisant les recherches et le temps, clair, concis, manuel vraiment pratique manquait et était réclamé depuis longtemps par les hommes de l'art et par les magistrats.

Ce livre, nous avons essayé de l'écrire.

Nous avons voulu donner au public un travail à la portée de tous, ne suppléant pas aux ouvrages spéciaux mais ayant un caractère essentiellement pratique.

Ce que l'on demande à un manuel, c'est la clarté et la brièveté.

Je ne me flatte pas d'apporter des théories neuves ; j'expose simplement les théories reçues en les étayant par des décisions.

On ouvre un livre comme celui-ci, non pour chercher des dissertations, mais des réponses nettes et précises.

Nous serons récompensé si nous avons atteint ce but.

Nous n'avons pas d'autre désir.

Jean-Bernard Passerieu,
Avocat à la Cour d'appel de Paris.

CHAPITRE PREMIER

Généralités.

1. — L'architecte est un mandataire.
2. — Définition de l'entrepreneur.
3. — La profession d'architecte n'a rien d'incompatible avec celle d'entrepreneur.
4. — Dans ce cas, il assume double responsabilité.
5. — Connaissances multiples que doit posséder l'architecte.
6. — La profession d'architecte est libre.
7. — C'est un art libéral.
8. — Avant de commencer les travaux, il doit en dresser le plan et en établir les devis.
9. — Que faut-il entendre par devis descriptif? par devis estimatif?
10. — Quid par marché?
11. — Il y a trois espèces de marchés : 1° à forfait ; 2° par série de prix; 3° le marché maximum.
12. — Que faut-il entendre par régime économique?
13. — Quelle est la nature du contrat consenti par l'entrepreneur, s'il fournit la main-d'œuvre et le propriétaire le sol et les matériaux?
14. — Quid si l'entrepreneur fournit la main-d'œuvre et les matériaux?
15. — La mort de l'architecte ou de l'entrepreneur rompt le contrat.
16. — Règlement des droits des parties en cas de résiliation à la suite de décès.
17. — La mort du propriétaire ne rompt pas le contrat.
18. — Le marché est dissous par la force majeure.
19. — Faillite de l'entrepreneur.
20. — Interdiction pour l'entrepreneur de céder son marché sans le consentement du propriétaire.
21. — Paiement des travaux.
22. — Délai de l'action en paiement des entrepreneurs.
23. — Le propriétaire a toujours le droit de résilier le marché.
24. — Situation de l'entrepreneur à forfait dans le cas de résiliation.
25. — Résiliation par le propriétaire, dans le cas où le prix aurait été payé.
26. — Dédommagement dû par le propriétaire en cas de résiliation.
27. — La résiliation de l'art. 1794 n'est pas admise en matière de travaux publics.
28. — Obligation pour l'architecte de remettre les plans quand on lui a payé ses honoraires.
29. — Les architectes départementaux révoqués ne peuvent retenir les plans même en l'absence de paiement.
30. — Responsabilité solidaire de l'architecte et de l'entrepreneur.

31. — Nom de l'architecte gravé sur les édifices.
32. — Droit des architectes sur leurs plans.
33. — Droit de propriété des propriétaires sur les plans.

1. — L'architecte est un mandataire du propriétaire ; c'est l'architecte qui concerte les formes de la construction : 1° il fait les plans, 2° il dresse les devis, 3° il surveille les travaux dont l'exécution est confiée à un entrepreneur ou à des ouvriers, 4° il règle les mémoires après les travaux.

2. — L'entrepreneur est celui qui, moyennant salaire, se charge d'exécuter par lui-même ou par des employés sous ses ordres un travail convenu et déterminé. « Les maçons, charpentiers, serruriers et autres ouvriers qui font directement des marchés à prix fait sont entrepreneurs dans la partie qu'ils traitent » (art. 1799 Code civil).

Il fait exécuter d'autres travaux de déblaiement, de remblais d'après des cahiers de charge.

3. — L'exercice de la profession d'architecte n'a rien d'incompatible avec celle d'entrepreneur ; un architecte peut se charger des constructions moyennant un forfait (Lyon, 22 mai 1885).

Au point de vue de la loi, cette décision est inattaquable ; mais dans certaines régions, les architectes, unis par des règlements d'associations professionnelles, s'interdisent de s'engager dans des marchés à forfait pour des entreprises.

4. — Quand l'architecte — ce qui est très rare — cumule les deux professions, il assume la double responsabilité.

5. — Il est peu de professions — à part peut-être celle d'avocat — qui exigent autant de connaissances et une plus grande facilité d'assimilation. Vitruve demande que l'architecte soit littérateur, dessinateur habile, savant géomètre, mathématicien, qu'il connaisse la physique et l'histoire, qu'il ait des notions de médecine, de musique et de jurisprudence (1).

Nous pouvons ajouter qu'il doit connaître à fond la mécanique. Cicéron considère avec raison l'architecture comme un art qui suppose le plus de talent et de génie (2).

6. En France, la profession d'architecte est libre et n'est réglementée par aucune formalité de réception; le maçon le plus maladroit peut impunément prendre le titre d'architecte, mais les propriétaires font eux-mêmes la différence entre les manouvriers et les artistes qui, par leur savoir et leur probité, sont l'honneur de leur profession. L'exercice de l'art de l'architecte est libre, mais le législateur impose de telles responsabilités qu'elles obligent forcément les hommes qui se chargent de ces travaux de posséder les nombreuses connaissances exigées par Vitruve.

---

1. Chapitre I, liv. I.
2. *De officiis*, ch. XLII, liv. I.

7. — La profession d'architecte est un art libéral ; aussi on ne la soumettait autrefois à aucune patente ; mais en 1850 cette exemption disparut.

8. — Avant de commencer une construction, on établit un devis et un marché qui constituent les conventions entre le propriétaire et les entrepreneurs.

L'architecte dresse le plan en coupe et en élévation ; sur ce plan il fait le devis, c'est-à-dire qu'il établit l'état détaillé par description et estimation de tous les travaux à exécuter, d'où le double nom de devis descriptif et devis estimatif.

9. — *Le devis descriptif* indique les dimensions de la construction, les qualités et la quantité des matériaux ; le *devis estimatif* indique le prix de ces matériaux et de la main-d'œuvre.

10. — Le *marché* est le contrat passé entre le propriétaire et l'entrepreneur et qui spécifie dans quelles conditions le plan, d'après les deux devis, sera exécuté ; on appelle aussi ce marché : cahier des charges.

11. — Il y a trois espèces de marchés :
1° Le marché à forfait, 2° le marché par série de prix, 3° le marché de maximum.

1° Le *marché à forfait* est celui dans lequel on convient que la construction sera édifiée suivant les plans et devis, pour un prix total fixé par avance.

2° Le *marché par série de prix* est celui dans lequel on convient que la construction sera édifiée suivant les plans et devis moyennant un prix fixé pour chaque nature d'ouvrage et suivant la quantité qui sera exécutée.

3° Le *marché de maximum* est un marché mixte dans lequel on convient que la construction sera élevée en payant chaque ouvrage suivant la série de prix, mais en convenant en outre que l'ensemble du marché ne dépassera pas une somme déterminée ; si la somme est moindre, le propriétaire en bénéficie, si elle dépasse, l'entrepreneur est en perte.

12. — Parfois aussi, surtout en matière de réparations, on ne fixe ni prix ni devis et les travaux sont réglés, après l'exécution, par l'architecte. C'est le marché qui est des plus onéreux pour un propriétaire et celui qui lui réserve le plus de mécomptes.

Enfin il y a aussi le régime dit *économique* qui consiste pour le propriétaire à acheter les matériaux et à payer les ouvriers à la semaine, au fur et à mesure des travaux ; il est employé surtout dans les campagnes pour les constructions grossières et sans grande importance. C'est en général le système le plus coûteux et le moins bon.

13. — La nature du marché varie suivant que l'entrepreneur fournit les matériaux et la main-d'œuvre ou cette dernière seulement.

Si l'entrepreneur fournit seulement la main-d'œuvre

et le propriétaire le sol et les matériaux, c'est un contrat de louage d'ouvrage régi par l'art. 1711 du Code civil.

14. — Si l'entrepreneur fournit la main-d'œuvre et les matériaux, il y a contrat de louage pour la main-d'œuvre, et de vente pour les matériaux et si ces derniers viennent à périr par cas fortuit avant la livraison de l'entreprise, ils périssent pour l'entrepreneur (art. 1788 C. civ.).

15. — La mort de l'architecte rompt le contrat entre le propriétaire et lui (art. 1795 C. civ.). Il en est de même pour l'entrepreneur.

Mais la mort de l'architecte ne rompt pas le marché de l'entrepreneur et vice versa.

16. — Au cas de résiliation du marché par la mort de l'architecte ou de l'entrepreneur, les droits des parties sont réglés suivant l'état des travaux et après expertise.

17. — Le propriétaire doit payer à la succession de l'entrepreneur les travaux exécutés et les matériaux préparés et réunis pour la construction mais alors seulement que ces travaux ou ces matériaux peuvent lui être utiles (art. 1796 C. civ.).

La mort du propriétaire ne rompt jamais le marché qui continue avec les héritiers.

18. — Le marché est dissous par tout événement de

force majeure qui rend la construction impossible ; si par exemple le terrain sur lequel on devait construire est détruit par une inondation, ou enlevé à celui qui le possédait pour cause d'utilité publique.

19. — Si l'entrepreneur vient à faire faillite, le propriétaire aura le choix soit de résilier le marché, soit de faire commettre, par le tribunal, un autre entrepreneur pour continuer les travaux au compte de la faillite.

20. — L'entrepreneur ne peut céder son marché à un autre entrepreneur sans le consentement du propriétaire.

21. — Le paiement des travaux se fait, suivant qu'il est convenu, soit par acomptes au fur et à mesure de la marche des travaux, ou en une seule fois après que la construction est achevée. En l'absence de toute convention le paiement n'est exigible qu'après l'achèvement des travaux.

22. — L'action des entrepreneurs en paiement du prix de leurs travaux est de trente ans (Cass., 12 avril 1853).

23. — Le Code civil accorde au propriétaire seul le droit de résilier le marché à n'importe quel moment des travaux (art. 1794 C. civ.) pourvu que les travaux ne soient pas complètement achevés (Bastia, 26 mars 1838).

24. — Mais l'entrepreneur à forfait d'une construction peut l'achever nonobstant la résiliation du marché, si les travaux restant à exécuter, à l'époque de cette résiliation, et consistant par exemple dans l'établissement de la couverture du bâtiment construit à forfait, sont nécessaires pour la conservation des travaux déjà terminés (Cass., 3 février 1851 ; — D. P., 51, 1, 52).

25. — Le propriétaire peut résilier même si le prix des travaux avait déjà été payé, et il y aurait lieu à restitution de la part de l'entrepreneur.

26. — Mais le propriétaire qui résilie le marché est tenu de dédommager l'entrepreneur de toutes ses dépenses, de tous ses travaux et de tout ce qu'il aurait pu gagner dans cette entreprise (art. 1794 C. civ.).

27. — L'article 1794 n'est pas admis en matière de travaux publics; nous étudierons les cas de résiliation en cette matière dans un chapitre spécial.

28. — Quand le propriétaire a payé à un architecte la somme convenue, il est en droit d'exiger la remise des plans et c'est à tort que l'architecte exigerait pour cette remise un prix distinct (Bordeaux, 29 novembre 1848 ; — D. P., 49, 2, 177).

29. — L'architecte auquel un propriétaire retire son mandat a le droit de retenir les plans jusqu'à parfait paiement.

Mais un architecte départemental auquel est signifié un arrêté de révocation n'a pas, comme l'architecte d'un particulier, un droit de rétention jusqu'à parfait paiement de ses honoraires, sur les plans et devis qu'il a dressés dans l'exercice de ses fonctions (Paris, 14 décembre 1869 ; — D. P., 71, 2, 831).

30. — Comme nous le verrons, l'architecte assume seul la responsabilité des vices du plan et des devis ; toutes les autres responsabilités, vices du sol, de construction, de matériaux défectueux, infractions aux lois de police et de voisinage incombent conjointement et solidairement à l'architecte et à l'entrepreneur.

L'entrepreneur est responsable pour avoir fait de mauvais travaux et l'architecte pour les avoir laissé faire ; celui-ci a commis une faute dans l'exécution, celui-là dans la direction. Chacun pouvait empêcher le dommage ; ils doivent donc en supporter tous deux l'entière responsabilité (Cass. Req., 25 mars 1874 ; — D. P., 74, 1, 285).

Le propriétaire pourra s'adresser à son choix soit à l'un d'eux, soit à tous deux en même temps.

Le propriétaire étant couvert par sa poursuite solidaire, l'architecte aura un recours contre l'entrepreneur lorsque celui-ci sera l'auteur principal et direct des vices de construction (Paris, 17 novembre 1849 ; — D. P., 50, 2, 206).

L'architecte pourra exercer son recours sur les sommes dues à l'entrepreneur par le propriétaire et ce dernier ne devra donner aucun acompte sans l'autorisation de l'architecte ; s'il payait, il s'exposerait à son tour à une action en responsabilité pour lui avoir fait perdre sa seule garantie dans le cas d'insolvabilité de l'entrepreneur.

31. — Un architecte a-t-il le droit de graver son nom sur la façade d'une maison construite par ses soins et sur ses plans ? Non. Il ne peut réclamer cette inscription comme un droit absolu.

Dans la pratique, l'architecte grave son nom, mais il faut alors distinguer : ou le nom figure par simple tolérance du propriétaire et alors celui-ci ou ses acheteurs peuvent le faire enlever quand cela leur convient (Tribunal civil de la Seine, 25 novembre 1881 ; — Cour Paris, 6 décembre 1883), ou le nom est gravé à la suite de conventions spéciales et alors le propriétaire — et ses ayants droit s'il vient à vendre la maison — ne peuvent faire enlever l'inscription, et s'ils le faisaient l'architecte pourrait les obliger à la rétablir.

Mais un architecte qui fait élever une maison suivant les plans d'un autre architecte évincé ne peut graver son nom sur la façade, signant ainsi une œuvre qui n'est pas la sienne (Tribunal civ. de la Seine, 5 août 1869).

32. — Et maintenant quel est le droit des architectes sur leurs plans ? Aucune loi ne l'a encore défini et il serait désirable qu'un texte précis vînt fixer ce point délicat.

Sans doute nous pensons que la propriété artistique des architectes doit être sauvegardée comme toutes les autres propriétés artistiques des peintres, sculpteurs, graveurs, etc. Mais dans quelle limite ? voilà le point délicat.

Les congrès généraux des architectes en 1879 et en 1883 se sont occupés de cette question et les votes s'étant partagés aucune solution n'a été prise. Nous ne trouvons donc aucune indication précise de ce côté.

Nous ne connaissons aucune décision ayant suppléé au silence de la loi et tranchant nettement cette question dans un sens précis. Sans doute la jurisprudence admet la propriété artistique des architectes comme celle des autres artistes, mais elle n'a pas encore déterminé où elle s'arrêtait et où elle finissait.

Un jugement du Tribunal de commerce de Liège a fait partir cette propriété au moment même où le plan est dessiné et a condamné M. Boonen, architecte, à des dommages-intérêts pour avoir reproduit, sans autorisation, dans une revue d'architecture, les travaux exécutés par un de ses confrères, M. Beyaert.

Nous serions partisan du droit de propriété ainsi entendu, car pour l'architecte la propriété est double, elle se compose du plan lui-même et de son exécution; le dommage sera assurément bien plus grand quand on édifiera une construction sur un plan qu'on lui aura dérobé en tout ou en partie, mais il n'en est pas moins certain que l'on n'a pas le droit de prendre le dessin du plan à un architecte, pas plus qu'on n'a le droit de prendre l'esquisse d'un tableau à un peintre, la maquette d'une statue à un sculpteur.

33. — Maintenant un propriétaire a-t-il le droit de faire édifier plusieurs constructions d'après le plan d'un premier édifice ? Nous ne le pensons pas. A moins de conventions contraires, le propriétaire qui a payé un plan pour une construction est propriétaire de ce plan, mais il ne peut l'utiliser qu'une seule fois. De même, il nous paraît que l'architecte qui a vendu son plan ne peut le faire servir une seconde fois en vendant le même plan à un autre propriétaire. C'est ce qui s'induit de l'arrêt de la cour de Bordeaux que nous avons cité (n° 28).

CHAPITRE II

Des Honoraires des architectes.

34. — Les honoraires dus pour travaux exécutés et surveillés se calculent d'ordinaire à raison de 5 0/0 sur ses dépenses réelles.
35. — Les honoraires doivent être évalués d'après les services rendus.
36. — Les tribunaux ont un pouvoir discrétionnaire pour évaluer les honoraires en cas de contestation.
37. — Les honoraires peuvent dépasser 5 0/0.
38. — Fixation des honoraires en matière de travaux publics.
39. — Fixation des honoraires au ministère des travaux publics et au ministère de l'intérieur.
40. — Honoraires en matière de réparations (Trav. publ.)
41. 42. — Honoraires pour les travaux exécutés à plus de cinq kilomètres de distance.
43. — Honoraires pour travaux exécutés à l'étranger.
44. — Honoraires pour travaux d'art.
45. — Honoraires pour plusieurs édifices (cité ouvrière) construits sur le même plan.
46. — Les honoraires de l'architecte suivent le sort du paiement des travaux de l'entrepreneur.
47. — L'honoraire pour les travaux de reprise est de 7 0/0.
48. — La valeur des vieux matériaux employés dans une reconstruction doit entrer en ligne de compte pour fixer le montant de l'honoraire.
49. — Architecte évincé après avoir dressé les plans et remplacé par un confrère en cours de travaux.
50. — Architecte évincé après qu'il a dressé les plans et devis, avant de commencer les travaux. Honoraires dus.
51. — Plans abandonnés après approbation en matière de travaux publics. Indemnité.
52. — Plans commandés par un maire ou un préfet et non exécutés. Honoraires dus.
53. — Honoraires pour levée de plans et évaluations des immeubles en matière de vente judiciaire.
54. — Honoraires en matière de constatation de dégâts. Incendie.
55. — Honoraires pour la construction des monuments funéraires.
56. — Honoraires mis à la charge de l'entrepreneur cumulés avec le traitement administratif.
57. — Un architecte communal ou départemental n'a droit à aucun honoraire pour plans et devis rentrant dans les prévisions de son traitement.
58. — Exception pour les travaux neufs très considérables.
59. — Absence de traitement de l'architecte communal, honoraires dus.
60. — Plans et devis non exécutés, émoluments du soixantième.

61. — Plans et devis approuvés, en matière de travaux publics, diminution des dépenses, honoraires dus à l'architecte calculés sur les premiers plans.
62. — Un architecte départemental ayant rédigé des projets et des études n'a pas droit à une indemnité en dehors de son traitement.
63. — Architecte révoqué sans motifs au cours des travaux, honoraires dus.
64. — Honoraires de 5 0/0 calculés sur le montant des travaux traités à forfait.
65. — L'allocation de tant pour cent pour copie de plans et devis est due en dehors des honoraires.
66. — Dans le cas de dépassement des prix du devis, les honoraires sont refusés si les dépassements n'ont pas été régulièrement approuvés.
67. — L'architecte qui cumule la qualité d'entrepreneur n'a droit à aucun honoraire.

34. — Les honoraires dus aux architectes se calculent pour les travaux exécutés d'après leurs plans et devis, sauf conventions contraires, à raison de 5 0/0 de la dépense effectivement subie par le propriétaire.

Quand il s'agit de travaux publics, le 5 0/0 doit être calculé après déduction faite du rabais (circulaire ministérielle du 9 septembre 1865; — C. E., 29 novembre 1870).

Quand il s'agit de travaux pour les particuliers, nous pensons au contraire que le 5 0/0 doit être calculé après règlement du mémoire, mais sans tenir compte du rabais, car plus l'entrepreneur fait un rabais fort, plus la surveillance de l'architecte doit être active et il va de soi que ce surcroît de besogne ne peut pas se traduire par une diminution dans le chiffre des honoraires. (*Honoraires des architectes*, par O. Masselin ; — Avis de *la Société centrale des Architectes*.)

35. — C'est en somme l'application de ce principe d'un arrêt de la cour de Cassation : « Les tribunaux doivent évaluer les honoraires d'après les justifications produites, les services rendus et les éléments de la cause » (Cass., 27 mai 1875). Or, plus un architecte économise pour son client, plus il lui rend de services.

Par analogie, MM. les juges taxateurs du Tribunal de la Seine, en cas de rabais consentis par les entrepreneurs, accordent toujours à MM. les experts des honoraires de 5 0/0 sur le montant du règlement des mémoires avant les rabais.

36. — Les honoraires des architectes ne sont réglés par aucune loi mais par l'usage.

Le prix des honoraires varie suivant qu'il s'agit de travaux publics ou de travaux exécutés pour des particuliers.

Pour les travaux exécutés pour les particuliers, ils sont d'ordinaire de 5 0/0 ; en cas de contestation — et en l'absence de conventions — les tribunaux ont pouvoir absolu d'appréciation pour fixer les honoraires des architectes en se basant sur la nature des travaux exécutés et sur les services rendus (Paris, 29 décembre 1859 ; — D. P., 60, 1, 57 ; — Cass., Ch. des Requêtes, 27 mars 1876 ; — D. P., 77, 1, 16).

37. — 5 0/0 est l'usage pour la généralité des affaires, mais rien n'empêche l'architecte de recevoir un honoraire plus élevé pour la perfection de son œuvre. C'est le vœu de la Société centrale des architectes, mais alors, il faut une convention spéciale.

38. — Pour les architectes de travaux publics, il ne peut pas y avoir de difficulté, les honoraires sont fixés par l'avis du conseil des bâtiments civils du 12 pluviôse an VIII de la façon suivante :

Pour plans et devis . . . . 1 1/2 %
Pour conduite de travaux . . 1 1/2 %
Pour vérification et règlement de
mémoire . . . . 2 %
Total 5 %

39. — Mais cet avis du 12 pluviôse an VIII est rarement appliqué par le ministre soit des Travaux publics soit de l'Intérieur.

Au ministère des Travaux publics, on applique d'ordinaire l'arrêté du 10 mars 1834 qui donne l'échelle suivante :

Jusqu'à 200,000 fr. . . . . . . 3 % ;
De 200,000 à 400,000 fr. . . . . 2 1/2 % ;
De 400,000 à 600,000 fr. . . . . 2 % ;
De 600,000 à 800,000 fr. . . . . 1 1/2 % ;
De 800,000 à 10,000,000 fr. et au delà : 1 % ;

Mais souvent le conseil des bâtiments civils fait avec les architectes des conventions spéciales qui s'éloignent soit en plus soit en moins du décret de 1834.

Le ministère de l'Intérieur ne s'en tient presque jamais à l'avis du 12 pluviôse an VIII et il donne aux architectes un traitement fixe ou des honoraires moindres de 5 pour cent.

40. — Les travaux de réparations comportent d'habitude, en matière de travaux publics, des honoraires de 4,25 pour cent.

41. — Quand les travaux qui font l'objet des plans sont exécutés à plus de cinq kilomètres de distance du lieu de la résidence de l'architecte, les honoraires sont du double (c'est-à-dire 10 0/0). Mais alors les frais de voyage sont à la charge de l'architecte. (Avis du conseil des bâtiments civils du 12 pluviôse an VIII.) Cet avis est encore suivi aujourd'hui la plupart du temps.

42. — Pourtant, depuis la facilité des communications, quelques arrêts tendent à se départir de cette règle et on a parfois décidé que les travaux exécutés en dehors du ressort du domicile de l'architecte ne peuvent donner lieu à une plus value d'honoraires qu'autant qu'ils sont situés à une distance de vingt kilomètres du domicile de l'architecte.

Un arrêt de la cour de Paris notamment, du 10 octobre 1841, accorde en matière civile : 1° une vacation de 8 francs par chaque trois heures de distance pour les architectes du département de la Seine et de 6 francs pour les architectes des autres départements, et 2° de 6 francs pour frais de déplacement, nourriture, retour compris par chaque myriamètre, pour les architectes des autres départements.

43. — Pour les travaux exécutés à l'étranger, MM. les architectes de Paris ont coutume de se faire payer un honoraire de 10 0/0 du montant des dépenses.

44. — Pour les travaux d'art, de décoration, d'habitude, MM. les architectes dressent des maquettes de l'ensemble des motifs décoratifs et on leur alloue d'ordinaire 3 0/0 pour ce travail spécial en dehors de leur honoraire ordinaire ; cette rémunération représente à peu près leur débours.

45. — Un architecte qui construit plusieurs maisons sur un modèle identique, une cité ouvrière, par exemple, ne peut réclamer pour chacune un honoraire égal à celui qui est accordé par l'usage pour une maison unique (Paris, 29 décembre 1859 ; — D. P., 60, 2, 36).

Dans ce cas, 1° on ne doit payer qu'un seul plan et devis, 2° mais on doit payer l'honoraire sur l'ensemble des travaux en ce qui concerne la conduite, puisque la surveillance doit s'exercer sur toutes les maisons ; 3° on déduit de un pour cent, soit de moitié, l'émolument proportionnel de deux pour cent alloué pour la vérification des travaux et le règlement des mémoires, le tout sur l'ensemble des travaux.

46. — En règle générale, l'architecte reçoit ou perd ses honoraires dans tous les cas où l'entrepreneur reçoit ou perd le salaire de la main-d'œuvre.

47. — Pour les travaux de reprise en sous-œuvre qui exigent des précautions et des soins exceptionnels, des étaiements particuliers et qui augmentent donc la responsabilité de l'architecte, on ne saurait appliquer le tarif ordinaire des honoraires et il nous paraît que l'usage de les payer 7 0/0 est très juste.

48. — Quand, dans une construction, on fait servir les vieux matériaux, les honoraires de l'architecte doivent être calculés en prenant pour base la somme qui aurait été dépensée si des matériaux neufs avaient été employés; que les matériaux soient vieux ou qu'ils soient neufs, le travail de l'architecte est le même et on peut même dire que dans le premier cas son travail de surveillance est plus considérable; il serait donc injuste de diminuer les honoraires en face d'une augmentation de responsabilité.

49. — Si un architecte est évincé après avoir dressé les plans et façades et remplacé par un de ses confrères il y a une double distinction à faire.

1° L'architecte évincé a eu à supporter le travail de la confection des plans et devis et de plus, aux termes de l'article 1792 C. civ., il est responsable des vices des plans, on doit donc lui allouer l'honoraire de un et demi pour cent (Trib. civ. de la Seine, 6 janvier 1877).

2° L'architecte qui exécute les plans dressés par un de ses confrères accepte solidairement et concurremment avec lui la responsabilité de l'article 1792 du Code civil, d'où il s'ensuit qu'on ne saurait déduire raisonnablement du chiffre des honoraires soit 5 0/0, le prix afférent au dressé des plans, l'honoraire entier lui est dû.

Dans ce cas, le propriétaire supporterait donc les conséquences de sa fantaisie en payant un et demi de plus pour cent représentant la part d'honoraires de l'architecte évincé.

50. — Quand l'architecte a dressé des plans et devis non exécutés par la volonté du propriétaire il est dû un honoraire dont le quantum est d'habitude de un et demi pour cent, mais qui pourrait être augmenté ou diminué par le propriétaire car « s'il est d'usage d'accorder aux architectes pour le dressé des plans et devis un et demi pour cent, cet usage ne peut servir de règle fixe. Il appartient toujours aux tribunaux d'apprécier si les honoraires sont en proportion du travail fait et des services rendus. L'émolument proportionnel n'est que la contre-partie de la responsabilité de l'architecte. » (Cass., 27 septembre 1875).

51. — Dans les travaux publics, quand les projets sont abandonnés, l'émolument proportionnel de un et demi pour cent, pour les plans et devis, doit être remplacé, pour le département de la Seine, par une indemnité fixe basée sur le travail que le dressé de ces plans a occasionné à leur auteur ; quand il s'agit des autres départements, l'honoraire pour dressé de plans et devis sera de un soixantième du montant du prix de la dépense suivant l'arrêté du ministre du 7 décembre 1811 (C. E., 15 avril 1878).

52. — Un maire, un préfet, ou un autre fonctionnaire qui commanderait à un architecte des projets de plans et devis serait personnellement responsable, en cas de non exécution, s'il ne prouvait qu'il était valablement autorisé soit par le conseil municipal, soit par le conseil général par décision régulière (c'est-à-dire, approuvée par le préfet ou par le ministre, suivant le cas) ou par arrêté régulièrement pris s'il s'agit d'un autre fonctionnaire.

53. — Quand un architecte assiste pour dresser des plans et évaluer un immeuble qui doit être vendu soit par adjudication soit à l'amiable, il est d'usage de lui allouer le demi pour cent. La responsabilité est naturellement engagée pour les erreurs résultant de sa faute.

54. — En matière de constatation de dégâts à suite d'incendies, l'honoraire est de deux pour cent sur les sommes allouées par la compagnie.

55. — Pour les monuments funéraires, on a l'habitude, à Paris tout au moins, de s'écarter des règles ordinaires en matière d'honoraires, on alloue 1° une somme fixe variant de 500 à 1,000 francs et 2° un honoraire de dix pour cent pour les travaux dépassant 10,000 francs.

56. — Quand les honoraires d'un architecte ont été mis, par une clause du cahier des charges, au compte d'un entrepreneur de travaux publics, ils doivent être payés par ce dernier sans qu'il ait à se préoccuper s'il reçoit un traitement fixe de l'administration (C. E., 31 août 1835).

57. — Un architecte communal ou départemental qui reçoit un traitement fixe n'a droit à aucun honoraire spécial pour les plans et devis qui rentrent dans la prévision du traitement (C. E., 29 mai 1856 ; — 21, 24 novembre 1870 ; 1er mars 1878).

Il faudrait une stipulation spéciale et formelle pour qu'il lui fût accordé des remises calculées sur le montant des travaux (C. E., 18 novembre 1862 ; 13 avril 1881).

58. — Mais si les travaux neufs confiés à l'architecte étaient fort importants, si, par exemple, l'honoraire était équivalent à huit ou dix années de traitement, il pourrait être dû un honoraire à l'architecte dont les tribunaux auraient à fixer le quantum.

Et cela, quand bien même la commune aurait fourni ses agents et dessinateurs employés pour mettre les dessins des plans à point (C. E., 6 août 1886, — *Cernesson contre Ville de Paris.*

Il s'agit là d'un principe d'équité.

Comme l'a en effet dit M. Bazile, avocat au conseil

d'Etat, dans un rapport présenté au conseil général de la Vienne dont ce jurisconsulte fait partie :

« Tout travail utile doit être rémunéré, et le traitement annuel de l'architecte représente la rémunération des travaux d'entretien, des avant-projets et simples études définitives, mais il ne peut représenter la rémunération de plans et devis complets absolument terminés, approuvés, prêts à être mis en adjudication et qui sont abandonnés par le département pour une cause ou pour une autre. La jurisprudence du conseil d'Etat a nettement mentionné cette distinction. »

59. — Mais lorsque l'architecte communal ou départemental ne reçoit pas de traitement fixe, il lui est dû des honoraires non seulement pour les travaux exécutés, mais encore pour les plans et devis qu'on lui a fait dresser et qui ne sont pas exécutés par suite d'événements indépendants de leur volonté, quand ces plans sont conformes aux règles de l'art. (C. E., 18 décembre 1856).

60. — Les architectes ont droit à un émolument du soixantième du montant des travaux pour prix des plans et devis par eux dressés lorsque les constructions ne sont pas exécutées (Paris, 21 mai 1844).

61. — En matière de travaux publics, quand un architecte a dressé des plans et devis et les a fait approuver par l'autorité compétente, qu'ils sont prêts à être mis en adjudication, si l'on diminue ensuite les dépenses en modifiant les plans par raison d'économie ou pour toute autre cause, il est dû à l'architecte des honoraires calculés sur les premiers plans (C. E., 14 novembre 1884).

Mais il faut qu'il s'agisse de plans définitifs, ayant été approuvés ; il ne saurait être dû des honoraires pour des avant-projets ou de simples études (C. E., 28 juillet 1882).

Les mêmes solutions s'appliquent en matière de travaux particuliers.

62. — L'architecte d'une ville n'a pas droit, en dehors de son traitement, à une indemnité spéciale pour la rédaction des projets et devis concernant des réparations à faire ou des constructions à ajouter à des édifices communaux, lorsque ces pièces n'ont été dressées que comme documents propres à renseigner le Conseil municipal, et non pas en vue de préparer l'exécution de travaux pour lesquels des fonds sont demandés à ce conseil (C. E., 26 juin 1869).

63. — Des honoraires sont dus à un architecte pour les travaux restant à exécuter au moment de sa révocation, lorsque cette révocation a été prononcée sans motifs et n'a pas pour cause une faute commise par l'architecte dans l'exécution des travaux (C. E., 23 janvier 1874).

Quel sera le quantum de ces honoraires ?

Ceci est une question de fait que peuvent apprécier les tribunaux devant lesquels l'action est portée.

Tantôt ils seront de cinq pour cent, c'est-à-dire de la totalité (C. E., 18 novembre 1865);

Tantôt ils pourront être réduits à 4 0/0 si les juges estiment qu'il est juste de tenir compte des dépenses que l'architecte aurait eu à supporter s'il avait continué à diriger l'entreprise (C. E., 8 décembre 1882).

Un plan non susceptible d'exécution ne saurait comporter le paiement d'un honoraire; un plan défectueux comme contenant des imperfections ou lacunes mais susceptible d'exécution donne droit au paiement d'honoraires (C. E., 13 février 1891, R. T. P. X. 440).

Quand un architecte est remplacé pour refus de compléter son plan, il ne saurait demander aucune indemnité pour ce remplacement (id.).

64. — Les honoraires de 5 0/0 à payer à un architecte par le propriétaire doivent être calculés, non sur le montant des devis descriptifs et estimatifs, mais sur le montant des travaux traités à forfait par les entrepreneurs (Paris, 6 décembre 1883).

65. — L'allocation d'un tant pour cent (1 et 2 pour cent) demandée par l'architecte et payée à celui-ci par l'entrepreneur pour l'indemniser de certains frais de copies de plans et devis, quand cette allocation a été convenue par le cahier des charges signé par le propriétaire, ne doit pas être déduite du quantum des honoraires dus par le propriétaire ; le propriétaire doit payer 5 0/0 et l'entrepreneur le tant pour cent convenu ; le propriétaire signant sans réserve le cahier des charges approuve cette stipulation (Paris, 6 décembre 1883).

66. — Dans le cas où les dépenses dépassent le prix du devis, l'architecte a-t-il droit à des honoraires?

La loi du 27 juin 1833 (art. 20) sur les travaux publics dit que « il ne sera accordé aux architectes aucun honoraire ni indemnité pour les dépenses qui excéderont les devis ». Mais dans la pratique le Conseil d'Etat est moins rigoureux et il ne refuse les honoraires que si les dépassements n'ont pas été régulièrement approuvés (C. E., 18 mai 1870).

67. — L'architecte qui cumule avec la qualité d'entrepreneur n'a droit à aucun honoraire pour les plans, devis ni pour la direction des travaux ; ses bénéfices sur l'entreprise lui en tiennent lieu.

CHAPITRE III

Du Privilège des architectes et entrepreneurs sur les constructions.

68. — Le délai pour réclamer les honoraires des architectes est de trente ans.
69. — L'architecte et l'entrepreneur ont un privilège sur les constructeurs, mais ils doivent remplir les formalités de l'art. 2103 du codé civ. à peine de nullité.
70. — L'art. 2103 impose 1° une constatation de lieux par expert avant de commencer les travaux; 2° la réception après l'achèvement; 3° l'inscription des deux procès-verbaux au bureau des hypothèques.
71. — Le propriétaire peut faire dresser lui-même le procès-verbal de constatation des lieux.
72. — Le procès-verbal de constat doit être dressé avant le commencement des travaux, néanmoins on peut le faire au cours des travaux si on peut constater l'état primitif des lieux.
73. — Pour exercer le privilège, il faut que les travaux soient reçus dans les six mois.
74. — Le délai de six mois est suspendu en cas de contestation pour malfaçons.
75. — Le privilège ne date que du jour de l'inscription du procès-verbal aux hypothèques.
76. — En l'absence d'inscription, pas de privilèges, mais on pourrait obtenir une hypothèque.
77. — Le montant du privilège se réduit à la plus value.
78. — La différence entre la plus value et le montant des travaux donne naissance à une dette chirographaire.
79. — Les réparations pour la conservation de l'immeuble donnent lieu au privilège même en l'absence de plus value.
80. — Les intérêts du prix sont aussi privilégiés.
81. — Le privilège s'étend à tous les intérêts dus quelle que soit leur durée.
82. — Les frais d'expertise sont également privilégiés.
83. — Le prêteur des deniers ayant servi à payer les ouvriers jouit aussi du privilège.
84. — Les ouvriers et les fournisseurs ont un privilège sur les sommes dues aux entrepreneurs et déposées dans les caisses de l'Etat, quand il s'agit de travaux publics (Décret du 26 pluviôse an II).

68. — L'architecte et l'entrepreneur jouissent du délai ordinaire de trente ans pour le paiement des honoraires ; on ne saurait lui opposer la prescription de l'art. 2271 C. civ. qui est de six mois et qui ne concerne que les ouvriers travaillant de leurs mains, à la journée.

69. — Ils ont un privilège sur les constructions édifiées sous leur direction, mais ils doivent remplir les formalités de l'article 2103 du code civil, c'est-à-dire qu'il soit procédé, par un expert nommé d'office par le tribunal, à un procès-verbal constatant l'état des lieux avant de commencer et que les travaux aient été reçus par un expert également nommé par le tribunal dans les six mois de leur achèvement.

A défaut de cette double formalité, aucun privilège n'est accordé (Cass., 1er mars 1853).

Dans la pratique, l'application de l'article 2103 est assez difficile, car, sauf dans des cas exceptionnels, si on proposait à un propriétaire de prendre une semblable mesure, ce serait lui dire : je n'ai aucune confiance dans votre crédit ; et le propriétaire aurait recours aux soins d'un autre architecte et d'un autre entrepreneur.

Néanmoins, quand l'immeuble est grevé d'hypothèques, nous ne saurions trop engager MM. les architectes et entrepreneurs à recourir à semblable mesure qui assure leurs créances. C'est en somme une question de tact et de convenance.

Ce privilège leur donne le droit d'être payés par préférence à tous les autres créanciers même hypothécaires si l'immeuble est vendu ; il est accordé non seulement pour les constructions neuves mais encore pour les réparations. Les ouvriers employés à la journée par les entrepreneurs ne jouissent pas des avantages de ce privilège, ils ont seulement le droit de faire saisir arrêter entre les mains des propriétaires les sommes dues à l'entrepreneur (art. 1798 C. civ.).

70.— Pour bénéficier du privilège, les architectes et entrepreneurs ont trois formalités à remplir : 1° faire constater l'état des lieux par expert avant de commencer les travaux, 2° faire procéder à la réception des travaux dans la même forme, 3° faire inscrire les deux procès-verbaux au bureau des hypothèques.

1° *Constat de l'état des lieux avant les travaux*. Ce constat doit être fait par un expert nommé d'office par le tribunal et afin de reconnaître l'augmentation de valeur apportée à l'immeuble par les travaux ; ce procès-verbal est nécessaire non seulement pour les réparations mais encore pour les constructions neuves.

71. — Le propriétaire peut faire dresser le premier procès-verbal avant d'avoir choisi l'entrepreneur et l'architecte dont la présence n'est pas nécessaire (Cass., 18 novembre 1868 ; D. P., 69, 1, 69). Le procès-verbal est alors déposé au greffe, transcrit au bureau des hypothèques et dès lors l'architecte et l'entrepreneur choisis par le propriétaire auront un privilège sur la construction pour le paiement du prix des travaux.

72. — Le procès-verbal doit être dressé avant le

commencement des travaux, mais on pourrait le dresser pendant le cours des travaux s'il était possible de constater l'état primitif des lieux (Paris, 6 mars 1834, S., 34, 2, 308 ; Paris, 25 novembre 1843, D. P., 44, 2, 30 ; — 20 août 1867, D. P., 67, 2, 188).

73. — 2° *Réception des travaux.* — L'article 2103 C. civ. exige une seconde condition pour l'établissement du privilège des entrepreneurs et des architectes, c'est que les travaux soient reçus au moins six mois après leur achèvement par un expert nommé d'office qui dressera procès-verbal de cette réception.

74. — En cas de contestation entre le propriétaire et l'entrepreneur à raison de malfaçons, le délai de six mois est suspendu pendant l'instance et ne court qu'à partir du jugement ou de l'arrêt devenu définitif (Cass., 18 novembre 1868; J. P. 70, 2, 62).

75. — 3° *Inscription des procès-verbaux.* — Enfin la troisième condition est l'inscription des deux procès-verbaux au bureau des hypothèques. Le privilège ne date que du jour de l'inscription du procès-verbal (art. 2110 C. civ.) qui peut être faite avant le commencement des travaux mais que l'on peut reporter au moment où l'on fait inscrire le procès-verbal de réception.

76. — En l'absence de non inscription des deux procès-verbaux il est incontestable que l'architecte et l'entrepreneur n'auraient aucun privilège (Jurisprudence constante), mais nous pensons qu'ils pourraient obtenir une hypothèque en faisant inscrire les procès-verbaux après le délai utile et ce par application de l'article 2113 C. civ. (Fremy-Ligneville, *Législation des bâtiments*).

77. — Le montant du privilège se réduit à la plus-value donnée à l'immeuble pour les travaux (2103 C. civ.). Ainsi il a été fait 10,000 francs de travaux à un immeuble, si la valeur ne se trouve augmentée que de 5,000 francs, le privilège ne sera que de 5,000 francs ; d'où nécessité des procès-verbaux.

Il s'agit bien entendu de la plus-value donnée par les travaux ; la plus-value résultant d'autres circonstances, de percements de rues, d'établissement de carrefours n'entrerait pas en ligne de compte.

78. — Mais si le montant des travaux est supérieur à la plus-value, la différence entre le privilège et la somme due deviendra une créance chirographaire et les acomptes reçus doivent être imputés sur cette créance chirographaire laissant ainsi le privilège entier (Aubry et Rau, t. III, § 263). — En effet le gage étant indivisible et protégeant toutes les parties de la créance, se concentre sur celle qui est impayée et la garantit dans son entier.

79. — S'il n'y a pas de plus-value, il n'y a pas de privilège, il n'y a qu'une créance chirographaire.

Mais les réparations nécessaires à la conservation de l'immeuble, à défaut de plus-value, doivent être payées par privilège ; les créanciers ne sauraient revendiquer contre celui qui a conservé l'immeuble et sans qui le gage aurait péri (Cass., 11 novembre 1824, Sir., 25, 1, 140).

80. — Les intérêts du prix sont privilégiés comme le prix lui-même, car l'accessoire suit le sort du principal (Cass., 5 mars 1816 ; D. P., 1817, 1, 151 ; Cass., 4 août 1873, D. P., 74, 1, 25).

81. — Le privilège devra s'étendre non pas seulement à deux années d'intérêts et à l'année courante, comme pour les intérêts de créances hypothécaires, il s'étendra à la totalité des intérêts échus, quelle que soit leur durée (Cass., ch. réunies, 1er mai 1863, Sir., 64, 1, 357).

82. — Les frais d'expertise sont également protégés par le privilège (Cass., 11 novembre 1824, Sir., 25, 1, 140). Il s'agit des expertises nécessitées pour l'établissement des deux procès-verbaux dont nous avons parlé.

83. — Celui qui a prêté les deniers pour payer ou rembourser les ouvriers jouit du même privilège, pourvu que cet emploi soit constaté par acte authentique (art. 2103 C. civ.). — L'acte d'emprunt et les quittances doivent donc être passés par devant notaire.

Cette précaution est prise pour éviter les fraudes que le propriétaire pourrait commettre, d'accord avec l'entrepreneur, au préjudice des créanciers hypothécaires.

Lorsque plusieurs prêteurs ont fourni des fonds au même propriétaire pour payer l'entrepreneur ils viennent au même rang et en concurrence.

En cas d'insuffisance de la plus-value, le prêteur des deniers n'a pour le reste qu'une créance chirographaire.

84. — Quand il s'agit de travaux publics, le décret du 26 pluviôse an II interdit à tous créanciers particuliers des entrepreneurs des travaux pour le compte de l'Etat de faire aucune saisie-arrêt ou opposition « sur les fonds déposés dans les caisses publiques pour être délivrés auxdits entrepreneurs », tant que les salaires des ouvriers et les sommes dues pour fournitures de matériaux et autres objets servant à la construction des ouvrages ne sont pas payés.

C'est un véritable privilège conféré aux ouvriers et fournisseurs de l'entreprise.

Le même privilège n'était pas accordé autrefois ni pour les travaux des départements, ni pour les travaux des communes.

Mais la loi du 25 juillet 1891 étend ce privilège à tous les travaux ayant le caractère de travaux publics; d'après les prescriptions nouvelles, les sommes dues aux ouvriers seront payées de préférence à celles dues aux fournisseurs.

Pour que ce privilège puisse s'exercer, il faut trois choses :

1° Qu'il s'agisse de travaux publics ;

2° Qu'il y ait des fonds déposés dans les caisses des agents du trésor pour être délivrés aux entrepreneurs ;

3° Que les créanciers qui invoquent ces privilèges soient, ou les ouvriers pour leur salaire, ou les fournisseurs pour matériaux ou objets ayant servi à la construction de l'ouvrage.

CHAPITRE IV

Caractères généraux de la responsabilité.

85. — La responsabilité générale des architectes et des entrepreneurs découle des art. 1382 et 1383 C. civ.
86. — La réception des ouvrages décharge de toute responsabilité celui qui les a faits.
87. — L'entrepreneur qui fournit la matière reste propriétaire jusqu'à la livraison.
88. — Peu importe que des acomptes aient été payés.
89-90-91. — Si l'édifice vient à périr avant la livraison, il périt pour l'entrepreneur.
92. — Si le propriétaire avait été mis en demeure de prendre possession de l'ouvrage, la perte est pour le propriétaire.
93. — Ces règles ne s'appliquent pas aux travaux publics.
94. — Cas où l'entrepreneur fournit seulement la main-d'œuvre et où l'édifice vient à périr.
95. — S'il fournit à la fois la main-d'œuvre et les matériaux.
96. — Dans le cas de force majeure, si la construction est faite sur le sol du propriétaire et si elle vient à périr, quoique l'entrepreneur ait fourni les matériaux, elle périt pour le propriétaire (Décision en contradiction avec la jurisprudence).
97. — Il en est ainsi quelle que soit la nature du marché (id.).
98. — Décisions contraires, conformes à la loi.
99. — Part de responsabilité de l'architecte et de l'entrepreneur si l'immeuble vient à périr par suite de malfaçon.
100. — L'architecte est dégagé si l'entrepreneur a employé les mauvais matériaux par ruse ou par dol.
101. — Mais pour cela, l'architecte aura dû éprouver les matériaux défectueux.
102. — Les architectes et les entrepreneurs sont responsables des vices du sol qui compromettent la solidité de l'édifice.
103. — L'architecte et l'entrepreneur sont responsables des matériaux qui quoique de bonne qualité, ont été employés dans de mauvaises conditions.
104. — L'architecte est responsable des malfaçons résultant des erreurs du plan.
105. — L'acceptation du décompte empêche les demandes d'indemnités.
106. — L'acceptation du décompte par le conseil municipal empêche de contester l'acceptation définitive.
107. — Après la réception définitive une commune ne peut plus invoquer les erreurs de métrage.

108-109-110. — Après la réception définitive l'entrepreneur et l'architecte ne sont plus tenus que de la responsabilité décennale.

111. — On ne peut exonérer les architectes et entrepreneurs de la responsabilité décennale; mais on peut les exonérer de celle résultant des malfaçons qui n'altèrent pas la solidité de l'édifice.

112. — L'architecte est responsable du préjudice résultant du retard.

113. — Une condamnation solidaire contre l'entrepreneur et l'architecte ne peut être prononcée que si la responsabilité découle des mêmes faits.

114. — L'architecte peut être déclaré responsable à défaut de solvabilité de l'entrepreneur.

115. — Pertes des ouvrages en matière de travaux publics.

116-117-118-119-120-121-122-123. — Cas de force majeure (trav. pub.).

124. — L'entrepreneur de travaux publics doit déclarer la perte de la chose par cas de force majeure dans les dix jours.

125. — Manière de signaler utilement les accidents de cette nature.

126. — La déclaration est exigée même dans le cas où l'opinion publique connait l'événement.

127. — La force majeure ne dégage l'entrepreneur que s'il n'a aucune faute à se reprocher.

85. — La responsabilité générale des architectes et entrepreneurs découle des articles 1382 et 1383 du Code civil.

L'article 1382 porte : « Tout fait quelconque de l'homme qui cause à autrui un dommage oblige celui par la faute duquel il est arrivé à le réparer. »

L'article 1383 ajoute : « Chacun est responsable du dommage qu'il a causé, non seulement par son fait, mais encore par sa négligence ou son imprudence. »

Ces deux articles visent la responsabilité générale en dehors de la responsabilité particulière des articles 1792 et 2270 du Code civil auxquels nous consacrerons un chapitre à part.

Mais d'une façon spéciale la responsabilité des entrepreneurs, en dehors des articles 1792 et 2270 est réglée par les articles 1788, 1789 et 1790 du Code civil.

86. — Suivant la règle générale, la réception des

ouvrages décharge de toute responsabilité celui qui les afaits. Il n'y a donc à s'occuper du délai de la prescription que pour le cas où l'immeuble est mis en danger de périr et alors nous nous trouvons en présence de la prescription décennale des articles 1792 et 2270 auxquels nous consacrerons une étude spéciale.

87. — L'ouvrier (l'entrepreneur) qui fournit la matière reste propriétaire de la chose commencée jusqu'à ce qu'elle ait été achevée et remise à celui auquel il s'était engagé à la livrer (Cass., 20 mars 1872 ; D. P., 72, 1, 140).

88. — Un navire en construction ne cesse pas d'être la propriété du constructeur bien que celui qui l'a commandé ait payé des acomptes à proportion des travaux ; en conséquence ce navire ne peut être revendiqué par celui qui l'a commandé contre la faillite du constructeur (Cass., 20 mars 1872 ; D. P., 72, 1, 140).

89. — Dans le cas où l'édifice vient à périr avant la livraison ou la mise en demeure d'avoir à en prendre possession, il périt pour l'entrepreneur, sans qu'il y ait lieu de distinguer si l'édifice a été construit sur le sol de l'entrepreneur ou du propriétaire, et si l'édifice a péri par suite de faute de l'entrepreneur ou par cas de force majeure.

90. — Seulement dans le cas où l'édifice a été construit sur le sol de l'entrepreneur, celui-ci perd à la fois les matériaux et la main-d'œuvre et le sol lui-même dans le cas où le sol périt avec l'édifice ; tandis que si l'édifice a été construit sur le sol du propriétaire et que le sol vienne à périr en même temps que la construction, le sol périt pour le propriétaire.

91. — Quand les entrepreneurs fournissent eux-mêmes les matériaux, ils doivent seuls supporter les pertes résultant de l'écroulement des constructions avant leur achèvement et leur livraison, bien que les plans et devis qu'ils prétendent être défectueux leur aient été imposés par le marché avec la spécification même de la nature et de la proportion des matériaux, s'il est constant qu'ils ont eu connaissance de ces plans et devis et qu'ils s'y sont soumis sans réserve ni réclamation ; ils ne sont même pas admis à prouver que ces plans étaient défectueux (Cass. Req., 11 mars 1839, Code annoté de Dalloz, art. 1788).

92. — La perte cesse d'être à la charge de l'entrepreneur si le propriétaire avait été mis en demeure de prendre possession de la chose.

93. — L'article 1788 ne s'applique pas aux travaux publics.

94. — Dans le cas où l'entrepreneur fournit seulement la main-d'œuvre et où le propriétaire fournit le sol et les matériaux, si la construction vient à périr par la faute de l'entrepreneur, ce dernier devra payer le prix des matériaux et n'aura rien à réclamer pour le paiement du salaire de la main-d'œuvre.

95. — Si l'entrepreneur s'est chargé de construire un édifice sur le sol du propriétaire et de fournir à la fois les matériaux et la main-d'œuvre, si la construction vient à périr par cas fortuit ou force majeure, orage, grêle, gelée, incendie, et avant l'achèvement de la construction ou avant que le propriétaire ait été mis en demeure de prendre possession, la perte est pour l'entrepreneur.

Voilà les règles générales, elles sont rigoureuses et souvent bien dures pour les entrepreneurs.

Aussi la jurisprudence a parfois faibli dans leur application.

Ainsi il a été jugé que les articles 1788, 1789 et 1790, qui contiennent les principes dont nous venons de résumer l'application, ne concernaient que les ouvrages restant à la libre disposition des ouvriers jusqu'à la livraison effective ou offerte et ne s'appliqueraient pas aux entreprises de constructions à élever sur le sol d'un propriétaire avec les matériaux fournis par l'entrepreneur (Cass. Req., 13 août 1860 ; — D. P., 61, 1, 105 ; —Req., 19 juillet 1870 ; —D. P., 72, 1, 18).

96.—En conséquence la perte par force majeure de constructions en cours d'exécution est pour le compte du propriétaire du sol dans lequel ces constructions sont incorporées, quoique l'entrepreneur en ait fourni les matériaux et que la perte soit survenue avant la réception des travaux ou une mise en demeure de les vérifier (Arrêt précité du 13 août 1860).

97. — Il en est ainsi quelle que soit la nature du marché passé avec l'entrepreneur et encore notamment que le traité ait eu lieu à forfait (id.).

98. — Nous avons donné ces deux décisions de la cour de cassation faisant une distinction entre *l'ouvrier* et *l'entrepreneur* pour montrer que les juges ont parfois reculé devant la rigueur de l'application d'un principe absolu. Mais ces deux décisions n'ont pas été maintenues par la jurisprudence et la cour de cassation est revenue à l'ancienne interprétation d'après laquelle l'entrepreneur supporte la perte de la chose tant qu'elle n'est pas livrée, ou que le propriétaire n'a pas été mis en demeure de prendre livraison.

C'est ce qu'ont décidé deux arrêts du 20 mars 1872 (D. P., 72, 1, 140) et du 4 janvier 1888 (D. P., 89, 1, 211). C'est aujourd'hui la jurisprudence en vigueur.

Nous devons ajouter que cette interprétation, si défavorable pour l'entrepreneur, est cependant plus conforme au vœu du législateur et à la nature même des choses. Quand je traite avec un entrepreneur pour avoir une maison, je m'engage à lui payer le prix, le jour où j'aurai la maison; tant qu'il ne me livre pas la maison, je ne lui dois rien.

99. — Si l'immeuble vient à périr par suite de *malfaçons* ou par suite *d'emploi* de *mauvais matériaux*, l'entrepreneur aura la plus grande part de responsabilité, mais l'architecte pourra être recherché également, parce qu'il devait surveiller la manière de travailler de l'entrepreneur et les matériaux par lui employés (Cass., 23 mars 1874).

100. — Si les vices de construction et la mauvaise qualité des matériaux ont été employés en se cachant de l'architecte qui n'a pu le découvrir malgré une attention minutieuse, l'entrepreneur seul est responsable (Cass., 12 novembre 1844).

101. — Mais l'architecte, en présence de mauvais matériaux dont l'apparence ne révèle pas des imperfections, ne sera couvert que s'il a pris les mesures nécessaires pour éprouver lesdits matériaux (Paris, 28 décembre 1871).

102. — Les architectes et entrepreneurs sont responsables des vices du sol qui compromettent la solidité des travaux.

Quand bien même le propriétaire, averti des vices du sol, aurait ordonné de passer outre et d'exécuter les travaux quand même, les architectes et entrepreneurs n'en restent pas moins responsables. Ils doivent refuser de construire, leur responsabilité est d'ordre public (Cass., 10 février 1835 ; Paris, 24 février 1868 ; Lyon, 6 juin 1874 ; D. P., 75, 2, 119).

Quand il s'agit de vices mettant la solidité de l'édifice en danger, même dans le cas où le propriétaire donnerait une décharge à l'architecte et à l'entrepreneur, cette décharge n'empêcherait nullement le propriétaire d'intenter, avec succès, une action en responsabilité au cas où un accident viendrait à se produire.

103. — En matière de travaux communaux, alors même que les matériaux employés sont de bonne qualité et que la main-d'œuvre est irréprochable, l'entrepreneur peut être rendu responsable de la défectuosité des travaux, si c'est par son fait ou par sa faute que les travaux ont été exécutés dans la mauvaise saison et que cette circonstance ait nui à la bonne exécution des travaux (C. E., 23 février 1883).

104. — L'architecte est responsable des malfaçons imputables, soit à des erreurs, soit à l'insuffisance du plan, soit au défaut de surveillance (C. E., 15 décembre 1882).

105. — L'acceptation du décompte définitif par l'entrepreneur rend ce dernier non recevable à réclamer des indemnités relatives aux travaux sur lesquels porte ce décompte (C. E., 28 juillet 1882).

106. — Lorsque le décompte des travaux communaux exécutés par un entrepreneur est accepté par le conseil municipal, même en ce qui touche les dépenses imprévues aux devis, la commune n'est pas recevable à contester ni l'acceptation définitive des travaux exécutés pour l'entrepreneur, ni le règlement des sommes qui lui sont dues à raison de ces travaux (C. E., 8 février 1864 ; — 8 décembre 1882).

107. — Après la réception définitive, une commune n'est pas recevable à contester, en alléguant des erreurs de métrage, la quantité des travaux prévus et payés et à demander la restitution des sommes qu'elle aurait versées en trop par suite de ces erreurs (C. E., 12 juillet 1855 ; aff. du *collège d'Orange*).

108. — Lorsque la réception définitive des travaux communaux a été faite, l'entrepreneur ne peut plus être déclaré responsable des accidents qui peuvent se produire dans l'ouvrage, qu'en vertu des articles 1792 et 2270 C. civ. relatifs à la responsabilité décennale (C. E., 2 février 1883).

109. — La réception définitive décharge l'entrepreneur et l'architecte de la responsabilité des malfaçons qui n'auraient pas pour effet de nuire à la solidité de l'édifice (C. E., 28 mars 1886 ; — Jurisprudence constante).

110. — Lorsque la réception définitive a eu lieu, sous la seule réserve des malfaçons spécifiées, la commune n'est pas recevable à prétendre que d'autres malfaçons se seraient révélées depuis, alors d'ailleurs qu'elles ne sauraient engager la responsabilité décennale, pour refuser à l'architecte et à l'entrepreneur le paiement du solde leur revenant (C. E.,5 juillet 1889 ; R. T. P., IX, 887).

111. — Peut-on exonérer les architectes et entrepreneurs des responsabilités par eux encourues ?

Nous pensons qu'il faut faire une distinction.

S'il s'agit de la responsabilité découlant des articles 1792 et 2270 du code civil, qui tiennent en somme à l'ordre public, non ; comme nous l'avons dit, quand l'ouvrage périt en tout ou en partie ou périclite dans une de ses parties essentielles, les propriétaires ne peuvent exonérer les architectes et entrepreneurs de la responsabilité et une pareille convention serait nulle. La jurisprudence est aussi formelle qu'unanime sur ce point, comme nous le verrons dans un des chapitres suivants.

Mais pour les menus ouvrages, pour les malfaçons qui n'altèrent en rien la solidité de l'édifice et peuvent seulement diminuer la beauté et la bonté de l'exécution, si le propriétaire prévenu, pour réaliser une économie de temps ou de matériaux, veut courir les risques d'un travail défectueux, il peut exonérer les architectes et entrepreneurs de toute responsabilité de ce chef ; mais dans ce cas il faut une convention écrite ; la preuve testimoniale ne saurait être admise au-dessus de 150 francs.

112. — L'architecte est responsable du préjudice résultant du retard dans l'exécution des travaux causé par une surveillance insuffisante dans la direction, et par les irrégularités qui ont amené l'annulation de la mise en régie déjà prononcée sur sa proposition.

113. — Lorsque la responsabilité de l'entrepreneur et de l'architecte ne résulte pas des mêmes faits, il n'y a pas lieu de prononcer une condamnation solidaire (C. E., 13 mai 1889 ; R. T. P., VII, 24).

114. — Quand l'architecte et l'entrepreneur sont condamnés ensemble, quoique le premier soit condamné dans des proportions moindres que le second, néanmoins l'architecte peut être déclaré responsable pour le cas d'insolvabilité de l'entrepreneur (C. E., 1855).

115. — Nous avons dit que les articles 1788, 1789, 1790 C. civ. ne s'appliquaient pas aux travaux publics où la perte de la chose est réglée par l'article 28 des clauses et conditions générales de 1866 et qui est ainsi conçu :

« *Il n'est alloué à l'entrepreneur aucune indemnité à raison des pertes, avaries ou dommages occasionnés par négligence, imprévoyance, défaut de moyen ou fausses manœuvres.*

Ne sont pas compris toutefois dans la disposition précédente, les cas de force majeure qui, dans le délai de dix jours au plus après l'événement, ont été signalés par l'entrepreneur ; dans ce cas, néanmoins, il ne peut être rien alloué qu'avec l'approbation de l'administration. Passé le délai de dix jours, l'entrepreneur n'est plus admis à réclamer. »

Le paragraphe premier est l'application du droit commun ; l'entrepreneur supporte les conséquences de sa faute.

Quant à la force majeure, c'est ici que nous nous éloignons du droit civil et sans que les cas de force majeure soient forcément à la charge de l'administration, celle-ci consent à en supporter la charge mais à la condition que la déclaration lui soit faite dans les dix jours qui suivent l'accident afin qu'elle puisse faire faire les constatations tendant à démontrer : 1° qu'il y a réellement force majeure, 2° quelle est l'importance des dégâts.

116. — Le cas de force majeure est celui qui ne peut être prévu et que la prudence humaine ne peut éviter.

117. — Il y a cas de force majeure dans la perte d'un ponton occasionnée par une tempête, perte qui n'était point prouvée avoir été la conséquence de la négligence de l'entrepreneur (C. E., 19 juillet 1855).

118. — Il y a cas de force majeure dans les crues imprévues de rivière ayant occasionné des dégâts aux travaux ou empêché le transport des matériaux (C. E., 28 novembre 1884).

119. — Il y a cas de force majeure dans une trombe

et ouragan ayant occasionné des accidents graves dans les travaux de conduite d'eau (C. E., 19 mai 1864).

120. — Il y a cas de force majeure dans l'invasion d'eau torrentielle dans la tranchée d'entrée d'un souterain (C. E., 19 novembre 1876).

121. — Il y a cas de force majeure dans le dégât causé par une tempête à un quai d'embarquement (C. E., 30 janvier 1868).

122. — Il y a cas de force majeure dans la chute d'un pont occasionnée par l'affouillement des fondations d'une des piles au moment d'une crue de la rivière (C. E., 5 décembre 1884).

123. — Il y a cas de force majeure dans les perturbations et accidents naturels, tels que tremblements de terre, accidents causés par la foudre, destruction immédiate ou causés par l'incendie qui en est la conséquence.

124. — Faute par l'entrepreneur de déclarer le cas de force majeure dans les dix jours de l'événement, il sera déchu de tout droit à une indemnité (C. E., 15 février 1884).

125. — L'article dit : les cas de force majeure doivent être *signalés* et non *constatés*, comme certains ingénieurs trop zélés avaient essayé de le soutenir. L'entrepreneur signale, et c'est à l'administration à faire constater à l'heure qu'elle choisit.

Nous ne saurions trop engager les entrepreneurs qui auraient à signaler des cas de force majeure, à le faire par écrit, et à retirer un récépissé de leur déclaration pour bien fixer la date. Il ne sera même pas mauvais, en attendant que l'administration procède elle-même ou par ses agents aux constatations, de faire constater les dégâts par un huissier dont l'acte extrajudiciaire aura assurément une réelle importance.

126. — L'entrepreneur doit signaler le cas de force majeure dans les dix jours quand bien même il s'agirait d'un événement de notoriété publique, comme par exemple de la chute d'un pont par suite d'une crue (C. E., 22 septembre 1859).

127. — L'entrepreneur de travaux publics n'est dégagé de la responsabilité des cas de force majeure qu'autant qu'il n'y a pas faute de sa part ; si l'entrepreneur, par plus de prévoyance, pouvait empêcher les conséquences désastreuses qui se sont produites, c'est à lui qu'incombe la responsabilité (C. E., 28 novembre 1884).

CHAPITRE V

Responsabilité du Plan.

128. — L'architecte est responsable des constructions dressées d'après ses plans quand il surveille les travaux, par lui ou par ses préposés.
129-130. — Si l'immeuble vient à périr par vice du plan, l'architecte est seul responsable.
131. — L'entrepreneur est dégagé quand le propriétaire est architecte lui-même.
132. — L'entrepreneur qui travaille sans plans assume la responsabilité de l'architecte.
133. — L'architecte qui n'a pas dressé le plan mais l'a signé en assume la responsabilité.
134. — L'architecte rendu responsable ne peut invoquer les ordres du propriétaire.
135. — L'architecte répond seul des vices du plan.
136. — A moins que les vices du plan ne soient trop grossiers, dans ce cas l'entrepreneur pourrait être recherché.
137. — Il importe peu que l'entrepreneur se soit conformé aux plans fournis par le propriétaire.

128. — Un architecte fait exécuter des travaux par l'intermédiaire d'un inspecteur chargé de la conduite de ces travaux ; l'architecte, auteur du projet, a fourni tous les détails nécessaires pour l'exécution ; est-il responsable des vices de construction provenant de la fidèle exécution des plans et des détails fournis ?

1° En principe, l'architecte qui a dressé les plans et dirigé par lui-même ou par ses délégués l'exécution des travaux est responsable tant des vices des plans que de la mauvaise qualité ou du mauvais emploi des matériaux (Paris, 17 nov. 1849; D. P., 1850, 2, 206; — C. E., 9 mars 1854; D. P., 1854, 3, 61; — C. E., 15 décembre 1882; R. T. P., II, 199; — C. E., 16 juin 1882; R. T. P., I, 401).

2° Mais l'architecte qui s'est borné à dresser les plans sans se charger de la conduite des travaux n'est responsable que des vices du plan (Cass., 20 novembre 1871; Sirey, 72, 1, 102; C. E., 8 décembre 1882; R. T. P., II, 188).

3° L'architecte qui a la surveillance a, concurremment avec l'entrepreneur, la responsabilité des malfaçons (C. E., 15 décembre 1882; R. T. P., II, 199 (1).

129. — Si l'immeuble vient à périr par *vice du plan*, l'architecte est seul responsable (C. de Paris, 17 novembre 1849; — C. E., 5 février 1855).

---

(1) C'est ce que nous soutînmes et fîmes prévaloir dans le procès intenté en 1890 par la ville de Foix à son ancien maire et à l'architecte M. Galinié, qui avait dressé les plans. Il s'agissait du magnifique lycée de Foix, dont les devis s'élevaient à 1,700,000 francs.
La ville de Foix avait confié la rédaction des plans à M. Galinié et la surveillance des travaux à un autre architecte. Après la réception définitive, des vices de construction se manifestèrent ; la ville actionna devant le conseil de préfecture de Foix l'ancien maire (pour des dépassements), M. Galinié, auteur des plans, et l'architecte surveillant des travaux ; les plans furent reconnus à l'abri de tout reproche ; on retint seulement la responsabilité de l'entrepreneur qui avait mal exécuté et celle de l'architecte surveillant qui avait mal surveillé, à l'exclusion de l'architecte, auteur des plans, contre lesquels on n'avait aucun reproche à relever.

130. — Il est à remarquer qu'il faut pour cela que l'architecte surveillant n'ait été placé, en quoi que ce soit, sous la direction et la dépendance de l'architecte, auteur du plan, car dans ce cas l'inspecteur ne serait que l'agent de celui-ci qui demeurerait responsable des actes de son préposé, c'est-à-dire de l'exécution, comme s'il avait personnellement dirigé et surveillé les travaux.

131. — Lorsque les plans fournis à l'entrepreneur ont été dressés par le propriétaire, si celui-ci est architecte, l'entrepreneur est dégagé de toute responsabilité quant aux plans (Cass., 4 juillet 1838 ; S., 38, 1, 726).

132. — Si le propriétaire n'est pas architecte et que l'entrepreneur travaille sans plans ou sur des plans fournis par le propriétaire, l'entrepreneur assume toute la responsabilité des plans (Paris, 17 novembre 1849 ; D. P., 1850, 2, 206).

133. — Un architecte qui n'a pas dressé un plan, mais l'a signé, est responsable des vices de ce plan parce qu'il l'a fait sien, alors même qu'il n'aurait reçu ni réclamé d'honoraires (C. E., 5 février 1857 ; 10 novembre 1882 ; 23 janvier 1885).

134. — L'architecte, pour repousser la responsabilité, ne peut invoquer la pression qu'aurait exercée sur lui le propriétaire; l'architecte n'est en effet nullement tenu de se soumettre aux exigences de celui qui veut construire, il est même de son devoir d'y résister et de refuser la mission qui lui est confiée, lorsque les plans proposés ne peuvent produire par leur exécution que des résultats vicieux (Paris, 5 mars 1863).

135. — Les vices du plan incombent à l'architecte, telle est la jurisprudence constante tant du Conseil d'Etat que de la Cour de cassation, et dès lors, de ce chef, l'entrepreneur est exempt de toute responsabilité.

136. — Cependant lorsque les vices du plan sont tellement apparents qu'un entrepreneur connaissant sa profession ne peut les ignorer, il peut être rendu responsable, dans une certaine mesure, des vices de construction, sans préjudice de la responsabilité qui incombe à l'architecte (C. E., 16 juin 1882).

Dans l'espèce, il s'agissait d'erreurs de côtes, d'où il était résulté une plantation défectueuse des murs du clocher d'une église; l'entrepreneur, s'il avait examiné les côtes, aurait sûrement vu cette erreur apparente pour tout homme du métier et il aurait dû en référer à l'architecte pour faire établir une concordance juste.

137. — Il importe peu que l'entrepreneur, en exécutant les travaux dont la défectuosité est constante, se soit conformé aux plans et devis qui lui ont été imposés par le propriétaire, et qu'il ait employé les matériaux indiqués par le marché, en se chargeant des travaux dans des conditions qui étaient de nature à en compromettre la solidité, il a fait siens ces plans, devis et matériaux, et il a encouru la responsabilité de la loi, même quand il s'agit de l'application de l'art. 1792 (Cass., 28 octobre 1888; R. T. P., t. VIII, p. 88; — Cass., 16 juillet 1889; R. T. P., t. IX, p. 135).

CHAPITRE VI

Responsabilité du devis au point de vue de ses prescriptions.

138. — Le devis prescrit deux choses : l'emploi de matériaux déterminés et un prix fixé à l'avance.
139-140-141. — L'architecte est seul responsable des devis à moins d'erreur grossière qui devrait empêcher l'entrepreneur de l'exécuter.
142. — Résistance de la jurisprudence à admettre cette dernière théorie.
143-144. — En principe, les entrepreneurs ne peuvent rien changer aux devis, mais cette règle souffre, dans la pratique, des tempéraments.
145. — Les changements autorisés qui entrainent une augmentation de dépenses entrainent une indemnité.
146. — En matière de travaux publics, l'augmentation ou la diminution d'un tiers des travaux peuvent donner lieu à indemnité.
147. — La demande en indemnité doit être soumise au moment du règlement de compte.
148. — Mais pour qu'il y ait indemnité il faut justifier d'un préjudice.
149. — L'augmentation ou la diminution d'un sixième donne droit à l'indemnité et à la résiliation, quand bien même les travaux auraient été exécutés par la régie.

138. — La responsabilité du devis présente deux aspects différents : D'abord en ce qui concerne les prescriptions que contient le devis : nature et qualité des matériaux, procédé d'emploi, dimensions, etc. et responsabilité au point de vue du dépassement du chiffre de la dépense.

Une dépense plus grande est presque toujours la conséquence d'un changement du devis ; nous allons examiner cette double responsabilité dans deux chapitres différents.

D'abord étudions la responsabilité de l'entrepreneur

et de l'architecte en ce qui concerne les prescriptions du devis en ce qu'ils prescrivent l'emploi de tels matériaux, de telles dimensions, etc.

Il va de soi que l'architecte ou l'entrepreneur n'ont pas le droit de substituer une qualité de matériaux à une autre prévue au devis, de diminuer les dimensions convenues ; il est à peine besoin d'insister sur ce point.

139. — Les devis sont *descriptifs* quand ils contiennent la description des travaux à exécuter ; ils sont *estimatifs* quand ils contiennent l'estimation des prix pour chaque nature d'ouvrage. Ils sont à la fois *descriptif* et *estimatif* quand ils contiennent la description des travaux et leurs prix.

Le devis est le complément du plan.

Le plan représente l'ensemble de l'objet que l'on veut construire ; le devis indique quels matériaux doivent être employés, leur qualité, leurs dimensions.

Ici l'entrepreneur n'a qu'à exécuter, la responsabilité tout entière remonte à l'architecte, sauf le cas où l'erreur est tellement grossière que sa compétence, comme entrepreneur, a dû l'empêcher de l'exécuter, comme dans le cas de non concordance des côtes (n° 136).

L'architecte est donc seul responsable, en matière de devis, des prescriptions qu'il contient, nature et qualité des matériaux, procédé d'emploi, dimensions, etc. (*Responsabilité des constructeurs*, par Ravon).

140. — L'entrepreneur ne saurait assumer aucune responsabilité pour un travail auquel il n'a pas collaboré, pour un ordre qui lui est imposé et qu'il doit suivre.

La responsabilité exclusive de l'architecte en matière de devis est reconnue par une jurisprudence constante. Le devis est un ordre écrit et celui-là seul qui le donne doit en assumer la responsabilité.

141. — Cependant le Conseil d'Etat ne semble pas toujours admettre cette règle immuable et dans un arrêt, il a mis une part de responsabilité à la charge de l'entrepreneur, décidant que bien que l'entrepreneur se soit soumis ponctuellement aux prescriptions du devis et n'ait employé dans la construction d'un ouvrage que les matériaux imposés par ledit devis, néanmoins, il peut être déclaré responsable du manque de solidité du travail résultant de la mauvaise qualité des matériaux imposés, s'il n'a pas éclairé en temps utile la commune de l'état défectueux de ces matériaux et de l'impossibilité de faire avec eux un bon travail (C. E., 2 avril 1887).

Il nous paraît que le Conseil d'Etat est allé un peu loin ; néanmoins il faut remarquer qu'il a admis la responsabilité pour l'emploi de matériaux défectueux, par conséquent sur un point qui entre dans la compétence des entrepreneurs ; pourtant, comme au-dessus de l'entrepreneur, il y a l'architecte qui doit avoir plus de compétence et de savoir et qui ordonne, nous persistons à penser que le conseil d'Etat a commis une erreur grave, qui du reste ne s'est pas renouvelée, et a confondu les attributions de l'architecte et celles de l'entrepreneur.

142. — La juridiction civile n'a jamais admis une semblable thèse et elle a toujours appliqué strictement la loi ; la Cour de cassation a même décidé que l'architecte est responsable des ordres verbaux qu'il donne à l'entrepreneur (Cass., 23 novembre 1862 ; *Journal du Palais*, 63, 1, 452). S'il est responsable même de ses ordres verbaux, comment pourrait-on soutenir qu'il ne l'est pas complètement des devis qui sont en somme des ordres écrits ?

143. — Ce qu'il y a de certain, c'est que si l'architecte et l'entrepreneur n'ont pas le droit de modifier le devis en donnant des matériaux de moindre valeur, ou en diminuant les dimensions ; ils peuvent, dans certains cas, apporter des modifications pour parer aux erreurs ou omissions qui ont pu se produire dans la rédaction de ces devis et ajouter telle partie qui manquait, remplacer telle qualité défectueuse par une meilleure, forcer telle dimension trop faible. Mais on comprendra que ces cas soient tout à fait exceptionnels et que les architectes et entrepreneurs ne puissent le faire qu'avec une extrême réserve et dans des circonstances tout à fait rares, quand la bonne exécution de l'ouvrage en dépend. Dans ce cas, on ne saurait trop les engager à en informer le propriétaire, à se faire autoriser par lui, cela leur évitera bien des ennuis et bien des contestations au moment du règlement.

Faute d'avoir pris cette précaution, nous allons voir dans quels cas les changements en plus sont admis par la jurisprudence.

Mais il est bien entendu qu'il faut que les changements soient notables, de simples modifications de détails ne suffiraient pas (C. E., 8 décembre 1882, R. T. P., II, 192).

Le même arrêt décide que, si les travaux ont lieu sous les yeux et pour ainsi dire sous le contrôle constant du conseil municipal qui a pu voir ces changements, il faut que le conseil municipal ait protesté ; si le conseil municipal ne proteste pas, il approuve.

Cet arrêt du Conseil d'Etat est des plus équitables. Il arrive souvent, surtout dans les petites villes, que les membres du conseil municipal assistent jour par jour aux travaux effectués pour la commune, qu'ils approuvent les diverses modifications aux devis, se rendant bien mieux compte en voyant l'effet des matériaux en place qu'ils ne l'ont pu faire sur le dessin ; les représentants de la commune approuvent tout ce qui rend les travaux plus solides ou plus beaux ; parfois même ils poussent l'entrepreneur dans cette voie des modifications ; mais quand arrive le moment de solder, les conseillers municipaux se retranchent derrière les textes impérieux de la loi et essaient de faire retomber sur l'entrepreneur ou sur l'architecte les dépenses provenant des modifications aux devis.

Le Conseil d'Etat a justement fait justice de ces prétentions qui seraient de la malhonnêteté si elles étaient émises par un simple particulier et que certains conseils municipaux essaient de justifier en alléguant qu'ils défendent les intérêts communaux ; cette défense est très légitime à coup sûr, mais à une condition, c'est qu'elle ne s'exerce pas au détriment d'autrui et que pour enrichir la commune on ne ruine pas l'entrepreneur.

144. — En matière de travaux publics les changements aux devis sont régis par les articles 23, 32, 50 et 51 des clauses et conditions générales de 1866.

L'article 23 porte, bien entendu, prohibition pour l'entrepreneur d'apporter aucun changement au projet ; en cas d'infraction, les ingénieurs peuvent maintenir les nouvelles dispositions si elles ne sont contraires ni à la solidité ni au goût, mais il n'est accordé aucune augmentation de prix, à raison des dimensions plus fortes ou de la valeur plus considérable que peuvent avoir les matériaux, et les ouvrages et les métrages sont basés sur les dimensions prescrites par le devis. Si au contraire, les dimensions sont plus faibles ou la valeur des matériaux moindre, les prix sont réduits en conséquence.

145. — Mais si les changements étaient faits avec le consentement de l'administration en vue d'augmentation des proportions pour la solidité de l'ensemble, il est dû une indemnité (C. E., 9 janvier 1874).

146. — En matière de travaux publics, quand les devis diminuent ou augmentent d'un tiers les travaux d'une même catégorie, il y a lieu à l'application de l'article 32 des clauses et conditions générales de 1866. Cet article est un de ceux qui peuvent donner prise à de nombreuses difficultés, il est pourtant des plus simples, si on veut bien se reporter à son texte lui-même et à l'esprit qui l'a fait édicter.

Posons d'abord ce principe qu'il faut trois conditions pour qu'il y ait lieu à son application :

1° Une augmentation ou une diminution d'un tiers des travaux ;

2° Que ces travaux appartiennent à la même catégorie et soient rangés sous un même numéro du bordereau des prix (même nature, même prix, même numéro) ;

3° Qu'il y ait un préjudice réel pour l'entrepreneur.

Sans ces trois conditions réunies, si une d'elles venait à manquer, on ne saurait prétendre obtenir une indemnité.

Dans une décision du 9 juin 1891, le Conseil d'Etat, conformément au texte de l'article 32, a décidé qu'il ne pouvait être invoqué que lorsqu'il y a eu augmentation ou diminution de plus d'un tiers dans une même nature d'ouvrages payés au prix unique du bordereau.

Mais le Conseil d'Etat a très justement refusé de faire entrer en ligne de compte diverses catégories d'ouvrages qui figuraient au bordereau des prix sous des numéros différents.

147. — La demande d'indemnité est soumise au moment du règlement de compte et l'Administration ne peut pas refuser la demande en indemnité, en opposant à l'entrepreneur les bénéfices qu'il aurait réalisés sur d'autres parties de l'entreprise, sur d'autres ouvrages prévus au devis (C. E., 13 mai 1887).

Néanmoins, pour que l'indemnité soit due, il ne suffit pas que l'entrepreneur se prévale de l'augmentation ou de la diminution d'un tiers, il faut qu'il établisse que cette augmentation ou cette diminution lui a vraiment causé un préjudice (C. E., 15 février 1884).

Sans préjudice, pas d'indemnité.

Telle est, résumée, l'application de cet article 32, qu'on a essayé de représenter quelquefois comme obscur ou d'une application difficile, et dont le sens se détache très clairement pour peu que l'on veuille rapprocher son texte des décisions de jurisprudence auxquelles il a donné lieu.

148. — Notons, en passant, que cet article 32 a été introduit dans les clauses et conditions générales de 1866 dans une pensée de justice à l'égard de l'entrepreneur. Les adjudications, en effet, se font à la suite de soumissions basées sur des calculs qui reposent sur une sorte de balance où tous les travaux sont pesés : on perd sur telle partie, on gagne sur telle autre et on établit une sorte de compensation dont il ne saurait être loisible à l'Administration de détruire l'équilibre en augmentant des travaux sur lesquels l'entrepreneur perd, pour diminuer au contraire ceux sur lesquels il comptait se rattraper par un bénéfice qu'il a mis en ligne de compte pour balancer les pertes d'autres parties.

Il va de soi que l'indemnité n'est due que si l'augmentation du tiers s'est produite à la suite d'ordres donnés par l'Administration au cours des travaux (Jurisprudence constante).

L'entrepreneur reçoit les ordres, il se rend compte qu'ils vont augmenter les travaux d'un tiers, il n'a pas à faire des réserves au sujet de l'article 32, il exécute ces ordres, il continue les travaux et il présente sa réclamation, en fin de compte, quand il fournit le décompte définitif (C. E., 17 décembre 1879).

Même dans le cas où l'entrepreneur résilierait son entreprise, pour les motifs prévus ou de force majeure, il peut y avoir lieu à l'application de l'article 32, si au moment de la résiliation il y avait une augmentation ou une diminution du tiers des travaux exécutés appartenant à une même catégorie (C. E., 16 février 1883).

149. — Quand la diminution ou l'augmentation est de plus d'un sixième, l'entrepreneur a le droit non seulement à une indemnité mais encore à la résiliation (C. E., décembre 1880, *Villebesey*).

Les travaux exécutés par la régie au compte de l'entrepreneur doivent être pris en considération pour savoir si l'entrepreneur a droit à la résiliation des travaux pour augmentation de plus d'un sixième dans la masse des ouvrages (C. E., 8 août 1885, *Armelin* contre *Ville de Nice*).

CHAPITRE VII

Dépassements des devis. — Travaux supplémentaires.

150. — Les devis dépassés sont régis par l'article 1793 code civ. qui refuse une augmentation de prix quand les devis, pour les travaux à forfait, ont été dépassés.
151. — La jurisprudence a apporté des tempéraments à cette règle absolue.
152. — L'architecte est responsable des travaux supplémentaires non autorisés.
153. — Si les travaux supplémentaires ont été profitables, ils doivent être payés (trav. publics).
154. — En matière civile la jurisprudence s'en tient davantage au texte.
155. — Il ne suffit pas qu'un devis soit dépassé pour que naisse aussitôt la responsabilité de l'architecte et de l'entrepreneur.
156. — Pour que les augmentations restent à la charge de l'entrepreneur, il faut : 1° qu'il y ait un forfait ; 2° un plan arrêté et convenu ; 3° des changements non autorisés par écrit ; 4° aucun prix convenu pour les changements possibles.
157. — Qu'entend-on par marché à forfait ?
158. — Par plan arrêté et convenu ?
159. — Par changement non autorisé par écrit ?
160. — Arrêt d'espèce.
161. — Circonstances exigeant des changements portant sur des détails d'exécution.
162. — Travaux ordonnés par l'architecte pour pourvoir à des prévisions insuffisantes.
163. — Quand y a-t-il un prix convenu pour des changements possibles ?
164. — Pour qu'on puisse parler d'augmentation, il faut que les dépenses soient d'une certaine importance par rapport aux projets primitifs.
165. — Les travaux supplémentaires n'entraînant qu'une faible dépense, s'ils sont utiles, sont à la charge de la commune.
166. — A moins que ces travaux ne soient pas nécessaires et n'aient pas profité à la commune.
167. — Les travaux urgents ordonnés par le maire doivent être payés par la commune.
168-169. — La commune doit payer les travaux supplémentaires, s'ils étaient nécessaires pour la solidité de l'édifice.
170. — A moins qu'une clause formelle du cahier des charges prohibe tous travaux supplémentaires quels qu'ils soient.
171. — Une commune ayant fait exécuter des travaux sur série de prix, peut-elle actionner pour les ouvrages exécutés sans autorisation, l'architecte ou l'entrepreneur ?

172. — Qu'entend-on par travaux utiles et profitables ?
173-174. — Exemples.
175. — L'emploi de matériaux de luxe, des ornements doivent être laissés pour compte.
176. — En cas de marché à forfait, les excédents des prévisions du devis sont dus si les travaux étaient nécessaires et s'ils ont été ordonnés par l'autorité municipale.
177. — Dépenser le montant des rabais d'adjudication constitue un dépassement du devis.

150. — Nous venons de voir la responsabilité de l'architecte et celle de l'entrepreneur en ce qui concerne les prescriptions mêmes du devis, l'emploi des qualités et des dimensions des matériaux, nous allons examiner leur responsabilité réciproque au point de vue du chiffre de la dépense.

Les devis dépassés sont régis par l'article 1793 du code civil qui est ainsi conçu :

Art. 1793. — *Lorsqu'un architecte ou un entrepreneur s'est chargé de la construction à forfait d'un bâtiment, d'après un plan arrêté et convenu avec le propriétaire du sol, il ne peut demander aucune augmentation de prix, ni sous le prétexte d'augmentation de la main-d'œuvre ou des matériaux, ni sous celui de changements ou augmentations faits sur ce plan, si ces changements ou augmentations n'ont pas été autorisés par écrit, et le prix convenu avec le propriétaire.*

151. — Voilà la loi dans toute sa rigueur.

Disons tout d'abord que la jurisprudence a fait subir d'importantes modifications à ce texte un peu dur par une interprétation assez large de ce principe.

La jurisprudence administrative, en ce qui touche les

travaux communaux, est plus tolérante que la jurisprudence civile.

152. — Plaçons tout d'abord ici quelques observations générales.

Voici un architecte qui a fait les devis descriptifs et estimatifs, quand les travaux sont achevés, il y a des dépassements.

Qui doit les supporter?

L'archichecte est responsable des travaux supplémentaires non autorisés et par lui ordonnés à l'entrepreneur ; mais les travaux supplémentaires exécutés pour réparer les omissions du devis, pour pourvoir à des nécessités qui se sont produites en cours d'exécution et qui ont profité au département, doivent être mis à la charge du département (C. E., 26 décembre 1884).

153. — Lorsque l'utilité apparaît, que les travaux supplémentaires sont profitables, le Conseil d'État décide que l'administration doit payer les travaux malgré le défaut d'approbation.

Cette jurisprudence se justifie pleinement; il est inadmissible que les départements ou les communes s'enrichissent, comme ils en ont maintes fois manifesté l'étrange prétention, au préjudice des particuliers dont le seul tort est d'avoir voulu trop bien faire.

154. — En matière civile, la jurisprudence est moins large et souvent les architectes ont été rendus responsables des dépassements de devis, mais dans des cas spéciaux et qui ne pouvaient avoir d'autre autorité que celle qui s'attache à des arrêts d'espèces.

155. — Mais suffit-il qu'un devis soit dépassé pour qu'aussitôt naisse la responsabilité de l'architecte?

Ce serait méconnaître ce qu'est un devis que de soutenir l'affirmative, dit avec juste raison M. Ravon, l'architecte dont l'opinion vaut qu'on s'y arrête (*Responsabilité des constructeurs*, p. 44).

« Un devis estimatif, dit-il en effet, qui n'est en définitive qu'un avant-métré des ouvrages à exécuter pour réaliser l'œuvre projetée, peut donner lieu, lors de l'adjudication des travaux, ou, pour être plus exact, lors du règlement des mémoires, à bien des surprises. » Les surprises résultent de la variation des prix des matériaux, dans l'abondance des travaux qui peuvent survenir subitement et peuvent amener les dépassements de devis, « alors même que ces devis sont bien faits suivant le mode de mesurage et les prix habituels de la localité et qu'aucune omission n'a été commise dans leur rédaction ».

Suivant M. Ravon, et nous partageons son avis sur ce point : « L'architecte n'est pas responsable de ce qu'il n'a pu prévoir; si l'augmentation de dépenses ne résulte pas d'une erreur du devis ou d'une omission, l'architecte n'a pas commis de faute, il n'est pas reprochable, il n'est pas par conséquent responsable. »

156. — Au surplus, pour que les augmentations restent à la charge de l'entrepreneur, il faut qu'il y ait :

1° Un marché à forfait;

2° Un plan arrêté et convenu ;

3° Des changements non autorisés par écrit ;

4° Qu'il n'y ait aucun prix convenu pour les changements possibles.

La réunion de ces quatre conditions est absolument obligatoire ; elles sont essentielles et indispensables et l'absence de l'une d'elles empêche l'application à la lettre de l'article 1793.

157. — I. *Le marché à forfait* est une convention écrite signée par les parties et contenant : le programme des constructions à édifier, l'énoncé des ouvrages à faire, la nature des matériaux à employer, la dimension de ces matériaux, leur mise en œuvre.

158. — II. *Un plan arrêté et convenu* consiste dans des dessins dressés suivant une échelle qui fasse comprendre les dispositions de l'édifice ; une simple esquisse, des dessins non cotés où ne seraient marqués ni les profondeurs, ni les emplacements des principaux points de l'édifice, ne sauraient être considérés comme des plans arrêtés.

Ce plan arrêté doit être signé *ne varietur* par le propriétaire, l'architecte et l'entrepreneur.

La production de ces diverses pièces est à la charge de la partie demanderesse.

159. — III. *Changements non autorisés par écrit.* L'autorisation par écrit ne peut être suppléée par aucune autre preuve, ni par la preuve testimoniale, ni par la délation du serment, ni par l'interrogatoire sur faits et articles.

Mais le propriétaire serait tenu de payer la différence des prix résultant d'augmentations provenant de changements aux devis ordonnés par le directeur des travaux (agent ou architecte) représentant le propriétaire (Cass., 28 janvier 1846, D. P., 46, 1, 245).

Ainsi lorsqu'un cahier des charges stipule que tous les travaux exécutés en dehors d'une autorisation régulière resteront à la charge de l'entrepreneur et de l'architecte, les changements et les augmentations de dépenses qui n'ont pas été prévus aux devis également approuvés restent à la charge de l'architecte et de l'entrepreneur solidairement, si c'est par les ordres du premier que celui-ci a agi. L'architecte et l'entrepreneur ne sont pas couverts par l'autorisation du maire si le conseil municipal n'a pas approuvé au préalable ces changements et ces augmentations (C. E., 2 février 1883).

La décision est rigoureuse et doit mettre la prudence des architectes et des entrepreneurs communaux en éveil.

Mais il est question ici, bien entendu, de changements graves et non justifiés pour les besoins de la construction et d'augmentations relativement élevées.

Dans l'espèce, il s'agissait de la construction d'une

église ; l'entrepreneur, d'accord avec l'architecte et le maire, avaient substitué un plan à un autre et il en était résulté une augmentation de 13,594 fr., augmentation relativement considérable.

160. — Et il faut bien remarquer que le cahier des charges, au lieu de contenir une clause permettant au besoin d'opérer les changements reconnus nécessaires en cours d'exécution, comme cela arrive la plupart du temps, au lieu même de garder le silence sur ce point, contenait une clause spéciale, faisant bien ressortir que tout travail supplémentaire non autorisé resterait à la charge de l'architecte et de l'entrepreneur et ces derniers avaient été plus qu'imprudents en substituant un plan non approuvé à un autre entraînant des dépenses plus élevées.

Au surplus, en principe, l'entrepreneur est tenu de se conformer scrupuleusement aux clauses du devis et ne doit procéder à des changements au cours des travaux qu'avec l'autorisation prévue au cahier des charges.

161. — Cependant, par exception, quand les circonstances nécessitent ces changements et qu'ils ne portent que sur des détails d'exécution, la commune peut être condamnée à payer lesdits travaux (C. E., 15 février 1882 ; R. T. P., I, 184).

162. — Quand les travaux supplémentaires ont été

ordonnés par l'architecte, qu'ils ont eu pour objet de pourvoir à l'insuffisance des prévisions du devis ou à des nécessités qui se sont produites au cours de l'entreprise et qu'ils étaient indispensables à la bonne exécution du projet, la commune en doit le montant à l'entrepreneur sans recours contre l'architecte (C. E., 7 août 1886, R. T. P., IV, 157).

Dans l'espèce il s'agissait de l'asile d'aliénés d'Armentières. Le crédit était dépassé de 80,842 fr. pour une dépense totale de 500,000 fr.

L'article 1793 C. civ., qui exige une autorisation écrite pour les changements et augmentations à exécuter en dehors d'un marché à forfait, n'est pas applicable au cas où le propriétaire s'est, dans la convention, réservé le droit de faire, au cours des travaux, les changements, augmentations ou diminutions qu'il estimerait convenables, moyennant un prix fixé par analogie avec les prix du marché (Cass., 6 mars 1860 ; D. P., 60, 1, 266 ; Cass., 5 mars 1872 ; C. E., 24 janvier 1861).

163. — IV. *Convention du prix relatif aux augmentations possibles.* Un propriétaire ou une administration qui se réserverait le droit de modifier le projet en plus ou en moins, de régler les travaux supplémentaires en plus ou en moins, renoncerait par cela même aux dispositions de l'art. 1793 (id.).

164. — Pour qu'on puisse parler d'augmentation, il faut que les ouvrages ordonnés et non prévus aux devis aient occasionné des dépenses d'une certaine importance eu égard aux projets primitifs. Dans l'espèce, le conseil d'Etat comprit sous le nom d'augmentation une somme de 43,245 fr. 25 c. de travaux non prévus aux devis pour une entreprise de 100,000 francs (C. E., 11 mars 1887, *commune de Betz* c. *Jousset* ; R. T. P., VI, p. 425). L'architecte déclaré responsable fut condamné à une restitution de 200 fr. d'honoraires.

165. — *Les travaux supplémentaires* non régulièrement approuvés, mais ne dépassant que faiblement le montant total des crédits de l'entreprise, ne sauraient être laissés à la charge de l'architecte lorsqu'ils n'ont été commandés qu'en vue d'une meilleure exécution des travaux (C. E., 3 décembre 1886 ; R. T. P., V, 224).

166. — Pour que les entrepreneurs et architectes soient rendus responsables, il faut :

1° Que les travaux supplémentaires ne soient pas reconnus nécessaires ;

2° Qu'ils n'aient pas profité à la commune.

S'ils sont reconnus nécessaires et que la commune en ait profité, la commune doit les supporter (C. E., 9 mars 1884 ; R. T. P., II, 378).

Cette jurisprudence s'est maintenue devant le Conseil d'Etat qui a décidé que, lorsque les travaux supplémentaires étaient nécessaires à la bonne exécution du projet, la commune ne peut invoquer le défaut d'autorisation régulière pour en refuser le prix à l'entrepreneur (C. E., 13 mai 1887 ; R. T. P., VII, 22).

167. — Les travaux exécutés sur l'ordre du maire qui avaient un caractère absolu d'urgence doivent être mis à la charge de la commune (C. E., 12 février 1886, *commune de Seillac* contre *Chalumeau et Salles*).

168. — Lorsque les travaux non prévus aux devis et non autorisés par le conseil municipal ont été exécutés par un entrepreneur, celui-ci ne peut réclamer à la commune le montant de ces travaux, à moins toutefois que ces ouvrages n'aient eu pour objet de pourvoir à des nécessités qui se sont produites en cours d'exécution et ont profité à la commune (C. E., 8 décembre 1882, — Jurisprudence constante). Comme par exemple s'il était nécessaire, pour la solidité d'un édifice, d'agrandir les fouilles, de développer les fondations, d'augmenter l'épaisseur des murs de refend.

169. — Les modifications effectuées conformément aux prescriptions de l'architecte qui ont été avantageuses à la commune ou se rapportant à des nécessités constatées en cours d'entreprise doivent être mises à la charge de la commune (C. E., 20 novembre 1885; R. T. P., t. V, p. 67).

D'autres arrêts du conseil d'Etat, trois notamment signalés comme très importants, font fléchir la loi qui rend les devis immuables.

Le premier dit : « Des ouvrages exécutés par l'entrepreneur sans autorisation du conseil municipal, mais prescrits ou tout au moins autorisés par l'architecte, dont l'objet a été de pourvoir à l'insuffisance des prévisions du devis, à des nécessités qui se sont produites dans le cours de l'entreprise, doivent être payés par la commune » (C. E., 2 mai 1866).

Le 2e arrêt ajoute : « Les travaux exécutés en dehors des prévisions du devis doivent être payés à l'entrepreneur, s'il est reconnu qu'ils ont été demandés, ou qu'ils ont profité à la commune » (C. E., 5 avril 1869 ; D. P., 70, 3, 50).

Le 3e arrêt conclut : « Une commune n'est pas fondée à refuser le paiement d'ouvrages supplémentaires résultant de changements apportés au projet primitif, lorsque ces travaux ont été reconnus nécessaires et ont profité à la commune, et aussi lorsque le cahier des charges a stipulé que s'il était reconnu nécessaire de faire des changements il pourrait y être procédé » (C. E., 22 janvier 1878).

170. — L'entrepreneur de travaux communaux qui excède les termes du devis en faisant des ouvrages qui n'y sont pas compris et qui n'ont pas été spécialement autorisés, n'a pas d'action en supplément de prix, alors qu'elle lui est refusée par une clause expresse et formelle du cahier des charges ; il prétendrait vainement que les ouvrages étaient indispensables pour les travaux du marché (Cass., Ch. Req. 3 février 1841).

171. — Lorsque dans un marché de travaux communaux, moyennant un devis sur série de prix, il a été stipulé que les ouvrages exécutés sans autorisation et en dehors du devis resteraient à la charge de l'entrepreneur, sans répétition possible contre la commune, celle-ci ne peut actionner directement et exclusivement l'architecte en responsabilité des dépenses qui ont pu se produire. — C'est contre l'entrepreneur qu'elle doit diriger son action, sans préjudice de son recours contre l'architecte, s'il y a lieu (C. E., 24 janvier 1861 ; D. P., 61, 3, 30).

172. — Il nous reste à définir ce que l'on entend par travaux utiles et profitables.

Nous savons maintenant, avec les décisions constantes de la jurisprudence applicables tant en matière de travaux publics, communaux que particuliers, que les dépenses supplémentaires utiles et profitables au propriétaire doivent faire exception à la règle générale et être payées à l'entrepreneur même quand il traite à forfait.

C'est le juste tempérament apporté par la jurisprudence tant civile qu'administrative aux termes rigoureux de l'article 1793.

Un *travail est utile* quand il répond à un besoin et à une nécessité non prévus, se justifiant par conséquent de lui-même et étant l'accessoire indispensable d'une construction (1).

Un *travail est profitable* quand son exécution a pour

---

(1) *Les Devis dépassés*, par O. Masselin.

but de satisfaire la solidité d'un ouvrage, d'en asurer sa plus longue conservation et d'en diminuer les frais d'entretien (1).

173. — Les fondations légitiment souvent une augmentation de dépenses soit par un excédent d'épaisseur ou de profondeur, soit par l'adoption d'un système de construction meilleur que celui prévu au devis.

— Les épuisements d'eau, les étaiements, l'enfoncement de pilotis dans les terrains boueux et marécageux, présentent les caractères de nécessité impérieuse (2).

— L'emploi des hourdis en ciment au lieu de mortier, de chaux, quand il s'agit de construire dans l'eau ou dans les terrains humides, sont des augmentations nécessaires. Le dosage du ciment avec le sable peut faire seulement difficulté suivant les cas.

174. — Le renforcement des fers à plancher est une dépense utile et profitable dans certains cas. M. Masselin, l'entrepreneur des travaux de maçonnerie du Trocadéro, que nous citons à cause de sa rare compétence et de son habituelle impartialité, établit ainsi les prévisions des forces et des charges pour l'emploi des planchers et des renforcements de fer.

---

(1) Masselin.
(2) Id.

400 kilog par mètre carré pour les maisons de rapport.
450 — pour les salons des maisons d'habitation.
500 — pour les monuments publics.

Quand les prévisions seront au-dessous de ces mesures, ce sera un travail nécessaire que de les forcer jusqu'à ces chiffres qui sont des mesures au minimum.

175. — Au contraire, tout emploi de matériaux de luxe, l'adjonction d'ornements, moulures, sculptures, de fer forgé au lieu de la fonte constituent des travaux de luxe qui ne sauraient être payés quand on les a employés sans autorisation.

176. — Lorsqu'il ne s'agit pas d'un marché à forfait, le paiement des dépenses excédant les prévisions du devis est dû alors que les travaux supplémentaires étaient nécessaires à la bonne exécution des bâtiments ou bien encore lorsqu'ils avaient été effectués à la demande de l'autorité municipale elle-même (C. E., 5 juillet 1889; R. T. P., IX, 88).

177. — Le fait de dépenser le montant des rabais d'adjudication est considéré comme un dépassement de devis.

CHAPITRE VIII

Direction et surveillance des travaux.

178. — L'architecte responsable de son défaut de surveillance.
179. — Mais il n'est pas responsable de matériaux impropres employés suivant une habitude généralement reçue.
180. — Les matériaux doivent être non seulement bons mais bien employés.
181. — Pour malfaçon provenant des infractions aux devis, les architectes peuvent n'être responsables qu'en cas d'insolvabilité des entrepreneurs. (Trav. publ.)
182-183. — L'architecte est responsable des retards dans les travaux.
184. — Exemples de malfaçons engageant la responsabilité de l'architecte.

178. — La surveillance des travaux n'est pas une des moindres obligations qui incombe à l'architecte ; la jurisprudence admise dans ces vingt dernières années est de rendre l'architecte responsable et solidaire des malfaçons de l'entrepreneur quand ces malfaçons résultent d'un mauvais emploi de matériaux. Ainsi l'architecte devient responsable de la façon défectueuse dont un moellon est posé, de la portée insuffisante des linteaux, de la mauvaise qualité du plâtre et des mortiers. A moins, bien entendu, que l'entrepreneur n'ait usé de ruse ou de fraude pour tromper la surveillance de l'architecte.

Aussi le rôle de l'architecte est-il devenu très difficile

en présence de cette jurisprudence quelque peu rigoureuse.

179. — La jurisprudence administrative s'est montrée moins exigeante, comme nous allons le voir, et en cela elle nous paraît avoir mieux compris l'esprit même de la loi et surtout la nécessité des choses.

L'architecte chargé de la surveillance des travaux est là, comme le mot l'indique, non seulement pour surveiller que les indications des plans soient suivies, mais encore pour que les matériaux employés soient de bonne qualité. L'architecte n'est pas responsable des vices des matériaux lorsque ces vices sont cachés, qu'il n'a pu véritablement les apercevoir (Paris, 3 mars 1840, J. Pal., 41, 1, 256). Il n'est pas non plus responsable lorsque les matériaux employés étaient considérés comme bons dans le pays pour l'usage qu'on en a fait (Toulouse, 19 février 1836; J. Palais, 37, 1, 64). Il s'agissait dans l'espèce du zinc employé à faire des tuyaux ; on croyait à cette époque que le zinc était propre à cet usage et l'expérience seule démontra, plus tard, cette erreur. L'erreur commune constituait une excuse pour l'architecte.

180. — Les matériaux doivent être non seulement de bonne qualité mais encore bien employés, sinon la responsabilité de l'architecte est engagée (Paris, 17 novembre 1849, D. P., 50, 2, 206).

Quand de mauvais matériaux ont été employés et

ont formé par conséquent une construction vicieuse, l'architecte doit faire démolir et reconstruire aux frais de l'entrepreneur (C. E., 7 juillet 1853 ; — C. E., 11 mai 1854).

Il est inutile d'insister sur ce qu'a de rigoureux une semblable théorie qui poussée à l'extrême tend à obliger l'architecte à ne pas laisser poser une brique ou un moellon sans exercer une surveillance de tous les instants. Seule une sage application de ces principes par les tribunaux peut pallier ce qu'ils ont d'excessif.

181. — La jurisprudence administrative a surtout une tendance des plus justes à tempérer autant que possible la responsabilité des architectes chaque fois que les circonstances de fait le permettent.

Ainsi il a été décidé :

Que si les malfaçons commises provenaient principalement de la négligence des entrepreneurs à se conformer aux conditions des devis annexés au cahier des charges, la responsabilité de l'architecte ne devait être encourue que subsidiairement et dans le cas d'insolvabilité de l'entrepreneur (C. E., 20 juin 1823, *Perrin* contre *commune d'Eloyes* ; — C. E., 9 mars 1854, (*Maol* contre *Hospice de Bourg* ; — C. E., 22 novembre 1886, *Havard* contre *commune de Neuilly-sur-Eure*).

Le Conseil d'Etat admet bien la faute de l'architecte pour défaut de surveillance, mais il subordonne la responsabilité au cas d'insolvabilité.

182. — L'architecte est responsable du préjudice résultant du retard dans l'exécution des travaux causé par une surveillance insuffisante dans leur direction et par les irrégularités qui ont amené l'annulation de la mise en régie ordonnée sur sa proposition (C. E., 13 mai 1887; R. T. P., VI, p. 24).

183. L'architecte est responsable de son défaut de surveillance quand il en est résulté un préjudice pour le propriétaire et notamment quand la réfection des malfaçons a nécessité des réparations qui l'ont empêché de jouir de son immeuble (Cass., 19 mai 1890, R. T. P., IX, 426).

184. — L'architecte est responsable des malfaçons suivantes : vice du clavage de la porte d'entrée, console mal ancrée, liliage mal assis, manque d'aplomb d'un pilastre (Trib. de la Seine, 18 juillet 1889).

CHAPITRE IX

Responsabilité de la vérification et du règlement des mémoires.

185. — L'architecte réglant un mémoire est un mandataire répondant de son dol et de sa faute. — Le règlement d'un mémoire par un architecte n'est qu'une consultation.
186-187. — Une différence de règlement entre deux architectes n'implique nullement une faute *ipso facto*.
188. — Une différence de la moitié constitue une faute lourde.
189. — Une différence peu importante ne constitue pas une faute.
190. — L'architecte qui, n'ayant pas vérifié les attachements, a commis des erreurs de vérification et d'application de série de prix et a engagé le propriétaire à soutenir un mauvais procès portant sur ces faits, est responsable.
191. — Si l'architecte donne des évaluations trop élevées, et d'autres trop réduites, il n'y a pas faute.
192. — On admet 20 0/0 dans les différences d'appréciation.
193. — La faute lourde se traduit par des dommages-intérêts.

185. — L'architecte chargé de régler un mémoire, est un mandataire répondant non seulement de son dol mais encore de sa faute (art. 1992 C. civ., Trib. Civ. Seine, 26 avril 1882, *Berkowiz* contre *Poinet*).

L'architecte réglant un mémoire peut se trouver dans trois situations principales :

1º Il a dirigé les travaux et alors il encourt la responsabilité ordinaire dont nous avons parlé plus haut; et, en plus, la responsabilité spéciale que nous allons examiner.

2° Il est seulement chargé de régler les mémoires quand les travaux n'ont pas été exécutés à forfait.

Le premier soin de l'architecte doit être alors d'examiner si les travaux sont conformes aux devis et si la construction ne renferme pas de malfaçons ; dans le cas de l'affirmative, il doit en informer le propriétaire.

3° Il peut enfin arriver que le propriétaire charge simplement l'architecte de vérifier les mémoires, sans avoir à se préoccuper de la vérification des travaux.

Le règlement d'un mémoire de travaux faits par un architecte, pour le compte d'un propriétaire qui s'est adressé à lui, n'est qu'une consultation qu'il lui donne et qu'il est libre de suivre.

Par suite, lorsque ce règlement vient à être modifié par un expert, la responsabilité de l'architecte n'est engagée que si son travail est vicié par la fraude, ou par la collision, ou par des négligences, des défauts d'attention ou des erreurs considérables et constituant des fautes (Trib. Civ. de Versailles, 8 mars 1890 ; R. T. P., IX, 490).

186. — Les différences entre deux règlements par deux architectes différents s'expliquent par des divergences d'appréciation toutes personnelles qui ne sont soumises à aucune règle fixe et dont le propriétaire accepte la chance en choisissant l'architecte (id.).

Une différence de règlement n'implique donc nullement la faute du premier architecte.

C'est en général l'architecte qui a conduit les travaux qui est le plus apte à en fixer la véritable valeur (*Revue du Contentieux des Travaux publics*, I, p. 330, note).

187. — La vérification est une œuvre d'appréciation toute personnelle sur laquelle des divergences peuvent se produire, et ces différences d'estimation ou d'application des prix ne sauraient constituer des agissements fautifs suffisants pour rendre l'architecte responsable des conséquences qui peuvent en résulter pour le propriétaire (Trib. Civ. Seine, 4° Ch., 8 octobre 1882).

188. — Commet une faute lourde qui engage sa responsabilité l'architecte qui, dans le règlement d'un mémoire, alors surtout qu'il ne peut invoquer aucune erreur de chiffres, arrête à une somme exagérée (plus de la moitié dans l'espèce) le montant de ce qui est dû à l'entrepreneur; jugé qu'il y a lieu, dans ce cas, en réparation du préjudice, de lui retrancher 2 1/2 0/0 sur ses honoraires portés audit mémoire et de le condamner aux dépens de l'instance relative au paiement de ses honoraires (Art. 1792 C. civ., Trib. Seine, 7° chambre, 29 juillet 1881).

189. — Ne commet aucune faute de nature à entraîner sa responsabilité, l'architecte qui, chargé de régler un mémoire d'entrepreneur, évalue les travaux à un prix différent de celui ultérieurement fixé par les experts, lorsque cette différence se traduit par un chiffre peu important relativement aux travaux exécutés (Cass., 11 nov. 1885 ; Sir., 86, 1, 303).

190. — Est responsable vis-à-vis du propriétaire qui l'a mis en œuvre, l'architecte qui, n'ayant pas vérifié les attachements à lui fournis en temps utile, ayant de plus commis dans ses règlements des erreurs de vérification et d'application de série de prix, a engagé le propriétaire à soutenir contre les entrepreneurs un procès téméraire (Trib. Civ. Seine, 21 août 1877).

191. — N'encourt aucune responsabilité l'architecte chargé de rédiger une série de prix pour la mise en adjudication des travaux de reconstruction lorsqu'il est reconnu qu'il avait donné, d'une part, une estimation trop élevée à certains matériaux et, d'autre part, une estimation trop réduite à d'autres ; de telle sorte que dans son ensemble la série des prix n'est pas exagérée (Cass., 11 novembre 1885, S. 1866, 1, 303).

De tout ceci il résulte que les architectes, pas plus que les autres, ne sont infaillibles ; ils peuvent se tromper, commettre des erreurs matérielles sans pour cela engager leur responsabilité ; mais à la condition que ces erreurs ne soient pas grossières et qu'elles ne soient pas commises à dessein.

192. — Dans la pratique, on admet qu'un architecte de bonne foi, en arrêtant les règlements de notes et mémoires, peut différer, avec un autre architecte, de 20 0/0.

193. — Une faute lourde commise par l'architecte dans le règlement du mémoire (erreur de moitié dans l'espèce) le rend passible de dommages-intérêts (Trib. civil de la Seine, 29 juillet 1887).

CHAPITRE X

Vices du sol et travaux d'exhaussement.

194. — L'architecte et l'entrepreneur sont responsables des vices du sol.
195. — Si faute commune : réparation commune.
196. — En matière de travaux publics, l'entrepreneur dégagé.
197. — L'architecte et l'entrepreneur, en matière civile, sont responsables, bien qu'ils aient averti le propriétaire.
198. — De la profondeur des fondations.
199-200. — En matière de travaux publics.
201. — Si les fouilles sont faites par l'administration : pas de responsabilité.
202. — En matière de dégradation par tassement : même solution.
203. — En matière d'exhaussement : l'architecte est responsable.
204. — Application des règles générales.

194. — Un architecte doit surtout veiller à ce que les fondations soient assises de manière à supporter l'édifice ; si le sol n'est pas en état de recevoir et de conserver en bon état les fondations, il y a faute.

A qui doit-elle incomber, à l'architecte ou à l'entrepreneur ?

Nous aurons à distinguer ici entre la jurisprudence administrative et la jurisprudence civile qui varient sur ce point.

Faisons tout d'abord remarquer que la *Société centrale des architectes*, portée jusqu'à l'exagération à dégager toujours et quand même l'architecte, admet pourtant, dans ce cas, la responsabilité égale de l'architecte et de l'entrepreneur. Cette opinion nous paraît la bonne comme résultant du texte même d ela loi; la responsabilité pour vice du sol émane en effet de l'art. 1792 du C. civ., qui ne fait aucune distinction entre l'architecte et l'entrepreneur mais les vise tous les deux.

Sans doute l'architecte dirige et commande, il possède les connaissances théoriques et scientifiques pour calculer les vices du sol et préparer les moyens d'y remédier; mais ces vices étant un défaut de la matière, l'entrepreneur ne pourrait être complètement exempté. Ils sont tous deux en faute, l'un pour avoir construit sur un sol non suffisamment résistant, l'autre pour avoir laissé continuer (Fremy Ligneville).

« L'entrepreneur répond des vices du sol. Il doit savoir si le sol qu'on lui donne pour bâtir est susceptible de porter une construction, et il a le devoir de s'en assurer. L'architecte de son côté est en faute, s'il ne surveille pas ou ne fait pas surveiller suffisamment les travaux; s'il laisse fonder l'édifice sur un mauvais sol » (*Manuel des lois du bâtiment de la Société centrale des architectes*, t. 1, 352).

195. — Il y a une faute commune, il nous paraît donc que la réparation doit être commune ; c'est ce qu'a admis, en somme, la jurisprudence civile.

196. — La jurisprudence administrative, au contraire, tend à dégager l'entrepreneur et nous le comprenons, parce que les travaux publics et des communes se font dans des conditions de surveillance plus sérieuses que les travaux des particuliers ; c'est peut-être s'éloigner du texte de l'article 1792, mais c'est en somme apprécier le degré d'initiative laissé à chaque agent dans une entreprise, que de mesurer la responsabilité à la part qu'il a pu avoir.

197. — Il a été décidé, en matière civile, que l'entrepreneur et l'architecte sont tous deux responsables si le vice du sol compromet la solidité du bâtiment.

Il en est ainsi alors même qu'ils ont averti le propriétaire du danger et que celui-ci a voulu passer outre. Il s'agit ici de la sécurité publique ; l'architecte et l'entrepreneur devaient refuser leur concours (Cass., 20 février 1835 ; Sir., 35, 1, 154 ; Paris, 24 février 1868 ; D. P., 68, 2, 100 ; Lyon, 6 juin 1874 ; D. P., 75, 2, 119).

198. — L'architecte chargé de surveiller et de diriger tous les travaux est responsable de la faute commise par l'entrepreneur en n'ayant pas creusé le sol à la profondeur convenue ; il en est ainsi alors même que cet entrepreneur aurait été choisi par le propriétaire. Il importe peu que cette différence de profondeur soit insignifiante et qu'elle ne diminue la valeur locative de l'immeuble ; elle doit être donnée si elle peut être obtenue et, dans le cas contraire, une indemnité est due (Trib. de la Seine, 18 juillet 1889 ; R. T. P., IX, 41).

En demandant une profondeur de fondation déterminée, le propriétaire peut avoir en vue des surélévations futures, des travaux postérieurs dont l'entrepreneur empêche la possibilité d'exécution en ne creusant pas comme il avait été convenu ; il y a, dans tous les cas, une solidité moins grande et partant, une moins value de l'immeuble qui doit se traduire par des dommages-intérêts.

199. — La juridiction administrative ne retient d'habitude que la responsabilité de l'architecte et dégage l'entrepreneur ; nous en avons donné plus haut les raisons (N° 196).

200. — Si l'immeuble vient à périr par suite des *vices du sol*, c'est l'architecte seul qui est responsable, c'est lui en effet qui indique le mode de fondations nécessaires, l'entrepreneur n'a qu'à obéir (C. E., 5 avril 1851).

201. — Un entrepreneur n'est pas responsable des vices du sol sur lequel il construit quand les fouilles ont été faites par le soin des agents de la commune pour qui les travaux ont été exécutés, encore bien qu'il ait eu à se reprocher l'emploi de quelques morceaux de pierre défectueux (C. E., 25 juillet 1872; *Ville de Paris contre Montjoie*). Dans cette affaire, il s'agissait de la construction des quatre bassins du rond-point des Champs-Elysées. L'entrepreneur avait bâti sur des fouilles faites par des agents de la ville de Paris; les bassins durent être refaits par suite des vices du sol et l'entrepreneur fut exonéré de toute responsabilité quoiqu'il eût employé quelques pierres défectueuses dans la bordure des bases, l'emploi de ces pierres n'aurait pas entraîné l'insolidité si les fondations avaient été assises sur des fouilles solides.

202. — De même les dégradations qui se sont manifestées étant la conséquence des tassements occasionnés par les vices du sol, les entrepreneurs ne peuvent en être rendus responsables (C. E., 26 décembre 1885; *Ville de Besançon contre Pignet frères*).

Un autre arrêt du Conseil d'Etat du 17 décembre 1886 (*fabrique de l'église de Lantouarneau contre Billaut et Rivaolen*) consacre le même principe.

203. — Il nous reste à examiner les responsabilités en matière d'exhaussement.

Il s'agit d'exhausser d'un ou de plusieurs étages des bâtiments déjà existants.

Une fois les nouvelles constructions terminées, si les anciennes viennent à s'écrouler en tout ou en partie, écrasées par le poids nouveau qu'on leur a fait supporter, à qui incombe la responsabilité?

204. — Nous n'avons qu'à appliquer ici les mêmes solutions que nous venons d'indiquer.

S'il s'agit de travaux particuliers, l'architecte et l'entrepreneur seront tous deux responsables, l'un pour avoir ordonné de bâtir sur des murs trop faibles, l'autre pour n'avoir pas reconnu cette faiblesse ; s'il s'agit de travaux publics, l'architecte sera seul responsable et l'entrepreneur sera exonéré de toute responsabilité.

CHAPITRE XI

Contraventions aux Règlements et aux servitudes.

205. — La connaissance des lois, règlements, usages fait partie des connaissances de la profession d'architecte.
206. — L'architecte et l'entrepreneur doivent les respecter de façon à mettre le propriétaire à l'abri de réclamations.
207. — Pour les contraventions visibles, la responsabilité cesse avec la prise de possession : si elles sont cachées il y a lieu de recourir à l'art. 1382 C. civ.
208. — Si à la vérification, l'architecte ne signale pas les infractions, il est responsable.
209. — Mais cette responsabilité cesse aussi à la prise de possession.
210. — Diverses infractions engageant la responsabilité.
211. — Cas d'incendie par suite de la pose défectueuse d'une cheminée.
212. — Pas de responsabilité civile si les propriétaires ont voulu ces irrégularités.
213. — En cas de la faute commune du propriétaire et de l'architecte, les dommages sont partagés.
214. — L'entrepreneur construisant sur les ordres d'un propriétaire connaissant les règlements, n'est pas responsable.
215. — Les poursuites pour violation des règlements peuvent être exercées contre l'architecte et contre l'entrepreneur.
216. — Un ordre écrit de l'architecte ou du propriétaire ne déchargerait pas l'entrepreneur de la responsabilité pénale.
217. — Les architectes, avant de dresser les plans, doivent demander les titres de propriété.
218. — Poursuites et contraventions.
219. — En cas de condamnation à la démolition, le propriétaire a un recours contre l'architecte.

205. — Les architectes et entrepreneurs doivent connaître les lois, règlements et usages destinés à les régir ; ces connaissances font partie de leur profession (Metz, 30 novembre 1865 ; D. P., 66, 5, 294).

206. — Ils doivent respecter les servitudes naturelles, les servitudes de droit, comme les lois, ordonnances de police et voirie, de façon à ce que le propriétaire ne soit l'objet d'aucune réclamation, ni de la part des voisins, ni de la part des propriétaires.

207. — Les contraventions à la législation des constructions peuvent être ou visibles ou cachées. Si elles sont visibles, comme violation des prescriptions sur la distance des vues droites et obliques, des jours de souffrance ; la responsabilité de l'entrepreneur cesse avec la prise de possession de l'immeuble par le propriétaire et la responsabilité de l'article 1792 n'est pas applicable ; on pourrait recourir à l'article 1382 C. civ. : celui qui cause un préjudice à autrui est tenu de le réparer.

208. — Quant à l'architecte, mandataire du propriétaire, s'il a mal vérifié au moment de la réception, s'il n'a pas vu que l'entrepreneur avait commis une infraction aux règlements, il a commis une faute et il y a lieu à application de l'art. 1992 C. civ. : le mandataire répond non seulement du dol, mais encore des fautes qu'il commet dans sa gestion.

Mais la responsabilité de l'architecte, à son tour, cesse au moment où le propriétaire prend possession.

209. — Si l'inobservation est la conséquence forcée des vices du plan, l'architecte seul est responsable.

Si l'inobservation est la conséquence de la faute de

l'entrepreneur, ce dernier aura la responsabilité, mais le propriétaire aura une action commune contre l'architecte et contre l'entrepreneur, sauf à l'un des deux à exercer son recours contre l'autre. L'entrepreneur a eu le tort de violer les règlements qu'il devait connaître, mais l'architecte a eu le tort de ne pas empêcher cette violation.

210. — Les architectes et entrepreneurs sont responsables des lois et règlements concernant :
   1° L'alignement et le nivellement ;
   2° L'écoulement des eaux pluviales et ménagères ;
   3° La hauteur des maisons ;
   4° La hauteur des étages ;
   5° La construction des fosses d'aisance ;
   6° Les saillies des balcons et corniches ;
   7° L'épaisseur des murs ;
   8° Les emplacements des cheminées ;
   9° Les scellements des pièces de bois qui doivent être placés au moins à 16 centimètres du vide du parement intérieur des tuyaux de cheminées ;
   10° L'établissement des jours de souffrance et autres ;
   11° Le respect des servitudes des voisins.

Donc si un entrepreneur élevait un mur au delà de l'alignement fixé par les règlements de voirie, le propriétaire qui devrait reculer aurait une action contre l'architecte et l'entrepreneur, non seulement pour obtenir des dommages-intérêts mais encore pour le paiement des frais de la reconstruction (*Société centrale des architectes*).

211. — Si le feu prenait à une maison voisine parce qu'une cheminée aurait été posée contre un pan de bois de cette maison, l'architecte serait responsable de tous les dommages qu'on pourrait obtenir contre le propriétaire (O. Masselin). De même si l'incendie éclatait dans la maison construite causé par le vice de construction.

212. — La responsabilité civile cesserait si les circonstances démontraient que le mode de construction irrégulier a été demandé avec persistance par le propriétaire, bien que l'architecte eût pris le soin de le prévenir que ce mode serait contraire aux lois et aux règlements (Lyon, 16 mars 1852; Sir., 1852, 2, 361).

213. — Les dommages pourront être aussi laissés pour partie à la charge du propriétaire et pour partie à la charge de l'architecte lorsqu'il résultera des circonstances de fait qu'il y aura eu faute de l'un et de l'autre (Cass., 8 décembre 1852; D. P., 53, 5, 655; C. E., 5 février 1857; Sir., 57, 2, 779).

214. — Un constructeur de fours n'est pas responsable de l'inobservation de la distance légale, lorsqu'il a construit sous les ordres d'un boulanger notoirement expert dans ce genre de construction (Paris, 12 février 1848; D. P., 48, 2, 64).

215. — Les poursuites pour contraventions aux règlements imposant l'obligation de ne construire qu'après en avoir obtenu l'autorisation et demandé l'alignement peuvent être exercées non seulement contre les propriétaires, mais encore contre les architectes et les entrepreneurs (C. E., 4 mai 1826; 24 février 1841; Cass., 22 février 1844; 13 juillet 1860).

216. — Un ordre écrit du propriétaire ou de l'architecte ne déchargerait pas l'entrepreneur de la responsabilité pénale (C. E., 23 février 1839; J. P., 1841, 2, 303; Cass., 26 mars 1841; J. P., 1842, 1, 532).

217. — Le premier devoir d'un architecte chargé d'étudier les plans d'un bâtiment « c'est de demander à son client la production du contrat d'acquisition du terrain sur lequel le propriétaire a dessein d'édifier des constructions, pour s'assurer des conditions particulières du contrat, relativement au mode de bâtir et à l'existence des servitudes créées »(Paris, 20 novembre 1869, 3ᵉ ch.).

218. — La contravention commise dans la construction d'un édifice est faite contre le propriétaire et non contre l'architecte (C. E., 9 août 1880, *Berciaux*).

— Mais la contravention doit être aussi étendue à

l'entrepreneur s'il a dirigé ou exécuté les travaux encore bien qu'il n'ait fait qu'obéir aux ordres du propriétaire (C. E., 23 février 1839, *Seguier*).

La condamnation à une amende distincte est prononcée contre chacun d'eux, conformément à la déclaration du 10 avril 1783, art. 7 (C. E., 18 novembre 1846, *Engenhard*).

219. — Mais quoique l'architecte ne puisse être poursuivi et condamné personnellement pour une contravention de voirie à raison des travaux exécutés même par ses ordres (C. E., 16 décembre 1881, *Berciaux frères*), si le propriétaire condamné à l'amende et à la démolition voulait faire supporter à son architecte le montant de toutes les condamnations, il y aurait lieu à un recours de sa part contre ce dernier devant les tribunaux civils (C. E., 21 juin 1844, *Rémond*).

CHAPITRE XII

Responsabilité vis-à-vis des voisins et des tiers-acquéreurs. — Vices cachés.

220. — L'acquéreur d'un immeuble est substitué aux droits du premier propriétaire en ce qui concerne les actions contre l'architecte et l'entrepreneur.
221. — La garantie à raison des vices cachés existe pour les immeubles.
222. — Exemples de vices cachés.
223. — L'action pour les vices cachés doit être intentée dans un bref délai.
224. — Le point de départ de l'action date du moment où l'acquéreur découvre le vice.
225. — L'action résolutoire est refusée pour les ventes faites par autorité de justice.
226. — La vente faite par la masse des créanciers en vertu d'un concordat est une vente volontaire.
227. — L'action résolutoire est admissible dans les ventes en justice faites par des majeurs.
228. — Elle n'est pas empêchée par une clause de non garantie générale insérée dans le cahier des charges.
229. — L'acquéreur d'une maison peut poursuivre l'architecte directement.
230. — Quand le vice est imputable à l'architecte et à l'entrepreneur, l'acquéreur a une triple action.
231. — L'architecte et l'entrepreneur sont responsables des dommages causés par les travaux aux maisons voisines.
232. — Les voisins peuvent actionner directement l'architecte et l'entrepreneur.

220. — Voici un architecte et un entrepreneur qui ont construit une maison ; le propriétaire qui l'a fait édifier, la vend ; le tiers acquéreur a-t-il une action vis-à-vis de l'architecte et de l'entrepreneur ?

Oui.

L'acquéreur est substitué à tous les droits et actions qu'aurait pu exercer le premier propriétaire s'il n'avait pas vendu (Cour de Cass. Belge, 8 juillet 1886; D. P., 88, 2, 5).

L'action de l'acquéreur contre les constructeurs n'exclut pas celle qu'il a contre le vendeur pour vices cachés de la chose vendue (1641 Cod. civ. ; Lyon, 5 août 1824, Sir., 1824, 2, 365).

221. — La garantie à raison des vices cachés de la chose vendue existe aussi bien en matière d'immeubles qu'en matière de meubles (Cass., 29 mars 1852 ; 16 novembre 1853 ; 23 août 1863, application de l'article 1641 Cod. civ. ; Paris, 21 juin 1870 (D. P., 71, 2, 42).

222. — Sont considérés comme vices cachés les vices de construction non apparents au moment de la vente et dont l'acheteur n'a pu se rendre compte (Paris, 26 décembre 1860; *Gazette des Tribunaux*, 4 janvier 1861), même avec un examen atttentif (Cass., 16 décembre 1863 ; *le Droit*, 10 février 1864).

Constituent des vices cachés les crevasses, déchirements et tassements (Paris, 1ᵉʳ décembre 1860 ; *Gazette des Tribunaux*, 1ᵉʳ février 1861).

223. — L'action résultant des défauts de la chose vendue doit être intentée dans un bref délai (C. civil, 1648). Mais la Cour de Cassation a décidé que la détermination du délai est soumise, quant à la durée, à l'appréciation du juge.

224. — Il y a lieu de fixer pour point de départ de ce délai, lorsqu'il s'agit d'une maison, non pas le moment où l'acquéreur ayant été mis en possession réelle de l'immeuble, le vice aurait pu être connu de lui, mais seulement le jour où les vices ont été découverts, alors que jusque-là l'édifice présentait tous les signes extérieures de la solidité (Cass. Req., 5 août 1853; D. P., 53, 1, 322, trois arrêts; Cass., 25 août 1865; D. P., 65, 1, 267).

225. — La disposition de l'article 1649 qui refuse l'action résolutoire résultant des vices rédhibitoires dans les ventes par autorité de justice n'est pas applicable aux ventes volontaires faites en forme judiciaire par le libre choix des parties (Paris, 30 juillet 1867; D. P., 67, 2, 227).

Les ventes des biens entre majeurs et mineurs ne peuvent être faites que par justice; donc l'article 1649 s'applique (Lyon, 11 janvier 1883; D. P., 84, 2, 147).

Le failli étant considéré comme un mineur, ses biens ne pouvant être vendus que conformément à l'article 572 Code commerce, l'article 1649 du code civil s'applique.

226. — Mais la vente faite par la masse des créanciers cessionnaires en vertu d'un concordat a le caractère d'une vente volontaire (Rouen, 11 mars 1842; Gouget et Mercier, *Dictionnaire de droit commercial*, t. III, p. 171).

227. — L'article 1649, en prescrivant que l'action résultant de vices rédhibitoires ne peut s'exercer dans les ventes faites par autorité de justice, n'a eu en vue que les ventes ou adjudications qui ne peuvent être faites que par autorité de justice. Il n'est pas applicable aux ventes sur licitation faites en la forme judiciaire entre parties majeures et maîtresses de leurs droits (Trib. civ. Seine, 2ᵉ ch., 27 avril 1888 ; *Gazette Tribunaux*, 2 juin 1888).

228. — L'action résolutoire n'est pas empêchée par une clause de non garantie conçue en termes généraux, insérée au cahier des charges et ne se référant pas en termes précis aux vices limitativement spécifiés de la chose vendue (Paris, 20 juillet 1867, *de Larochefoucauld* contre *de Torremuzo*).

229. — L'acquéreur d'une maison a le droit de poursuivre directement en responsabilité l'architecte qui a dressé les plans et a surveillé les travaux, sans avoir à mettre en cause le vendeur (Lyon, 5 août 1824 ; Rennes, 9 avril 1870; D. P., 1872, 2, 110; — Tribunal de la Seine, 30 avril 1878).

230. — Lorsqu'un vice de construction est imputable à l'entrepreneur et à l'architecte, l'acquéreur de la maison affectée de ce vice a une triple action : contre le vendeur, contre l'entrepreneur et contre l'architecte. Le vendeur actionné par son acquéreur a le droit d'exercer son recours tant contre l'entrepreneur que contre l'architecte (Trib. civ. Seine, 11 février 1875, 5ᵉ ch., *Prunier (acquéreur)* contre *Combes, Durand (vendeurs), Georges, Lamy (entrepreneurs), Aumons (architecte)*.

231. — Les architectes et entrepreneurs sont encore responsables des dommages causés par les travaux exécutés sous leurs ordres ou sous leur direction, aux maisons voisines.

Ainsi l'architecte et l'entrepreneur qui exhausserait un mur mitoyen dont les fondations seraient insuffisantes pour recevoir une nouvelle charge et qui occasionnerait ainsi, dans la maison voisine, des mouvements dommageables seraient passibles de dommages-intérêts (1370 C. civ.).

232. — Un architecte qui a construit une maison peut être directement poursuivi par le voisin, si par exemple cette maison, en s'écroulant, entraîne les autres constructions, sans que les voisins soient obligés de mettre le propriétaire en cause (Cass., 9 janvier 1883; R. T. P.).

Par analogie il faut décider que les voisins peuvent actionner directement l'entrepreneur s'il y a eu faute de sa part.

Les voisins peuvent actionner directement le propriétaire qui mettra l'architecte en cause, mais ils n'y sont nullement obligés ; si le propriétaire est insolvable par exemple ; ils pourront, alors, actionner directement l'architecte.

CHAPITRE XIII

Des accidents de chantier.

233. — L'entrepreneur est responsable des accidents arrivés sur le chantier.
234. — Cas où l'ouvrier a commis une imprudence, sans que la responsabilité de l'architecte soit complètement dégagée.
235. — Les accidents peuvent donner lieu à une action civile et une action pénale.
236. — Si la victime est seule fautive : pas de responsabilité.
237. — Il y a faute, si l'accident aurait pu être évité.
238. — Si l'accident est la conséquence des vices du plan, il y a lieu à responsabilité de l'architecte.
239. — L'architecte est responsable des accidents survenus à la suite de la ruine du bâtiment.
240. — Le maître devient responsable de l'accident qu'il aurait pu éviter en fournissant des lunettes en treillis.
241. — Pas de responsabilité dans le cas où l'accident est le résultat du risque professionnel.
242. — Le patron est responsable des accidents des travaux effectués sur son chantier, alors même qu'il ne les a pas commandés.
243. — L'État peut être rendu responsable des accidents de ses entrepreneurs, survenus en l'absence de surveillance de ses agents.
244. — Le propriétaire n'encourt pas de responsabilité, à moins qu'il n'ait confié les travaux à un incapable, ou qu'il en ait conservé la direction.
245. — Est nulle la convention par laquelle un ouvrier décharge par avance son patron de toute responsabilité.
246. — En cas d'assurance, les accidents résultant même de la faute de l'assuré sont garantis, à moins qu'il n'y ait faute lourde ou dol.
247. — La contravention aux règlements administratifs ne constitue pas une faute lourde.
248. — Quand le patron assure seul les accidents de ses ouvriers, c'est lui seul qui peut intenter l'action.
249. — Mais, quand l'entrepreneur assure ses ouvriers moyennant une prime prélevée sur le salaire, les ouvriers ont une action contre la compagnie.

233. — Il est de règle générale que le propriétaire et l'architecte ne sont pas responsables des accidents qui se produisent en cours des travaux ; placés sous la surveillance de l'entrepreneur dont ils exécutent les ordres, les ouvriers doivent s'adresser à lui en cas d'accident.

De l'ensemble de la jurisprudence, non encore modifiée par la loi soumise au Parlement (1), l'ouvrier victime d'un accident a droit à une indemnité, non seulement chaque fois que l'accident a pour cause l'imprudence du patron, mais encore chaque fois que le patron n'a pas pris toutes les mesures nécessaires qu'une prudence rigoureuse lui commandait de prendre, pour empêcher l'accident de se produire (*Jurisprudence constante*).

234. — Si l'ouvrier a commis une imprudence, mais que l'entrepreneur ait quelque négligence à se reprocher, la responsabilité de ce dernier ne sera pas pour cela entièrement dégagée, elle sera seulement atténuée (*Jurisprudence constante*).

235. — Tout accident peut donner lieu, suivant le cas, à une double action :

1° Action pénale passible du tribunal correctionnel, s'il y a eu blessures ou homicide par imprudence, quand

---

(1) Le nouveau projet de loi renverse les termes mêmes de la responsabilité ; à l'heure actuelle, l'ouvrier victime d'un accident doit faire la preuve de l'imprudence du patron. Dans le projet de loi, par cela seul qu'il y a un accident, le patron est présumé fautif, il est donc responsable et c'est à lui à faire la preuve de la faute de l'ouvrier ou de la force majeure. En outre, même dans le cas où l'ouvrier victime serait reconnu avoir seul commis la faute, le patron n'en serait pas moins tenu de lui payer une indemnité, moindre il est vrai, mais sérieuse néanmoins. Cette loi n'est encore qu'à l'état de projet.

l'accident a eu pour cause une violation de règlement, une faute, une négligence, ou impéritie.

2° Une action civile basée sur les articles 1382, 1383 C. civ., s'il y a eu dommage pour autrui ; cette seconde action peut se produire en même temps que la première, si la victime se porte partie civile devant le tribunal correctionnel, ou bien cette action civile peut être engagée par voie d'instance séparée devant le tribunal civil.

236. — Si l'accident a été causé par la faute exclusive de la victime, par cas fortuit ou de force majeure, il n'y a pas lieu à responsabilité de l'entrepreneur et partant à indemnité (Cass., 20 août 1879; Sir., 80, 1, 55).

237. — Il y a faute et partant responsabilité par cela seul que l'accident eût pu être évité, quelque coûteuses et quelque inusitées qu'on puisse supposer les précautions nécessaires pour atteindre ce résultat. (Cass., 28 août 1882; Sir. 1885, 1, 19).

238. — En cas d'accident, l'architecte surveillant le chantier ou dirigeant les travaux ne sera pas responsable; mais sa responsabilité pourrait être engagée, si quelque circonstance de fait établissait que l'accident est arrivé par suite d'un fait qui lui soit imputable, si par exemple l'accident résultait des vices du plan ou s'il avait fourni des matériaux de mauvaise qualité et que ces matériaux aient été la cause de l'accident

(Cass., 21 novembre 1856 ; D. P, 1856, 1, 471 ; Cass., 8 mars 1867; Sir., 1867, 1, 68).

239. — Un architecte peut être rendu responsable des accidents occasionnés par la ruine du bâtiment dont il dirige la construction, si cette ruine arrive par un fait qui lui soit imputable; il est pénalement responsable et soumis à l'article 319. C. pénal (jurisprudence constante depuis 1856).

La responsabilité découlant de ces faits dure, non seulement tant que durent les travaux, mais elle persiste pendant la responsabilité décennale.

240. — Un maître-mineur est responsable de l'accident survenu à un de ses ouvriers, de 18 ans, qui a été atteint à l'œil par un éclat en préparant un trou de mine, s'il n'a pas mis à sa disposition des lunettes en treillis de fer comme celles dont se servent les casseurs de pierres (1) (Trib. Civ. Lyon, 2 août 1883, *Gelas* contre *Barrot*).

241. — L'ouvrier qui travaille seul à une opération de déblaiement qui lui est familière et dont il peut apprécier le danger, ne saurait, en cas d'accident, récla-

---

(1) Nous avons fait juger par la deuxième chambre de la Cour de Toulouse, par arrêt d'avril 1889 et par réformation d'un jugement du tribunal de Pamiers, contre la Compagnie métallurgique de l'Ariège que non seulement le patron devait fournir les lunettes, mais devait veiller, sous sa responsabilité, à ce que les ouvriers s'en servissent dans les travaux dangereux.

mer au patron des dommages-intérêts, alors surtout que sa blessure est le résultat du risque professionnel et du peu de précaution qu'il a prise pour s'en garantir (Trib. Civ. de la Seine, 10 avril 1886, *Arrend* contre *la Société des Plâtriers*).

Mais il faut, dans ce cas, que le patron ait pris toutes les précautions qu'il pouvait prendre pour éviter l'accident (Cass., 26 novembre 1887, Sir., 88, 1, 148).

242. — Le patron est responsable, en cas de faute, de l'accident arrivé aux ouvriers dans un travail auquel l'ouvrier s'est livré, alors même que ce travail ne le regardait pas et qu'il l'avait effectué par pur zèle (Lyon, 5 avril 1856 ; Sir., 57, 2, 297 ; Bordeaux, 12 août 1857 ; Sir., 57, 2, 758).

Il y a lieu seulement, dans ce cas, à modérer le chiffre des dommages-intérêts (Cass., 20 août 1879, Sir., 1880, 1, 55).

243. — En cas d'accidents dans des carrières où s'opèrent des extractions pour les travaux publics, l'État est subsidiairement responsable du dommage dû à la fois à l'absence de toute précaution de la part de l'entrepreneur et à l'absence de toute surveillance de la part des agents de l'État (C. E., 9 novembre 1888, *Min. des travaux publics* contre *Chamfray*).

244. — En thèse générale, le propriétaire dans la maison duquel un accident est arrivé n'encourt pas de responsabilité, mais on pourrait cependant le rechercher, si par exemple il avait confié les travaux à un homme incapable, ou s'il s'en était réservé la direction (Cass., Req., 17 mai 1865 ; D. P., 1865, 1, 372).

Les compagnies de chemins de fer, bien que traitant à forfait pour la construction d'un chemin de fer, répondent des accidents causés dans l'exécution des travaux, parce qu'elles s'en réservent la surveillance (Cass., Req., 10 novembre 1868 ; D. P., 1869, 1, 133).

245. — Est nulle, comme contraire à l'ordre public, la convention par laquelle un ouvrier s'engage à travailler à ses risques et périls, et à ne réclamer à son patron aucune indemnité, dans le cas où il serait victime d'un accident engageant la responsabilité de ce dernier (1112 C. civ.; Trib. de Saint-Étienne, 10 août 1886, Sir., 1887. 1, 48 ; Cass., 16 juin 1879 ; Sir., 1879, 1, 374; C. E., 11 mars 1881, *Lancieux* contre *l'Etat*).

246. — Dans de nombreux chantiers, les patrons assurent leurs ouvriers contre les éventualités des accidents.

La cour de cassation (18 avril 1882, Sir., 1882, 1, 245) admet que l'assurance couvre les accidents provenant même de la faute de l'assuré, à l'exception toutefois de sa faute lourde et de son dol.

Mais la Compagnie d'assurances est tenue, sauf convention contraire, d'indemniser le patron responsable, alors même que l'agent de l'assuré aurait commis une faute lourde, si l'on n'a à reprocher au patron assuré qu'une faute simple (Cass., req., 2 juin 1886).

La faute lourde, assimilable au dol et de nature à dégager la responsabilité d'une compagnie d'assurances, est seulement la faute commise à dessein, en pleine connaissance de cause (Lyon, 17 février 1882, *Compagnie l'Union industrielle* contre *Maurice*, Sir., 1882, 2, 247).

247. — La contravention aux règlements administratifs ne constitue pas, légalement et sans autre examen, une faute lourde : il faut, pour qu'il y ait déchéance des droits de l'assuré, une intention dolosive; la preuve d'une imprudence grave ne suffirait pas (Cass., 18 avril 1882, Sir., 1882, 1, 245).

Le cas de déchéance, par suite de faute lourde assimilable au dol, est soumis à l'appréciation souveraine des juges du fond (Cass., 9 février 1885, Sir., 1885, 1, 213).

248. — Lorsqu'une compagnie d'assurances assure un entrepreneur de travaux contre tous les accidents qui pourraient survenir à ses ouvriers, ce contrat est un contrat personnel à l'entrepreneur (Cass., 23 juillet 1884; Sir., 1885, 1, 128). Dès lors, un ouvrier blessé au cours du travail exécuté pour le compte de l'entrepreneur assuré n'a aucune action contre la compagnie; il n'a d'action que contre son patron, tant que sa créance contre ce dernier n'est pas établie.

La compagnie ne saurait être poursuivie conjointement avec le patron assuré, quand bien même, après l'accident, la compagnie aurait fait des offres d'indemnité à l'ouvrier, reconnaissant ainsi le principe de sa dette envers lui (Cass., 23 juillet 1884 ; Sir., 1885, 1, 128).

Mais, une fois la condamnation obtenue contre son patron, l'ouvrier pourrait poursuivre, par une action distincte, la compagnie, comme exerçant les droits de son créancier (1165, 1166 C. civ.).

249. — Lorsqu'un entrepreneur assure ses ouvriers, sans la participation de ceux-ci, contre les accidents professionnels, moyennant une prime prélevée sur le salaire (cinq ou dix centimes par jour), la convention intervenue entre la compagnie d'assurance et l'entrepreneur constitue, au regard des ouvriers, une gestion d'affaire et le paiement de la prime prélevée sur le salaire vaut ratification par l'ouvrier. Dès lors un lien de droit existe entre la compagnie et l'ouvrier, et ce dernier, en cas d'accident, aura une action directe contre la compagnie, pour la faire condamner au paiement de l'indemnité qui lui est due (Cass., 1er juillet 1885 ; Sir., 1885, 1, 409).

Ici le maître a prélevé une part minime du salaire, part fixe et déterminée, le maître a donc été le gérant d'affaires de l'ouvrier, qui a ratifié, et l'ouvrier est ainsi devenu le créancier de la compagnie.

Cette jurisprudence a été attaquée par de savants professeurs; mais nous l'approuvons fort, en ce qui nous concerne; elle ne viole nullement les principes du droit, quoiqu'on en ait dit, et elle couvre un principe de justice.

Quand la police a été contractée par le patron pour une assurance collective au bénéfice des ouvriers, assurance dont les primes sont payées au moyen de retenues sur les salaires des ouvriers, cette assurance constitue bien la gestion d'affaires conférant aux ouvriers une action directe contre la compagnie; et il importe peu que les ouvriers n'aient pas été individuellement désignés par la police (Toulouse, 16 avril 1886, Sir., 1887, 2, 89).

CHAPITRE XIV

Garantie décennale, résultant des articles 1792 et 2270 du code civil.

250. — La réception des travaux dégage l'architecte et l'entrepreneur de toutes responsabilités si ce n'est de celle résultant des vices de construction qui mettraient l'édifice en danger.
251. — Art. 1792 et 2270. Différences théoriques. Confusion dans la pratique.
252. — Arrêts d'espèces concernant cette confusion.
253. — Le propriétaire doit faire la preuve d'une faute, d'une négligence ou d'une imprudence.
254. — La responsabilité de l'art. 1792 s'étend aux gros ouvrages.
255. — Qu'entend-t-on par gros ouvrages?
256. — La responsabilité décennale s'étend aux gros œuvres, que les édifices soient neufs ou vieux.
257. — Elle s'étend aussi à la pose des cheminées.
258-259-260. — A une prise d'eau, un canal, un four.
261. — Elle ne comprend pas les objets mobiliers, les carrelages, dallages, peintures, etc.
262. — Il importe peu que l'entrepreneur se soit conformé aux plans, qu'il ait employé les matériaux indiqués par le marché.
263. — En cas de consolidation d'un édifice, si l'immeuble vient à périr, l'architecte peut être déclaré responsable, quoiqu'il ait fait ses réserves et que le propriétaire ait passé outre.
264. — La responsabilité décennale s'étend à toutes les conséquences dommageables.
265. — Notamment aux dégradations des maisons voisines.
266. — Mais pas aux défectuosités de la couverture.
267. — L'entrepreneur répond du fait de ses ouvriers.
268. — La responsabilité cesse, si les ordres auxquels s'est conformé l'entrepreneur ont été donnés par un homme de l'art.
269. — Ou si le propriétaire n'a voulu que des constructions légères pour une durée restreinte.
270. — Ou si le dommage est le fait du propriétaire lui-même.
271. — Ou s'il est la conséquence de travaux postérieurs.
272. — Ou s'il est le résultat d'une erreur généralement répandue.
273. — Les art. 1792-2270 s'appliquent aux entrepreneurs de travaux publics.

274. — Article 47 des clauses et conditions générales sur la réception provisoire et réception définitive.
275. — Si l'entrepreneur a modifié les devis, on peut lui refuser la réception définitive jusqu'à ce qu'il s'y soit conformé.
276. — L'entrepreneur de travaux publics ayant encouru la responsabilité décennale est seulement tenu de faire disparaître le vice signalé.
277. — La responsabilité de l'architecte peut être limitée à ses honoraires.
278. — Délai de la prescription décennale.
279. — Point de départ de la prescription.
280. — Le dol ou la fraude interrompent la prescription.
281. — Si les vices étaient apparents au moment de la réception définitive, pas de responsabilité.
282. — La minorité et l'interdiction n'interrompent pas la prescription.
283. — Elle peut l'être par une citation en justice.
284. — Est nulle l'exonération de la responsabilité décennale, donnée par l'architecte.
285. — L'entrepreneur est responsable des vices de construction, proviendraient-ils des ordres donnés par le propriétaire.

250. — D'ordinaire la réception et le paiement des ouvrages décharge de toute responsabilité celui qui les a faits.

La réception et le paiement supposent de la part du propriétaire une approbation complète et le règlement de tous les intérêts réciproques (Fremy-Ligneville).

Mais une exception a été introduite par le code civil en matière de constructions où les vices ne sont pas toujours apparents au moment où les travaux sont livrés et reçus ; ces vices, cachés au moment de la réception, peuvent apparaître dans une période qui a été fixée à dix ans par les articles 1792 et 2270.

C'est donc là une responsabilité spéciale créée pour les constructeurs.

251. — Voici le texte de ces deux articles :
Art. 1792. — *Si l'édifice construit à forfait périt, en tout ou en partie, par le vice de la construction, même*

par le vice du sol, les architecte et entrepreneur en sont responsables pendant dix ans.

Art. 2270. — *Après dix ans, l'architecte et les entrepreneurs sont déchargés de la garantie des gros ouvrages qu'ils ont faits ou dirigés.*

On a voulu confondre ces deux articles dans une même application et décider que leurs prescriptions étaient communes à tous les ouvrages et à tous les vices de construction, de telle sorte que le second ne serait que la conséquence du premier.

Il nous paraît que c'est là une erreur théorique, qui a été très bien mise en lumière par M. Masselin.

Ainsi l'article 1792 ne s'applique qu'à la personne qui traite à *forfait*, qu'à la personne qui fournit la main-d'œuvre et les matériaux, et en outre, cet article s'applique à toutes les parties de la construction. Ici le propriétaire est tenu de faire la preuve de l'existence de la faute.

Au contraire, l'article 2270 s'applique à tous ceux qui ont fait les ouvrages, n'importe à quelles conditions ; mais au lieu de viser toutes les parties de la construction, il ne vise que les gros ouvrages. En outre, tandis que, dans les cas rentrant dans l'article 1792, le propriétaire doit faire la preuve de la faute, dans les cas de l'article 2270, aucune preuve ne lui incombe, il lui suffit de faire constater le dommage, la chute totale ou partielle de l'édifice, l'état de danger dans lequel il se trouve, quant à la solidité, pour que la responsabilité de l'architecte et de l'entrepreneur soient engagées.

Mais il faut reconnaître que dans la pratique la jurisprudence n'a pas tenu compte toujours de cette distinction, pourtant très rationnelle, et que les deux articles sont confondus, la plupart du temps, dans l'application. On trouve néanmoins des exceptions, mais elles sont très rares, et il serait à désirer qu'une ligne de démarcation plus nette vînt séparer, dans les décisions judiciaires, ces deux textes, édictés pour des espèces et des cas absolument différents.

252. — Tenant compte de la différence entre les deux articles, la cour d'Amiens a décidé que la responsabilité de l'article 1792 n'est applicable qu'aux gros ouvrages dont elle a donné ainsi la définition :

Considérant que du rapprochement des articles 1792 et 2270 du code civil il résulte que l'expression GROS OUVRAGES *est employée dans ce dernier article, au même sens que, dans d'autres dispositions de la loi, les mots grosses réparations, et, dans l'art du bâtiment, gros œuvre ; que la loi entend par là les ouvrages qui constituent la structure même de l'édifice en ses parties maîtresses ; que c'est à ces ouvrages seulement qui, fixes, solides et durables par eux-mêmes, doivent assurer la durée et la solidité de la construction, que la loi applique la responsabilité de dix ans des architectes.* (D. P., 1871, 2, 171).

Un arrêt de la Cour de Cassation, chambre des requêtes, du 12 novembre 1844, s'était déjà prononcé dans le même sens (D. P., 1845, 1, 8).

Un arrêt de cassation rapporté par Dalloz (D. P., 72,

1, 65), soutient la même distinction : lorsqu'il n'y a pas eu de marché à forfait, c'est l'art. 2270 qu'il faut appliquer.

Et la responsabilité, dans ce cas, se détermine d'après les règles de droit commun, écrites dans les articles 1382 et 1383 C. civ. L'entrepreneur demeure responsable, mais l'architecte répond seulement des dommages survenus par suite de sa négligence, de son impéritie ou de sa faute (D. P., 1845, 1, 8 ; — D. P., 1850, 1, 3 11 ; — D. P., 1863, 1, 421).

253. — L'article 1792 suppose la condition d'un forfait et la ruine totale ou partielle de l'édifice et la responsabilité est subordonnée aux règles tracées par les articles 1382 et 1383, et dès lors le propriétaire doit faire la preuve d'une faute, d'une négligence ou d'une imprudence commise (Cass., Req, 15 juin 1863 ; D. P., 1863, 1, 421).

Dès lors, l'architecte peut n'être pas déclaré responsable des malfaçons reconnues dans les travaux de réparations qu'il a dirigés et surveillés, de l'inobservation des devis pour certaines parties de ces travaux, et de l'emploi, dans d'autres parties, de matériaux non conformes à ces devis, s'il résulte des circonstances que, malgré ces diverses constatations, la mission confiée à l'architecte a été exécutée avec zèle et intelligence et que les intérêts du propriétaire de l'édifice réparé ont été sauvegardés (Même arrêt).

Il faut ici remarquer que, si les devis avaient été violés

en partie, il n'en était pas résulté de dommages pour le propriétaire, raison qui paraît avoir dominé la décision.

254. — L'article 1792 impose aux architectes et aux entrepreneurs la garantie des édifices qu'ils ont construits, et l'article 2270 étend cette responsabilité « aux gros ouvrages » qu'ils ont faits ou dirigés.

255. — Il n'y a pas de difficulté, dans la pratique, pour savoir ce qu'on entend par « édifice »; on entend par ce mot toutes les constructions même les plus primitives, depuis les cabanes (Aix, 16 mars 1862) jusqu'aux plus grands monuments.

La question est plus délicate en ce qui touche « les gros ouvrages » dont parle l'article 2270.

Il faut évidemment classer dans la catégorie des gros ouvrages non seulement les constructions d'ouvrages nouveaux, mais encore les réparations importantes d'ouvrages anciens, et notamment « les grosses réparations ». La loi englobe dans ces mots toutes les réparations difficiles à vérifier, comme le rétablissement d'une couverture entière (Cassation, 10 février 1835; la reconstruction de murs ou de piliers (id.).

256. — La responsabilité décennale s'applique à ce que l'on appelle en termes de métier « les gros œuvres », sans distinguer s'ils portent sur des édifices neufs ou vieux ; elle est applicable aux modifications d'anciennes constructions qui auraient eu pour résultat de diminuer leur force et leur solidité par des dispositions nouvelles, ou aux augmentations de vieux bâtiments, par leur surélévation d'un ou de plusieurs étages qu'ils n'étaient pas en état de supporter (Amiens, 29 mai 1871).

La responsabilité décennale s'applique non seulement aux constructions nouvelles, mais encore aux grosses réparations (Jurisprudence constante).

257. — Elle s'étend également à la pose des tuyaux de cheminée (Cass., 24 janvier 1876).

258. — Cette responsabilité s'applique encore à une prise d'eau (Cass., 19 mai 1851), à la construction d'un puits (Dijon, 13 mai 1862), au pavage d'une route (Cass., 27 août 1839), à la construction d'un mur de terrasse, d'un canal, d'un four (Tribunal de commerce de la Seine, 4 septembre 1862), d'un pont (Cass., 11 mars 1839).

259. — On doit considérer comme gros ouvrages dont l'entrepreneur est responsable pendant dix ans : l'entreprise de serrurerie d'une maison entière (id.).

A l'égard des autres ouvrages, l'architecte n'est responsable que s'il est convaincu d'une faute personnelle dans l'accomplissement de sa mission ; et cette responsabilité est en général couverte par la réception des travaux (même arrêt).

260. — La responsabilité décennale des architectes et des entrepreneurs se produit à raison non seulement des maisons proprement dites, mais par le mot *édifice* employé par la loi, il faut entendre toutes les espèces de construction et par exemple :

L'établissement d'une prise d'eau (Cass., 19 mai 1851 ; D. P., 51, 1, 138) ;

La construction d'un puits qui doit être considéré comme étant un gros ouvrage dans le sens de l'article 1792 (Paris, 2 juillet 1828 ; Dalloz, *codes annotés*, art. 1792, pag. 14, § 1 ; Dijon, 13 mai 1862 ; D. P., 62, 2, 139) ;

Le pavage d'une route (Douai, 28 juin 1837 ; Dalloz, *Juris. gén.*, Trav. publics, 579) ;

La construction d'une simple cabane (Aix, 16 mai 1832 ; Dalloz, *Juris. gén.*, Responsabilité, 204).

261. — La responsabilité décennale ne s'applique pas aux objets mobiliers, aux meubles devenus immeubles par destination comme une cuve ou un pressoir (Metz, 15 octobre 1843) ; sont distraits de la responsabilité, les chambranles des cheminées, les carrelages, dallages, les peintures, la vitrerie, les décors, sonnettes électriques, etc.

262. — Dans le cas où la solidité de l'immeuble est compromise, il importe peu que l'entrepreneur, en exécutant les travaux dont la défection est constatée, se soit conformé aux plans et devis qui lui ont été imposés par le propriétaire et ait employé les matériaux indiqués par le marché; en acceptant de faire les travaux dans des conditions qui étaient de nature à en compromettre la solidité, il a fait siens les plans, devis et matériaux, et il a encouru la responsabilité édictée par la loi (Cass., Ch. Req., 16 juillet 1889 ; R. T. P., IX, 135).

263. — Quand un architecte se charge de surveiller et conduire les travaux de consolidation d'un édifice, une église dans l'espèce, en mauvais état, si l'immeuble vient à périr dans les dix ans de la réfection, l'architecte peut être condamné à payer à la commune le prix des travaux exécutés, quoique l'architecte ait fait ses réserves sur la solidité des parties conservées et que le propriétaire ait voulu passer outre quand même (Cass., 10 février 1835).

Les architectes et entrepreneurs sont responsables des malfaçons et vices de constructions, quoique les travaux soient conformes aux devis (*jurisprudence constante*);

Et qu'ils aient été faits sur les indications, sur les ordres, sous la surveillance du propriétaire (id.);

A moins que le propriétaire soit un homme de l'art (id.).

Il s'agissait d'un architecte, M. Pochon, qui s'était chargé de la direction des travaux de consolidation de la vieille église de la commune de Bourg-Achard.

A l'entrée principale, se trouvaient quatre gros piliers

supportant une tour et un clocher ; l'un de ces piliers était tellement lézardé que l'architecte voulait le reconstruire ; il en avisa le maire qui, après décision du conseil municipal, décida que la reconstruction ne serait pas faite et que les travaux continueraient en conservant le pilier lézardé. Pochon consent à continuer les travaux dans ces conditions. Les travaux achevés sont reçus, mais, quatre ans après, le clocher et la tour s'écroulent en détruisant une partie des travaux de Pochon ; l'accident provenait de la ruine du pilier lézardé.

La commune exerce son recours contre l'architecte, qui est condamné à payer la valeur des travaux.

Il n'aurait pas dû écouter le maire, le propriétaire, et, en sa qualité d'homme de l'art, substituer sa volonté et son expérience aux désirs du maire.

264. — La responsabilité établie contre les architectes et entrepreneurs par les art. 1792 et 2270 n'est pas limitée à la destruction totale ou partielle de l'édifice construit, elle s'étend à toutes les conséquences dommageables qui sont, de la part de l'architecte, le résultat d'une faute contre les règles de son art, et spécialement aux vices de construction reconnus (Cass., Req., 3 décembre 1834; Dalloz, *codes annotés*, art. 1792, § 33).

265. — La responsabilité s'applique aux dégradations qui peuvent résulter, pour les maisons voisines, de l'exécution des travaux confiés à sa direction (Bordeaux, 21 avril 1864; D. P., 65, 2, 39).

266. — Mais cette responsabilité n'est pas applicable aux défectuosités que peut présenter la couverture d'un bâtiment, alors du moins, qu'elles n'ont pas le caractère d'un vice de construction pouvant affecter la solidité de ce bâtiment (C. E., 4 mai 1870; D. P., 71, 3, 63).

Cet arrêt n'est pas en contradiction avec l'arrêt de la cour de cassation que nous avons cité n° 255. La cour de cassation parle d'une couverture entière — partie essentielle de l'édifice — et le Conseil d'Etat de simple défectuosité de la couverture, de défectuosités ne mettant nullement la solidité de l'édifice en danger.

267. — L'entrepreneur répond de la bonne exécution de l'ouvrage, sans qu'il y ait à rechercher si la malfaçon provient de son fait ou de celui de ses ouvriers (art. 1797 C. civ.).

268. — La responsabilité cesse lorsque le constructeur n'a fait que de se conformer aux ordres donnés en connaissance de cause par le propriétaire ; spécialement un constructeur de fours n'est pas responsable de l'inobservation de la distance légale, lorsqu'il n'a construit que sur les ordres du boulanger notoirement expert dans ce genre de construction (Paris, 12 février 1848 ; D. P., 1848, 2, 64).

269. — La responsabilité de l'architecte ou de l'entrepreneur pour vice de construction cesse, s'il résulte des circonstances que le propriétaire n'avait entendu élever que des constructions légères et d'une durée restreinte, et qu'en réalité l'édifice a été construit dans les conditions de solidité par lui prévues (Paris, 20 juin 1857 ; D. P., 1858, 2, 88).

270. — La responsabilité cesse également dans le cas où les dommages survenus sont le fait du propriétaire lui-même, et proviennent d'une cause postérieure, étrangère aux constructions (Jurisprudence constante).

271. — Ainsi le constructeur d'un édifice dont la chute a été occasionnée par des travaux postérieurs, entrepris par le propriétaire lui-même, n'est pas responsable, bien qu'ils aient été exécutés par un ouvrier de cet entrepreneur, avec des matériaux fournis par lui, s'il n'est pas prouvé qu'il ait agi à prix fait, comme entrepreneur de ces derniers travaux (Bourges, 10 mars 1837 ; Dalloz, *Codes annotés,* art. 1792, § 55).

272. — Elle cesse dans le cas où le vice de construction est le résultat d'une erreur généralement répandue (Toulouse, 19 février 1836 ; voir plus haut, n° 179).

273. — Les articles 1792 et 2270 s'appliquent aux entrepreneurs de travaux publics, comme à tous les autres entrepreneurs, indépendamment des délais spéciaux de garantie stipulés par le cahier des charges (jurisprudence constante du Conseil d'Etat).

La réception définitive de l'ouvrage, obtenue par un entrepreneur des travaux publics, ne l'affranchit nullement de la responsabilité établie par les articles 1792 et 2270 (C. E., 12 juillet 1855; D. P., 1856, 3, 6).

274. — L'article 47 des *clauses et conditions générales* de 1866 est ainsi conçu :

Art. 47. —*A défaut de stipulation expresse dans le devis, le délai de garantie est de six mois, à dater de la réception provisoire, pour les travaux d'entretien, les terrassements et les chaussées d'empierrement, et d'un an pour les ouvrages d'art.*

Pendant la durée de ce délai, l'entrepreneur demeure responsable de ses ouvrages, et il est tenu de les entretenir.

Pour que la réception provisoire fasse courir le délai de garantie, il faut que le procès-verbal n'ait pas signalé de malfaçon ou prescrit de complément d'ouvrages (C. E., 9 juin 1840; *Dieulant*, — C. E., 9 juin 1849, *Mourgues*).

L'entrepreneur doit être appelé à la réception provisoire, et on lui remet une expédition du procès-verbal.

Le délai de garantie reste suspendu, tant que l'entrepreneur ne justifie pas avoir réparé toutes les défectuosités qui auraient été signalées (C. E., 26 février 1840, *Servy*).

Si l'entrepreneur laisse expirer le délai de garantie, sans réclamer la réception définitive, il demeure responsable des malfaçons et dégradations constatées, même après l'expiration de ce délai (C. E., 3 février 1859, *Batisse* et *Ronat*).

Mais on ne pourrait laisser le délai de garantie suspendu et prolonger la responsabilité de l'entrepreneur, dans le cas où il s'agirait, les travaux une fois terminés, de réparer des accidents ou dégradations *indépendants de leur bonne confection* (C. E., 31 août 1837, *Saigne*).

L'entrepreneur qui a fait les diligences nécessaires pour obtenir la réception définitive ne saurait être rendu responsable des défectuosités dont on n'établit pas l'existence antérieure à l'expiration du délai de garantie (C. E., 22 juin 1883, *Pontcarré*).

De même si l'administration a pris possession des travaux, sans qu'il fût procédé à aucune espèce de réception des ouvrages et avant même que les entrepreneurs les eussent achevés, elle n'est pas fondée à demander les réparations des dégradations qui auraient été la conséquence de cette occupation prématurée (C. E., 16 mars 1877, *Ville d'Arcachon*).

275. — Lorsque l'entrepreneur a modifié, sans autorisation, les travaux prévus aux devis, l'administration est fondée à lui refuser la réception définitive, jusqu'à ce qu'il ait rétabli à ses frais les parties non conformes aux devis (C. E., 8 février 1855, *Lescure*).

276. — Lorsque l'entrepreneur de travaux publics est déclaré responsable d'un vice de construction découvert dans le délai de garantie fixé par les articles 1792 et 2270, il y a lieu de le condamner, non pas à reconstruire entièrement, d'après les indications des devis, les parties défectueuses, mais simplement à exécuter les réparations reconnues suffisantes pour faire disparaître le vice signalé (C. E., 12 juillet 1855, D. P., 1856, 3, 6).

Le propriétaire qui aurait obtenu la reconstruction d'un ouvrage reconnu défectueux doit payer la différence du prix entre les pièces trop faibles qui avaient été posées et celles dont l'emploi est nécessaire à la solidité de la construction (C. E., 19 juillet 1871, D. P., 1872, 3, 45).

277. — Bien que l'action en responsabilité contre un architecte soit déclarée fondée, les dommages-intérêts dûs par cet architecte peuvent être limités à la perte de ses honoraires, en considération des torts que le propriétaire aurait lui-même à se reprocher (Cass., Req., 8 décembre 1852, D. P., 1854, 5, 653).

278. — Quand commence à courir le délai de dix ans, durant lequel l'action en garantie a lieu contre l'architecte ?

Il semble que les termes si nets et si précis des articles 1792 et 2270 ne puissent laisser aucun doute à cet endroit ; l'action naît au moment de la réception des travaux et elle s'éteint dix ans après. C'est évidemment ce qu'a voulu le législateur ; la discussion n'aurait pas été possible si les professeurs, pour utiliser les loisirs de la chaire, en quête de sujets de controverses, ne s'étaient mis à discuter. Mais, ont-ils dit, si le vice de construction vient à se manifester le lendemain même de la dixième année, l'action serait éteinte et elle aurait cessé d'exister avant même d'être née ; et ils ont essayé d'interpréter le texte en faisant partir le délai de dix ans du jour où le vice de construction se révèle. Ils sont remontés au Droit Romain en accumulant des textes du Digeste, ils ont invoqué l'ancien droit, Cujas, Pierre Pithon, Masson, Brodeau, Ferrière et cent autres commentateurs.

Laissant de côté ces amusettes de l'école et ces jeux innocents de docteur en mal de théories nouvelles, contentons-nous prosaïquement et pratiquement de consigner la jurisprudence constante qui a décidé que « la garantie de l'entrepreneur cesse après le laps de dix ans ; la loi est formelle » (Paris, 15 novembre 1836 ; — Cass., chambres réunies, 2 août 1882 ; — D. P., 1883, 1, 5. — C. E., 17 février 1882, *Maurice* contre *la commune de la Haye-Descartes*).

Comme l'a très bien fait remarquer le savant professeur M. Labbé (Sirey, 1885, 1, 5, note) — « après dix ans l'architecte ou entrepreneur est déchargé de toute responsabilité, à l'abri de toute poursuite ; l'action est éteinte. »

Et maintenant que les éplucheurs de mots épiloguent ;

voilà le droit, la raison, la jurisprudence et disons-le : voilà la justice.

279. — *Point de départ de la prescription.* Pendant dix ans l'immeuble est en quelque sorte sous la responsabilité de l'architecte et de l'entrepreneur.

Quand vont commencer les dix annnées?

Elles courent à partir du moment ou l'achèvement des travaux sera réputé terminé, à partir du jour de leur vérification et de leur réception par le propriétaire.

La date de la réception est fixée soit par un procès-verbal émanant de l'architecte, soit par la prise de possession (Cass., 24 janvier 1876). — S'il n'y a ni procès-verbal, ni prise de possession, tout se réduit à une question de fait et les tribunaux fixent, dans chaque espèce, le jour de la réception. La cour de Paris, ne trouvant aucune indication précise dans les faits de la cause, a très sagement fixé la date de la réception au règlement du mémoire de l'entrepreneur par l'architecte (Paris, 12 mai 1874, D. P., 1874, 2, 172).

Cette prescription ne peut être interrompue ; à moins bien entendu le cas de fraude ou de conventions contraires.

280. — La prescription de dix ans ne serait pas applicable si la perte de l'édifice provenait d'une fraude de l'architecte ; comme si, par exemple, l'architecte avait, par dol, donné aux murs enfouis sous terre une épaisseur moindre que celle qui a été convenue ; il y aurait là une sorte de quasi-délit, et l'action en réparation du dommage serait de trente ans (Caen, 1er avril 1848, D. P., 50, 2, 176).

281. — L'architecte est dégagé de toute responsabilité, non seulement lorsque les vices de construction ne se sont manifestés que plus de dix ans après la réception des travaux, mais encore lorsque ces vices étant apparus dans le délai de dix ans, l'action en garantie n'a été exercée contre lui que postérieurement à ce délai (Paris, 20 juin 1857, D. P., 58, 2, 88).

282. — La prescription en responsabilité n'est pas suspendue pendant la minorité ou l'interdiction du propriétaire.

283. — La prescription de l'article 1792 ne peut être interrompue que par une citation en justice, ayant pour objet la responsabilité de l'architecte. Une simple citation en référé afin de mesure provisoire ne peut avoir cet effet (Cass., 5 juin 1883).

284. — Le propriétaire pourrait-il exonérer l'architecte et l'entrepreneur de toute responsabilité par convention préalable ? Non, le projet primitif du Code civil l'avait permis mais, devant les observations des cours de Nancy et de Lyon, on renonça à laisser cette latitude et la responsabilité en pareille matière fut considérée d'ordre public, parce que la bonne construction des immeubles, quant à la solidité, intéresse la sécurité publique.

Donc toute convention tendant à libérer les architectes et entrepreneurs de la responsabilité décennale, inscrite dans les articles 1792 et 2270, est nulle de plein droit.

En matière de construction, le propriétaire est un mineur, l'architecte est son tuteur qui doit l'instruire et le conduire sous sa propre responsabilité.

285. — Quand un propriétaire fournit les plans et ne fait pas surveiller les travaux, si l'édifice vient à subir des détériorations graves, l'entrepreneur est responsable ; il devait refuser de bâtir (Bourges, 13 août 1841).

L'architecte, lui, est responsable, alors même qu'il n'a bâti que sur les plans et d'après les indications fournies par le propriétaire et avec les matériaux fournis par lui, alors même qu'il lui aurait signalé d'avance les vices et les dangers de la construction (Bastia, 17 mars 1854 ; D. P., 54, 2, 117 ; — Paris, 5 mars 1863 ; Sir., 1864, 2, 219 ; — Bordeaux, 21 avril 1864 ; Sir., 1864, 2, 219 ; — Paris, 24 février 1868 ; D. P., 68, 2, 160 ; — Lyon, 6 juin 1874 ; D. P., 75, 2, 119).

L'arrêt de Bordeaux, du 21 avril 1864, est aussi explicite que possible : l'architecte n'est à l'abri de la responsabilité des fautes commises par lui dans la pratique de son art, ni par suite du consentement, ou des ordres du propriétaire.

L'arrêt du 5 mars 1863 (Cour de Paris) pose comme

principe : « qu'il est du devoir de l'architecte de résister aux exigences du propriétaire, et de refuser même la mission qui lui est confiée, lorsque les plans proposés ne peuvent, par leur exécution, produire que des résultats vicieux. »

L'architecte doit renoncer à un travail, plutôt que de l'accepter dans des conditions ne présentant pas toutes les garanties exigées par l'art et la pratique.

CHAPITRE XV

Bâtiments menaçant ruine. — Démolition. Réparations.

283. — Le préfet (grande-voirie) le maire (petite-voirie) peuvent ordonner la démolition.
287. — Mais, sauf urgence, une expertise est nécessaire.
288. — Le propriétaire peut contredire à cette expertise.
289. — Il peut aussi se pourvoir devant le préfet, puis devant le ministre.
290. — Les arrêtés sont exécutoires, malgré les pourvois.
291. — Les décisions du ministre ne peuvent être déférées au conseil d'Etat.
292. — En cas d'urgence, la démolition peut avoir lieu sans expertise.
293. — Peu importe que le bâtiment ne joigne pas la voie publique, si sa ruine peut faire courir un danger aux passants.
294. — Résumé des formalités qui doivent être remplies.
295. — En cas de démolition par ordre du maire, les frais sont avancés par la ville.
296. — En cas de démolition immédiate reconnue non urgente, il y a lieu à des dommages.
297. — Le propriétaire qui rebâtit doit se conformer aux plans d'alignement.
298. — En cas de démolition par cas fortuit, les voisins n'ont pas droit à des dommages pour dégradation.
299. — A défaut du maire, le préfet peut ordonner la démolition.

286. — Le préfet, en matière de grande voirie, et le maire, en matière de petite voirie, ont le droit d'ordonner la démolition d'un bâtiment menaçant ruine ou les réparations à y faire (Cass., 28 novembre 1868; D. P., 1869, 1, 435).

287. — Mais ils ne peuvent l'ordonner, sauf le cas de péril urgent, qu'après une expertise contradictoire (C.

E., 30 janvier 1862 ; D. P., 62, 3, 28 ; — C. E., 16 mai 1872 ; D. P., 73, 3, 35).

288. — Le propriétaire peut contredire à cette expertise : si l'expert de la ville n'est pas d'accord avec celui du propriétaire, on en nomme un troisième.

289. — A la suite du rapport des experts, si le maire maintient son arrêté, le propriétaire peut former un recours devant le préfet et ensuite devant le ministre de l'intérieur (art. 11, 12 de la loi du 18 juillet 1837).

290. — Les arrêtés des maires sont exécutoires nonobstant tout recours ; mais dans la pratique — eu égard à la gravité de la situation faite aux propriétaires — les sursis ne sont jamais refusés, quand il ne s'agit pas d'un péril imminent ; on n'en cite pas d'exemple dans la jurisprudence.

291. — La décision du ministre, confirmant l'arrêté préfectoral approuvant l'arrêté du maire qui ordonne la démolition, ne peut être déféré au Conseil d'Etat (C. E., 20 mai 1845, *Chauvin*).

La Cour de cassation considère l'arrêté du maire comme obligatoire, que les formalités aient été remplies ou non, si le maire déclare, sous sa responsabilité, que la démolition est nécessaire (Cass., crim., 25 janvier 1873 ; D. P., 73, 1, 45).

Le Conseil d'Etat, au contraire, annule les arrêtés

comme entachés d'excès de pouvoir, si les formalités essentielles n'ont pas été observées :

Si le maire n'a pas ordonné d'expertise (C. E., 29 janvier 1886, *Reynaud*).

S'il n'y a pas eu de rapport des agents de la ville (C. E., 25 avril 1873, *Prévost*).

Si le propriétaire n'a pas été appelé à contredire (C. E., id.).

Mais il n'est pas absolument indispensable que le rapport ait été communiqué au propriétaire ; l'expertise est légale, quand il y a été procédé contradictoirement et surtout quand il y a été procédé en présence du propriétaire (C. E., 16 décembre 1881, *Camel*).

292. — Dans le cas d'urgence et de péril imminent, la démolition peut être ordonnée immédiatement et sans expertise (C. E., 24 février 1860 ; D. P., 60, 3, 22).

Néanmoins le maire doit déclarer, sous sa responsabilité, que la mesure est devenue nécessaire (Cass., 25 juin 1873 ; D. P., 73, 1, 45).

Mais, même dans le cas de péril imminent pour la sécurité publique, la démolition, qui peut être ordonnée sans expertise préalable, ne peut l'être que sur le rapport d'un agent de la voirie, et après que le propriétaire a été appelé à y contredire. L'arrêté ordonnant la démolition sans cette double formalité doit être annulé comme entaché d'excès de pouvoir (C.E., 10 novembre 1882).

293. — Peu importe que le bâtiment ne joigne pas immédiatement la voie publique, s'il en est assez rapproché pour que sa ruine menace de faire courir un danger aux passants (Cass., Req. crim., 3 janvier 1863 ; D. P., 63, 1, 105).

Peu importe encore que l'immeuble soit sous le coup d'une expropriation (Cass., crim., 1er mars 1856 ; D. P., 56, 1, 218).

294. — Ainsi, résumons les formalités qui doivent être suivies.

Ou bien il y a péril imminent, et alors le maire peut ordonner la démolition immédiate en faisant procéder sans délai :

1º A un examen sommaire par un agent de la voirie ;

2º En appelant le propriétaire à contredire à ce rapport ;

3º En déclarant, sous sa responsabilité, que la démolition est urgente (C. E., 24 février 1860, *Loudières*).

Ou bien, il n'y a pas péril imminent, et alors l'arrêté ordonnant la démolition doit être précédé :

1º D'une expertise ;

2º A laquelle le propriétaire est appelé à contredire.

Après cette double formalité,

3º L'arrêté du maire peut être déféré au préfet ;

4º L'arrêté du préfet peut être déféré au ministre.

Mais ici s'arrête la voie de recours ; après la décision ministérielle, il n'y a qu'à obéir et on ne peut aller devant le Conseil d'Etat, si ce n'est pour poursuivre l'annulation de l'arrêté pour excès de pouvoir.

Voilà donc un arrêté pris par le maire ; si le propriétaire n'obéit pas, le maire peut-il le faire exécuter de sa propre autorité en mettant les ouvriers sur le chantier et en faisant démolir ; ou bien, au contraire, doit-il faire ordonner l'exécution de son arrêté par un tribunal?

En droit strict, le maire peut faire exécuter de son autorité privée (C. E., 24 février 1870, *Blanc*, — Cass., 12 avril 1827) et dans la pratique, c'est ainsi que d'habitude les choses se passent.

Néanmoins, si le péril n'est pas très grand et qu'on ait le temps d'affronter les lenteurs judiciaires, le maire peut se faire couvrir par une décision du tribunal civil, mais cela n'est pas nécessaire.

295. — Dans le cas où le maire fait procéder à la démolition, les frais sont avancés par la ville (art. 4 loi du 11 frimaire an VIII), mais le remboursement est poursuivi contre le propriétaire ; ces frais sont privilégiés sur le sol et les matériaux, et ils priment toutes les autres créances (art. 9 Déclaration royale de 1729 ; C. E., 27 avril 1818).

296. — Quand le maire fait démolir immédiatement ; en cas d'urgence, c'est sous sa responsabilité ; le propriétaire peut poursuivre et prouver que son immeuble n'était pas dans le cas d'être démoli, et, s'il fait cette preuve, il a droit à des dommages-intérêts (C. E., 29 janvier 1886, *Reynaud*).

Si la démolition a été justement ordonnée, il n'a droit à aucune indemnité (art. 56 Loi du 16 septembre 1807).

297. — Il ne peut rebâtir qu'en se conformant aux plans d'alignement, et, si ces plans s'y opposent, il ne peut reconstruire la partie démolie, quand bien même il en résulterait pour lui la nécessité d'abattre le bâtiment en entier (Cass., 30 décembre 1826, D. P., 27, 1, 367; C. E., 18 décembre 1846, *Chauvin*).

L'indemnité pour abandon de terrain est réglée comme en matière d'alignement (545 C. civ.)

298. — Quand un maire fait démolir une partie de l'immeuble menaçant ruine, la commune ne doit aucune indemnité aux voisins pour dégradation de leurs bâtiments, la mesure étant prise pour cause d'utilité publique.

Si la démolition a été nécessitée à la suite d'un cas fortuit ou de force majeure, nous ne croyons pas que les voisins, par application des articles 1382 et 1386 C. civ., puissent réclamer des dommages au propriétaire dont on a fait démolir l'immeuble, car il n'y a pas ici une faute du propriétaire, il y a un cas de force majeure, entraînant des mesures tendant à assurer la sécurité publique et dont tout le monde doit supporter sa part.

299. — Le Préfet ne peut ordonner la démolition pure et simple d'un édifice menaçant ruine qu'à défaut du maire, et après sa mise en demeure restée sans résultat(C. E., 7 février 1890, R. T. P., IX, 403, art. 95 et 99 de la Loi du 5 avril 1884).

Tout ce qui a été dit pour les arrêtés des maires s'applique à la petite voirie; les règles sont les mêmes en ce qui concerne les arrêtés des préfets, en matière de grande voirie.

CHAPITRE XVI

Abaissement du Sol. — Indemnité.

300. — L'abaissement du sol d'une voie publique donne droit à une indemnité.
301. — En cas d'expertise reconnue nécessaire, la ville en supporte les frais.
302. — L'indemnité est due, quoique l'acquisition ait eu lieu après la connaissance du projet d'abaissement.
303. — Cas où la maison dont le sol est abaissé n'est pas à l'alignement.
304. — Si l'Etat donne une plus-value aux immeubles par l'abaissement du sol, il a le droit de demander une indemnité.

300. — L'abaissement du sol d'une voie publique donne aux propriétaires droit à une indemnité (jurisprudence constante).

Lorsque les travaux d'abaissement du sol d'une voie publique ont procuré une plus-value à l'immeuble, cette plus-value doit être comptée dans la fixation de l'indemnité (C. E., 15 février 1884, *Ville de Paris* contre *dame Songnier*).

301. — Si l'expertise est rendue nécessaire par une ville qui refuse une indemnité, et que l'indemnité soit reconnue juste, les frais de cette expertise doivent être mis à la charge de la ville (C. E., 13 mars 1885, *Janvier* contre *ville de Blois*).

302. — On ne peut opposer à celui qui demande une indemnité à raison de l'abaissement du sol une fin de non recevoir tirée de ce qu'au moment où il a acquis son fonds de commerce, il avait connaissance du projet de mise en état de viabilité. Pour qu'il puisse réclamer une indemnité, il suffit que le préjudice ait été causé postérieurement à son entrée en jouissance (C. Préf. Seine, 22 avril 1885, *Gérard* contre *ville de Paris*).

303. — Quand la maison qui a été déchaussée par suite de l'abaissement du sol n'est pas à l'alignement, aucun travail confortatif ne peut être fait ; l'indemnité doit donc comprendre la somme nécessaire à la reconstruction de la maison à l'alignement. Mais cette reconstruction donnera une plus-value qui doit être comptée dans la fixation de l'indemnité (C. E., 8 août 1885, *Commune de Bosc-Roger* contre *Marepoint*).

304. — La loi du 16 septembre 1807 (art. 30) prévoit une autre plus-value, celle qui résulte de travaux faits par l'Etat et qui permet de demander aux propriétaires qui en bénéficient une indemnité égale à la moitié de la plus-value.

Cette demande ne peut être faite que par un décret ; et on l'applique rarement. Il en a été fait application en 1854 aux riverains de la Seine qui ont profité des travaux d'alignement exécutés par l'Etat entre Rouen et le Havre.

CHAPITRE XVII

Des Expertises.

305. — Importance des expertises.
306. — Nomination des experts.
307. — Vérification des travaux départementaux.
308. — Prestation de serment.
309. — Récusation des experts.
310. — Opération des experts.
311. — Rapport des experts.
312. — Nouvelle expertise.
313. — Quand les parties ont comparu à une expertise et conclu au fond, elles ne sont plus recevables à demander la nullité de la nomination des experts ;
314. — Ni la régularité de l'expertise ;
315. — Nomination du tiers expert.
316. — L'arrêté ordonnant l'expertise est une mesure préparatoire, non susceptible d'appel.
317. — Taxe.
318. — Règles de procédure civile en matière administrative.

305. — Dans les procès en responsabilité, une des parties principales est assurément l'expertise ; aussi ne saurions-nous trop en recommander la surveillance : souvent l'issue d'un procès dépend de la façon dont les experts auront été nommés et de la façon dont ils auront procédé.

Qu'on n'oublie pas que, quatre-vingt-dix fois sur cent, la parole de l'expert fait foi et que les magistrats chargés d'appliquer la loi adoptent les explications techniques fournies par les experts.

Les juges ont un pouvoir discrétionnaire absolu pour

décider si une expertise est ou non nécessaire (Cass., Req., 29 février 1888; D, P, 88, 1, 352).

En matière administrative cependant, à côté des expertises facultatives que le conseil de préfecture peut ordonner ou non, il en est d'autres, obligatoires, imposées par une législation exceptionnelle. Les expertises ordinaires sont réglementées par la loi du 22 juillet 1889; mais les conseils de préfecture doivent appliquer les règles édictées par les articles 303 et 305 du code de procédure civile (C. E., 11 mars 1881; 24 juin 1881).

306. — *Nomination des experts*. Quand l'expertise est ordonnée par la loi ou demandée par les parties, les experts doivent être au nombre de trois, à moins que les parties ne consentent à ce qu'il soit procédé par un seul (Art. 303 Cod. proc. civ., Cass., 17 juin 1885; D. P., 86, 1, 215). Mais quand l'expertise est prescrite d'office par le tribunal, un seul expert peut être désigné (Cass., 15 novembre 1887; D. P., 89, 1, 74).

En matière de travaux publics, l'expertise est réglée par l'article 14 de la loi du 22 juillet 1889 et qui est ainsi conçu :

ART. 14. *L'expertise sera faite par trois experts, à moins que les parties ne consentent qu'il y soit procédé par un seul.*

Dans ce dernier cas, l'expert est nommé par le conseil, à moins que les parties ne s'accordent pour le désigner.

Si l'expertise est confiée à trois experts, l'un d'eux

est nommé par le conseil de préfecture, et chacune des parties est appelée à nommer un expert.

307. — Les experts doivent prêter serment, s'ils n'en sont dispensés par les parties (Cass., Req., 21 janvier 1874; D. P., 74, 1, 94). En cas d'urgence, les experts peuvent être nommés par le juge des référés, qui peut n'en nommer qu'un seul et le dispenser du serment (Cass., 28 août 1877 ; D. P., 78, 1, 213) (1).

308. — *Récusations.* Les experts peuvent être récusés par chaque partie (art. 283 C. proc. civ.)

1° Les parents ou alliés de l'une ou l'autre des parties, jusqu'au degré de cousins issus de germains inclusivement;

2° Les parents et alliés des conjoints au degré ci-dessus, si le conjoint est vivant, ou si la partie ou le témoin a des enfants vivants, lorsque le conjoint est décédé et qu'il n'a pas laissé de descendants, les parents et alliés en ligne droite, les frères, beaux-frères, sœurs et belles-sœurs;

3° L'expert héritier présomptif ou donataire;

4° Celui qui aura bu ou mangé avec l'une des parties, et à ses frais depuis le jugement ordonnant l'expertise;

---

(1) Pour le référé administratif, voyez plus loin le chapitre *Procédure.* N° 401.

5° Celui qui en aura donné des certificats sur les faits du procès;

6° Les serviteurs ou domestiques;

7° Le témoin en état d'accusation;

8° Celui qui aura été condamné à une peine afflictive ou infamante et même à une peine correctionnelle pour vol.

309. — Les causes de reproches énumérées par l'article 283 ne sont pas limitatives; les juges ont un pouvoir discrétionnaire pour écarter les personnes qui leur paraissent ne pouvoir fournir un rapport désintéressé (Cass., 16 juin 1874; D. P., 75, 1, 177).

Les fonctions d'expert sont facultatives, on peut les refuser; mais une fois que l'expert a prêté serment, il est tenu d'opérer avec conscience et célérité.

310. — *Opérations.* L'expertise doit avoir lieu après que les parties ont été prévenues du jour et de l'heure auxquels les opérations commenceront; elles s'y rendront ou s'y feront représenter, si elles le jugent convenable.

Est nulle l'expertise à laquelle un des experts n'a pas assisté (Cass., 20 février 1889; D. P., 89, 1, 419).

Les experts doivent se renfermer scrupuleusement dans la mission qui leur a été donnée; ils ne peuvent se livrer à une enquête (Rennes, 8 janvier 1859; D. P., 59, 2, 320). Mais ils peuvent s'entourer de renseignements (Cass., 10 mars 1858; D. P., 59, 1, 728).

Ils peuvent résoudre les questions accessoires qui leur sont soumises par les parties (Cass., 19 novembre 1878; D. P., 78, 1, 456).

311. — *Rapport.* Le rapport pourra se résumer en une seule opinion prise à la majorité, mais, si chaque expert a une opinion différente, chacun pourra rédiger un rapport séparé (Cass., 30 janvier 1849; D. P., 49, 1, 37).

Le rapport doit être déposé au greffe du tribunal qui a ordonné l'expertise (art. 319 Cod. proc. civ.).

Les juges ne peuvent homologuer une expertise irrégulière (Cass., 20 février 1889; D.P., 89, 1, 417). Mais ils peuvent la consulter à titre de simples renseignements (Cass., 22 juillet 1886, 1, 318).

312. — *Nouvelle expertise.* Les juges peuvent ordonner d'office une nouvelle expertise, s'ils ne sont pas suffisamment éclairés par la première (art. 322 Cod. proc. civ.) Les parties peuvent aussi demander une nouvelle expertise, que les juges sont libres de refuser.

La nouvelle expertise peut être confiée à de nouveaux experts.

Les frais de cette nouvelle expertise pourraient être mis à la charge des premiers experts, s'il y avait dol ou faute grossière de leur part (Rennes, 16 juillet 1812).

313. — Les parties qui ont comparu à une expertise

et conclu à ce qu'il soit statué au fond sur ses résultats ne sont plus recevables à se plaindre de l'irrégularité de la nomination des experts (C. E., 16 février 1883).

314. — L'entrepreneur qui a pris part, sans protestation ni réserve, à toutes les opérations faites par les experts, ne peut contester la régularité de l'expertise (C. E., 14 novembre 1884, *J. Comtaud*).

315. — Le choix des experts appartient aux parties ; le conseil de préfecture ne peut les désigner d'office que si elles refusent ou négligent de le faire ; mais la nomination du tiers expert, en cas de désaccord des experts nommés par les parties, appartient exclusivement au conseil.

Le tiers expert confère avec les premiers experts, après avoir pris communication de leur rapport et de leur avis ; il peut ne pas visiter les lieux litigieux, ne pas entendre les parties (C. E., 31 juillet 1862 ; 30 avril 1868).

Il peut émettre un troisième avis (C. E., 31 mai 1855).

Le rapport de la tierce expertise doit, à peine de nullité de l'arrêt qui l'a homologué, être déposé au greffe du conseil de préfecture et communiqué aux parties (C. E., 17 novembre 1882).

316. — L'arrêté qui ordonne une expertise a un caractère purement préparatoire et n'est pas susceptible d'être déféré directement au conseil d'Etat (C. E., 7 août 1883. — *Jurisprudence constante*).

317. — *Taxe*. Les frais et vacations des experts sont taxés par le président du tribunal ou du conseil de préfecture ; le tarif du 16 février 1807 accorde aux experts, pour chaque vacation de trois heures, quand ils opèrent dans les lieux de leur domicile ou dans la distance de deux myriamètres, huit francs dans le département de la Seine et six francs dans les autres départements.

Au delà de deux myriamètres du domicile, il est alloué, pour frais de voyage ou de nourriture, six francs par jour pour les experts de Paris et quatre francs cinquante pour ceux des départements.

Pendant leur séjour sur les lieux litigieux, ils peuvent faire quatre vacations par jour, soit 32 francs pour les experts de Paris et 24 francs pour ceux des départements.

En outre, on alloue aux experts une vacation pour la prestation de serment et une autre pour le dépôt du rapport.

Mais, en dehors de la taxe ci-dessus, ils ne peuvent rien réclamer, pour quelque cause que ce soit, ni pour aides, écrivains, copistes, porte-chaîne ; s'ils en emploient, les frais restent à leur charge (art. 162 du tarif).

Conformément à l'article 319 du code de procédure civile, il sera délivré exécutoire contre la partie qui a requis l'expertise ou qui l'aura poursuivie si elle a été ordonnée d'office ; les experts peuvent réclamer ces honoraires avant la décision définitive.

Lorsque l'instance est terminée, l'exécutoire ne fait pas obstacle à ce que les experts agissent directement contre la partie perdante et condamnée aux dépens ; n'eût-elle pas demandé ou poursuivi l'expertise (Cass., 5 novembre 1886).

318. — Les règles de la procédure civile ne sont pas applicables d'une façon absolue aux expertises administratives et les conseils de préfecture ont une grande latitude dans les diverses phases de l'expertise. Néanmoins ils ne doivent pas s'éloigner autant que possible de l'esprit même du code de procédure.

CHAPITRE XVIII

De l'adjudication en matière de travaux publics.

319. — Publicité.
320. — Principe de la concurrence.
321. — Cas spéciaux. — Syndicats professionnels.
322. — Formes des adjudications.
323. — Qualités requises pour soumissionner.
324. — Pouvoir discrétionnaire de l'administration.
325. — Cautionnement.
326. — Procès-verbaux d'adjudication engagent l'entrepreneur.
327. — Les étrangers sont admis.
328. — L'adjudication ne devient définitive qu'après l'approbation du préfet et du ministre.
329. — Droits de l'adjudicataire aux travaux faisant partie de l'adjudication.

319. — Les travaux publics peuvent être concédés de gré à gré ou à l'adjudication publique au rabais, au profit de celui qui offre les conditions les plus avantageuses ; c'est ce dernier mode qui est presque toujours employé depuis 1860.

« Toutes les affaires doivent être traitées au grand jour, surtout quand il s'agit de travaux et de fournitures. Toutes les entreprises doivent être adjugées sous les yeux des populations et sous l'aiguillon des enchères : *publicité* et *concurrence*, voilà, malgré des assertions contraires, les meilleures règles en pareille matière. Il importe au plus haut point que l'administration échappe non seulement à l'abus mais au soupçon » (*Rapport du*

Ministre de l'Intérieur sur le décret de décentralisation du 29 avril 1861).

Les adjudications sont réglées par le décret du 18 novembre 1882.

L'avis des adjudications est publié, sauf les cas d'urgence, au moins vingt jours à l'avance. L'adjudication a lieu en séance publique.

Les soumissions, à peine de nullité, doivent être sur papier timbré (C. E., 4 février 1876, *Boyer*).

320. — Dans le cas où le rabais le plus fort est consenti par plusieurs soumissionnaires, un nouveau concours est ouvert entre les soumissionnaires égaux par les chiffres. Les rabais de la nouvelle adjudication ne peuvent être inférieurs à ceux de la première. Si la nouvelle adjudication avait pour résultat des soumissions égales, on tirerait au sort entre ceux qui les auraient souscrites.

S'il arrivait que les soumissionnaires proposassent des prix supérieurs à ceux déjà offerts par l'administration au rabais des adjudicataires, l'administration pourrait — à moins de clause contraire des cahiers des charges — traiter de gré à gré avec un entrepreneur sans que, néanmoins, le prix accordé pût être supérieur à celui obtenu par les offres de l'adjudication.

321. — Pour le cas où un syndicat ouvrier serait en concurrence avec un entrepreneur, à égalité de rabais c'est le syndicat qui sera préféré.

Les syndicats professionnels peuvent prendre part aux adjudications en fournissant : 1° la liste nominative de leurs membres : 2° L'acte de société (statuts) 3° des certificats de capacité délivrés à l'un ou à plusieurs des syndiqués (1).

322. — Avant l'adjudication, il est dressé une liste des concurrents agréés. Le rejet d'une candidature est laissé à l'appréciation du préfet dont la décision est souveraine ; elle ne peut être attaquée par voie contentieuse devant le Conseil d'Etat (C. E., 31 mai 1889, *Pechverty*).

La liste des concurrents une fois dressée, on doit adjuger à celui qui aura offert le plus fort rabais.

323. — Les concurrents doivent fournir un certificat de capacité (excepté pour les fournitures de matériaux pour l'empierrement des routes quand l'estimation des travaux ne dépasse pas 20,000 francs). Les certificats doivent émaner d'hommes de l'art et être visés, au moins huit jours avant l'adjudication, par l'ingénieur en chef qui ne peut refuser le visa ; cette formalité a pour but de permettre à l'administration de prendre les renseignements sur l'honorabilité et la solvabilité du concurrent.

324. — L'administration a un pouvoir souverain

---

(1) Voir à l'appendice (Pièce VI) le décret fixant les conditions dans lesquelles les associations d'ouvriers sont admises.

d'appréciation sur la valeur des certificats (C. E., 25 novembre 1829, *Accolas*) ; elle peut s'en passer, si elle le juge convenable (C. E., 20 novembre 1866, *Gris*).

325. — Tout concurrent doit déposer un cautionnement provisoire qui reste acquis dans le cas où l'adjudicataire n'aurait pas réalisé le cautionnement définitif dans le délai prescrit.

Le montant du cautionnement est laissé à l'appréciation de l'administration ; dans le cas où le cahier des charges est muet sur ce point, il est du trentième des travaux à exécuter.

Les syndicats d'ouvriers sont dispensés de fournir le cautionnement, quand les travaux à effectuer ne dépassent pas 50,000 francs.

Des acomptes sont versés tous les quinze jours aux syndicats adjudicataires.

Le ministre peut, en cours d'exécution des travaux, autoriser la restitution de tout ou partie du cautionnement.

« Cette mesure, toute bienveillante pour les entrepreneurs, devra être appliquée toutes les fois qu'il n'en pourra résulter aucun inconvénient pour les intérêts de l'Etat » (*Circulaire ministérielle du 21 novembre 1866*).

Le cautionnement doit être rendu après la réception définitive; il ne saurait être gardé pour faire face à la responsabilité décennale (C. E., 4 avril 1879, *Bouchet*).

Quand le cautionnement est en espèces, il produit

intérêts à 3 0/0 qui commencent à courir soixante jours après le versement (loi du 28 nivôse an XIII, art. 2).

Il peut être en rentes sur l'Etat, ou garanti par une hypothèque.

326. — L'adjudicataire est tenu et lié dès que le procès-verbal est signé ; l'administration n'est engagée qu'après l'approbation du préfet ou du ministre, suivant le cas.

Cette approbation peut être refusée; dans ce cas l'administration ne peut pas substituer un autre soumissionnaire à l'adjudicataire évincé ; il faut recommencer l'adjudication (C. E., 16 mai 1890, *Planté*).

327. — En règle générale, à moins d'une clause à ce sujet dans le cahier des charges de l'entreprise, les étrangers peuvent soumissionner et être déclarés adjudicataires des travaux communaux (R. T. P., III, p. 442).

Il n'y a exception que pour les travaux du génie où la qualité de français est exigée (Clauses et conditions générales du 25 novembre 1876).

328. — Dès que l'adjudication est approuvée, le préfet délivre à l'adjudicataire une expédition approuvée du devis, du bordereau des prix, du détail estimatif, et du procès-verbal d'adjudication.

En cas de contradiction entre les énonciations du devis et celles des autres pièces du marché, c'est toujours au devis qu'il faut s'en tenir (C. E., 28 mai 1886, *Cavaillier*).

329. — Dès lors, l'adjudicataire a un droit sur tous les travaux faisant partie de l'adjudication.

L'entrepreneur ne peut céder à des sous-traitants une ou plusieurs parties de l'entreprise sans le consentement de l'administration ; dans tous les cas il demeure personnellement responsable.

L'entrepreneur peut avoir des associés ou des cointéressés, mais s'ils ne sont pas en nom dans le procès-verbal d'adjudication, ils ne peuvent figurer dans les instances contre l'administration (7 août 1886, *Prost*).

CHAPITRE XIX

Résiliation des marchés.

(TRAVAUX PUBLICS)

330. — Il peut y avoir lieu à résiliation si la masse des travaux est augmentée ou diminuée d'un sixième.
331. — Dans le cas de résiliation pour augmentation du sixième, il n'y a pas lieu à indemnité.
332. — Dans le cas de résiliation pour diminution du sixième il y a lieu à indemnité.
333. — Le droit de demander la résiliation appartient à l'entrepreneur seul.
334. — Obligation pour l'administration de reprendre les matériaux et le matériel.
335. — Cas où l'administration s'est réservé d'ordonner des travaux non prévus.
336. — Cas où l'administration s'est réservé de faire exécuter une partie des travaux en régie.
337. — Cessation et ajournement indéfini des travaux.
338. — Cas de ralentissement considérable des travaux.
339. — Résiliation pour augmentation notable des prix.
340. — Résiliation pour retard dans la remise des plans.
341. — Indemnité due pour retard apporté dans la résiliation.
342. — Augmentation survenue postérieurement à l'abandon des travaux.
343. — Augmentation momentanée.
344. — La demande de résiliation pour augmentation de prix ne peut être présentée pour la première fois devant le conseil de préfecture.
345. — L'administration n'a pas le droit de demander la résiliation pour diminution de prix.
346. — En cas de décès de l'entrepreneur : — I. Résiliation.
— II. En cas de malfaçon.
— III. S'il y a plusieurs entrepreneurs.
347. — Résiliation en cas de faillite de l'entrepreneur.
348. — Augmentation de prix pour dépenses imprévues.
349. — Prix fixe stipulé.
350. — Indemnité due en cas de force majeure.
351. — En cas de retard apporté dans les ordres de service.

330. — Il peut y avoir lieu à résiliation des marchés :

1° Par le fait de l'administration ;

2° Par suite des circonstances qui obligent à une résiliation sans qu'il y ait faute d'aucune des parties ;

3° Par suite de la faute de l'entrepreneur.

Nous allons examiner ces trois cas.

D'abord, 1° *résiliation par le fait et la volonté de l'administration* (Modifications dépassant une certaine mesure, augmentation ou diminution de la masse des travaux, cessation absolue, ajournement pour plus d'un an).

En cas d'augmentation dans la masse des travaux, l'entrepreneur est tenu de continuer l'exécution jusqu'à concurrence d'un sixième en sus du montant de l'entreprise. Au delà de cette limite l'entrepreneur a droit à la résiliation de son marché (art. 30 des clauses et conditions générales de 1866).

En cas de diminution dans la masse des ouvrages, l'entrepreneur ne peut élever aucune réclamation tant que la diminution n'excède pas le sixième du montant de l'entreprise. Si la diminution est de plus du sixième, il reçoit, s'il y a lieu, à titre de dédommagement, une indemnité qui, en cas de contestation, est réglée par le conseil de préfecture (Art. 31 des clauses et conditions générales de 1866).

Comme les simples particuliers (art. 1794 C. civ.), l'administration a le droit de résilier les marchés en payant aux entrepreneurs les dommages-intérêts pour les dépenses faites et pour les gains qu'il aurait pu réaliser dans l'entreprise.

Mais outre cette faculté résultant du droit commun,

l'administration a le droit d'augmenter ou de diminuer la masse des travaux jusqu'à concurrence d'un sixième.

Au delà du sixième en augmentation ou en diminution, l'entrepreneur a le droit de demander la résiliation.

331. — Dans le cas où l'entrepreneur résilie pour augmentation du sixième, il n'y a pas lieu à lui accorder une indemnité (C. E., 26 décembre 1873, *Serratrice*).

Cette mesure est l'application stricte du cahier des charges, art. 31 ; mais elle n'en est pas moins injuste puisqu'en somme l'entrepreneur, pour une cause indépendante de sa volonté, est privé d'un marché sur lequel il avait le droit de compter.

332. — Dans le cas où l'entrepreneur résilie pour diminution du sixième, il aura droit à une indemnité à régler par le conseil de préfecture.

L'indemnité est accordée en outre du droit à la résiliation (C. E., 3 décembre 1880, *Villebesey*).

L'augmentation ou la diminution doivent être calculées sur la masse des travaux et non sur certaines parties de l'entreprise (C. E., 28 juin 1889, *Frayssinet*).

333. — Le droit de demander la résiliation appartient à l'entrepreneur seul (C. E., 24 avril 1885, *Goupil*).

334. — Dans le cas où l'entrepreneur demande la résiliation pour augmentation ou diminution du sixième, l'administration est obligée de reprendre les matériaux approvisionnés mais non pas le matériel (C. E., 12 août 1879, *Champonois*).

335. — Si le cahier des charges réserve à l'administration le droit d'ordonner des travaux non prévus au devis sans limitation de quotité, le conseil de préfecture devra décider à quel moment ces travaux sont suffisants pour que l'entrepreneur ne soit plus obligé de fournir d'autres travaux (C. E., 8 août 1885, *Rateau*).

A l'aide d'une clause vague on ne pourrait en effet obliger l'entrepreneur à des travaux indéfinis.

336. — De même, si l'administration s'est réservé le droit de faire exécuter une partie des travaux en régie ou par des prestataires, elle ne peut user de cette faculté d'une manière excessive (C. E., 14 mai 1875, *Mergoud*).

337. — Lorsque l'administration ordonne la cessation des travaux, l'entreprise est immédiatement résiliée. Lorsqu'elle prescrit leur ajournement pour plus d'une année, soit avant, soit après un commencement d'exécution, l'entrepreneur a le droit de demander la résiliation de son marché, sans préjudice de l'indemnité qui, dans ce cas comme dans l'autre, peut lui être allouée, s'il y a lieu (Art. 34 *Clauses et conditions générales de 1866*).

338. — Il y aurait lieu à indemnité si, sans suspendre complètement les travaux, ils avaient subi, par le fait de l'administration, un ralentissement préjudiciable pour l'entreprise (C. E., 3 janvier 1881, *Datty* ; 4 juin 1886, *Braquessac*). La cour de cassation consacre la même jurisprudence (Cass., 20 janvier 1879, *Congor*).

A moins que la suppression ou le ralentissement des travaux ne soient le résultat d'un cas de force majeure (C. E., 11 mars 1881, *Ville de Toulouse*) ou que la cessation et le ralentissement n'aient été motivés par le défaut de fonds disponibles (C. E., 25 décembre 1876, *Chevalier*). Cette dernière décision ne peut s'appliquer qu'aux travaux faits pour le compte de l'Etat.

339. — 2° *Résiliation par suite de circonstances indépendantes de la volonté des deux parties.*

Le marché peut être aussi résilié sur la demande de l'entrepreneur si, pendant le cours de l'entreprise, les prix subissent une augmentation telle que la dépense totale des ouvrages restant à exécuter se trouve augmentée d'un sixième (art. 33 des clauses et conditions générales de 1866).

L'augmentation doit porter sur les prix qui résultent du devis, sans déduction du rabais de l'adjudication (C. E., 21 juin 1878, *département du Rhône*).

Si les prix soit de la main-d'œuvre soit des matériaux subissent une augmentation telle que la dépense totale des ouvrages restant à exécuter d'après le devis se trouve augmentée d'un sixième comparativement aux estimations du projet, l'entrepreneur pourra obtenir la résiliation de son marché.

L'article 33 des clauses et conditions générales du cahier des charges de 1866 est absolument formel.

Mais il n'y a pas lieu, dans le calcul, de tenir compte de l'augmentation qui n'existe plus au moment de la demande (C. E., 8 mars 1878); ni de l'augmentation qui s'est produite pendant la suspension des travaux, quand cette augmentation a eu lieu par le fait de l'entrepreneur (C. E., 31 mars 1876); ni de l'augmentation antérieure à l'adjudication et dont l'entrepreneur a dû tenir compte dans ses évaluations avant de soumissionner (C. E., 13 juin 1879).

Il n'y aurait pas lieu à résiliation si l'augmentation s'était produite après le délai fixé pour l'achèvement des travaux et que le retard fût imputable à l'entrepreneur (C. E., 26 février 1887, *Foy*).

L'augmentation doit s'être produite au moment de l'entreprise et il n'y aurait pas lieu à résiliation, si cette différence de prix existait au moment de l'adjudication et s'était produite par conséquent entre le dressé des devis et l'adjudication (C. E., 13 juin 1879, *Syndicat de la Soulaise*).

Comme l'administration n'est pas responsable de l'augmentation des prix, si l'entrepreneur résilie, il n'aura droit ni à indemnité, ni à reprise du matériel (C. E., 17 décembre 1886, *Villette*).

340. — La résiliation peut être demandée pour retard apporté dans la délivrance des plans nécessaires à la réunion des approvisionnements et à l'exécution des travaux (C. E., 8 août 1885, *Prevost* contre *Ville de Vannes*).

L'augmentation de prix doit être signalée par l'entrepreneur en cours d'exécution, et il doit former sa demande en résiliation lorsqu'elle se produit; s'il attendait l'achèvement des travaux et le règlement des comptes, il serait non recevable dans sa réclamation ultérieure. (C. E., 29 juin 1888, *Delpuch*).

341. — Quand il y a eu augmentation notable dans le prix de la main-d'œuvre et des matériaux, que l'entrepreneur a demandé la résiliation au moment où cette augmentation existait encore et si la résiliation n'a été prononcée qu'à une époque bien postérieure, l'indemnité due à l'entrepreneur devra courir à partir du jour où il a demandé la résiliation. L'indemnité devra comprendre le préjudice résultant de la continuation des travaux et portant seulement sur les augmentations constatées (C. E., 5 mai 1876, *Crouzet*).

342. — L'entrepreneur ne pourra invoquer l'augmentation qui ne s'est produite que postérieurement à l'abandon de ses travaux (C. E., 31 mars 1876, *Sérail*).

343. — Non plus que l'augmentation momentanée, passagère, et qui n'existait plus au moment où la demande de résiliation a été formée (C. E., 8 mars 1878, *Lapierre*).

344. — La demande de résiliation fondée sur l'augmentation des prix survenue depuis l'adjudication ne peut pas être présentée devant le Conseil d'Etat, si elle n'a pas été présentée d'abord devant le conseil de préfecture (Jurisprudence constante).

345. — Depuis le cahier des charges de 1866 l'administration a renoncé au droit de résilier le marché quand les prix viennent à diminuer dans des proportions notables. « Cette faculté ne se produisait que rarement et donnait lieu à des difficultés insolubles » (*Circulaire ministérielle*).

346. — *En cas de décès de l'entrepreneur :* I. *le contrat est résilié de plein droit, sauf à l'administration à accepter, s'il y a lieu, les offres qui peuvent être faites par les héritiers pour la continuation des travaux* (Art. 36 des clauses et conditions générales de 1866).

II. En cas de malfaçons, les héritiers de l'entrepreneur peuvent être condamnés à des dommages-intérêts mais non à exécuter personnellement (C. E., 13 décembre 1878, *Escarraguel*).

III. S'il y a plusieurs entrepreneurs pour l'exécution des travaux ayant fait l'objet d'une seule adjudication, le décès de l'un n'entraîne pas la résiliation de l'entreprise pour l'autre (C. E., 7 février 1873, *Guemet*).

347. — *En cas de faillite de l'entrepreneur, le con-*

trat est également résilié de plein droit, sauf à l'administration à accepter, s'il y a lieu, les offres qui peuvent être faites par les créanciers pour la continuation de l'entreprise (Art. 37 des clauses et conditions générales de 1866).

Dans le cas où l'administration n'accepterait pas les offres des créanciers, elle n'est pas tenue à la reprise du matériel.

3° *Résiliation par suite de la faute de l'entrepreneur.*

Pour donner à ce paragraphe le développement que son importance mérite nous lui consacrons un chapitre spécial (Voir chapitre xx).

348. — *Dépenses imprévues.* — Lorsque les ouvrages exécutés présentent des difficultés imprévues et partant occasionnent des dépenses sur lesquelles l'entrepreneur n'avait pu compter : lorsque par exemple dans un déblai à faire, l'administration, à la suite de sondages insuffisants, a mis à l'adjudication un déblai de terre et qu'on se trouve en présence de la pierre qui ne peut être extraite que par la mine et par l'emploi d'ouvriers spéciaux, l'entrepreneur ayant à faire des dépenses imprévues, on doit fixer un prix nouveau pour ce travail imprévu (C. E., 21 février 1861).

Mais il est absolument nécessaire qu'on se trouve en présence de travaux imprévus, car autrement il n'y aurait lieu à aucun prix nouveau (C. E., 21 janvier 1881). Ainsi par exemple, si par des sondages ou un examen attentif des lieux, l'entrepreneur avait pu se rendre compte des difficultés du travail, il n'y aurait lieu à aucune indemnité (C. E., 10 mai 1878 ; — 21 janvier 1881).

349. — Quand, en vertu de l'article 98 du devis type de 1879, il a été stipulé un prix fixe pour les déblais de toute nature sans exception, ces prix ne peuvent être modifiés sous aucun prétexte quand bien même l'entrepreneur trouverait dans l'exécution des déblais des natures de terrain imprévues et d'une extraction plus difficile que ceux prévus (C. E., 15 mai 1891, *Mandement* contre *le ministre des travaux publics*).

L'article 98 du devis type de 1879 constitue le marché que les ingénieurs appellent généralement « le forfait de terrassement, » il est désastreux pour les entrepreneurs qui ne sauraient prendre trop de précautions avant l'adjudication et recourir même à des sondages spéciaux.

Jusqu'ici le Conseil d'Etat avait décidé qu'il n'y avait nullement forfait, mais seulement prix unique établi en vue de certaines probabilités déterminées. Bien que le devis indiquât que l'entrepreneur devait se rendre compte de la nature des déblais avant de soumissionner, faute de quoi aucune réclamation ne serait admise ; il avait souvent alloué des indemnités toutes les fois que l'expertise établissait qu'on avait rencontré des déblais présentant réellement des dépenses imprévues.

C'était juste et c'était équitable.

Le Conseil d'Etat décidait que l'article 98 du devis type 1879 ne constituait pas le forfait prévu par l'article 1793 du Code civil, mais fixait simplement un mode d'établissement du bordereau des prix.

Les entrepreneurs se trouvaient donc dans la même situation que pour les autres prix du bordereau, ce prix restait invariable tant que les conditions en vue desquelles il avait été établi n'étaient pas sensiblement modifiées (art. 42 des clauses et conditions générales de 1866).

La décision du 15 mai 1891 nous paraît des plus rigoureuses et nous lui préférions de beaucoup l'ancienne jurisprudence dans l'intérêt de la justice. Désormais quand on insérera l'article 98 du devis type 1879, il n'y aura lieu à aucune augmentation quelles que soient les natures de terrain qu'en rencontre dans les déblais prévues ou non.

C'est de la rigueur qui confine à l'arbitraire, mais comme c'est la jurisprudence, c'est aux entrepreneurs à se tenir sur leurs gardes.

350. — L'administration doit une indemnité à l'entrepreneur des pertes qu'il subit par suite d'un cas de force majeure (art. 28 du cahier des clauses et conditions générales du cahier des charges de 1866).

351. — A plus forte raison l'administration doit-elle

une indemnité à l'entrepreneur lorsque les retards apportés dans les ordres de service sont la cause du préjudice éprouvé par la force majeure, la gelée par exemple (C. E., 7 juin 1865, 12 mars 1877).

CHAPITRE XX

Mise en régie par la faute de l'entrepreneur.

(TRAVAUX PUBLICS)

352. — Motifs autorisant la mise en régie. — L'administration peut nommer un gérant ou procéder à une réadjudication.
353. — L'entrepreneur peut se pourvoir devant le conseil de préfecture non pour demander la nullité de la régie mais pour en éviter les conséquences.
354. — La régie ne peut être prononcée que pour l'ensemble de l'entreprise.
355. — En cas de régie irrégulière, l'administration en supporte les conséquences.
356. — La régie est faite aux frais de l'entrepreneur qui peut en contrôler les opérations.
357. — Il a le droit d'exiger les comptes après les opérations.
358. — Les réclamations contre les comptes de la régie doivent être produites dans les vingt jours.
359. — Réadjudication.
360. — La mise en régie doit être précédée d'une mise en demeure.
361. — La régie irrégulière n'implique pas forcément une indemnité.
362. — Cas d'irrégularité de la régie.
363. — Obligation de dresser un inventaire.
364. — Quantum des indemnités.
365. — En cas de régie irrégulière l'entrepreneur peut demander la résiliation et le prix de l'usure du matériel.
366. — L'entrepreneur justifiant de moyens suffisants peut être relevé de la régie.

352. — La mise en régie est réglée par l'article 35 des clauses et conditions générales du cahier des charges de 1866.

Cet article est ainsi conçu :

ART. 35. — *Lorsque l'entrepreneur ne se conforme pas soit aux dispositions du devis, soit aux ordres de ser-*

vice qui lui sont donnés par les ingénieurs, un arrêté du préfet le met en demeure d'y satisfaire dans un délai déterminé. Ce délai, sauf le cas d'urgence, n'est pas moins de dix jours à dater de la notification de l'arrêté de mise en demeure.

A l'expiration de ce délai, si l'entrepreneur n'a pas exécuté les dispositions prescrites, le préfet, par un second arrêté, ordonne l'établissement d'une régie aux frais de l'entrepreneur. Dans ces cas, il est procédé immédiatement, en sa présence ou lui dûment appelé, à l'inventaire descriptif du matériel de l'entreprise.

Il en est aussitôt rendu compte au ministre, qui peut, selon les circonstances, soit ordonner une nouvelle adjudication à la folle enchère de l'entrepreneur, soit prononcer la résiliation pure et simple du marché, soit prescrire la continuation de la régie.

Pendant la durée de la régie, l'entrepreneur est autorisé à en suivre les opérations, sans qu'il puisse toutefois entraver l'exécution des ordres des ingénieurs.

Il peut d'ailleurs être relevé de la régie s'il justifie des moyens nécessaires pour reprendre les travaux et les mener à bonne fin.

Les excédents de dépense qui résultent de la régie ou de l'adjudication sur folle enchère sont prélevés sur les sommes qui peuvent être dues à l'entrepreneur, sans préjudice des droits à exercer contre lui en cas d'insuffisance.

Si la régie ou l'adjudication sur folle enchère amène au contraire une diminution dans les dépenses, l'en-

trepreneur ne peut réclamer aucune part de ce bénéfice qui reste acquis à l'administration.

Tel est le texte de cet article qui donne tous les jours lieu à de nombreuses et graves contestations entre l'administration et les entrepreneurs.

Le principe de la régie n'est en somme que la mise en pratique de l'article 1144 du code civil qui permet au créancier de faire exécuter lui-même l'obligation aux dépens du débiteur; seulement, en droit ordinaire, le créancier doit se faire autoriser par les tribunaux, ici c'est l'administration qui, juge et partie, s'autorise elle-même quand elle croit que l'article 25 l'y autorise.

Quand l'administration a mis un entrepreneur en régie elle a deux partis à prendre: 1° placer à la tête des travaux un gérant qui les continue pour le compte de l'entrepreneur ; 2° ou bien procéder à une réadjudication au préjudice de l'ancien entrepreneur.

353. — L'entrepreneur peut se pourvoir devant le conseil de préfecture non pour discuter la légitimité de la mise en régie elle-même (elle est en dehors de toute discussion, l'administration ayant un pouvoir souverain en pareille matière); mais il peut se pourvoir pour en discuter les conséquences.

L'entrepreneur ne peut pas demander que la régie soit annulée, mais il peut demander que les conséquences ne soient pas mises à sa charge.

354. — La régie ne peut être prononcée que pour l'ensemble de l'entreprise ; elle serait irrégulière si on la prononçait seulement pour l'exécution d'un travail déterminé (C. E., 21 mars 1884, *Autixier*).

355. — Dans le cas où l'administration aurait procédé à la mise en régie d'une façon irrégulière ou si la régie était déclarée mal fondée, l'administration en supporterait les conséquences.

356. — Les opérations de la régie se font aux frais et pour le compte de l'entrepreneur ; pendant la marche des travaux, il a non seulement le droit de les suivre, mais encore d'obtenir communication de toutes les pièces comptables (C. E., 18 novembre 1881, *Moujalon*).

357. — Après la clôture des travaux, il a le droit d'exiger un compte très détaillé dit de *clerc à maître* de toutes les dépenses de la régie (C. E., 14 février 1834, *Fougère*).

L'entrepreneur pourra demander le rejet de toutes les dépenses qui proviendraient d'une mauvaise gestion du régisseur qui répond de sa négligence, de son imprudence et de sa faute lourde (C. E., 13 avril 1883, *Saigros*).

358. — Les réclamations contre les comptes de la régie doivent être produites dans les vingt jours de la présentation du décompte de ladite régie (C. E., août 1889, *Daniel*).

359. — L'acte par lequel l'administration ordonne la réadjudication à la folle enchère de l'entrepreneur n'est pas susceptible de recours contentieux (C. E., 27 octobre 1835, *Barbe*).

Les conditions de la seconde adjudication doivent être absolument les mêmes que celles de la première (C. E., 12 janvier 1877, *Guernet*).

Lorsque la réadjudication sur folle enchère aboutit à un rabais inférieur à celui de l'adjudication primitive, l'Etat peut exiger le versement immédiat de la somme représentant la différence (C. E., 31 mai 1889, *Pechverty*).

360. — La mise en régie n'est régulière qu'autant qu'elle a été précédée d'une mise en demeure adressée à l'entrepreneur par un arrêté préfectoral. L'ordre de service adressé par l'architecte n'est pas l'équivalent d'une mise en demeure (C. E., 16 mars 1883).

Cette clause s'applique aux travaux communaux comme aux travaux des Ponts et Chaussées (C. E., 7 avril 1859 ; — 9 février 1873).

361. — Bien que la régie soit irrégulièrement établie, il n'est pas dû forcément une indemnité à l'entrepreneur, lorsque la régie a été rendue nécessaire par le fait de l'entrepreneur et que celui-ci ne justifie pas que la mise en régie lui a causé un préjudice quelconque (id).

Il nous semble cependant qu'il est absolument impossible qu'une indemnité ne soit pas due dans la plupart des cas; car du moment où la régie est annulée, elle est censée n'avoir jamais existé et l'administration n'a pas le droit de se servir, sans rétribution, d'un matériel qui ne lui appartient pas.

362. — La mise en régie serait irrégulière :

S'il n'y avait pas eu d'arrêté préparatoire de mise en demeure (C. E., 16 mars 1883, *Olivo Guidi*);

Si cet arrêté ou l'arrêté de mise en régie n'avait pas été régulièrement notifié (C. E., 6 août 1887, *Polge*) ;

Si le délai imparti pour satisfaire à la mise en demeure avait été moindre de dix jours, sans que l'urgence fût invoquée (C. E., 31 décembre 1878, *Cravio*);

S'il était établi que les ordres de service des ingénieurs imposaient à l'entrepreneur des obligations autres que celles résultant des clauses et conditions générales et du devis de l'entreprise (C. E., 7 août 1886, *Flech*) ;

Ou qu'il était impossible de remplir dans le délai fixé (C. E., 25 février 1887, *Foy*).

363. — Sitôt que la mise en régie est prononcée, il doit être dressé un inventaire descriptif du matériel. Dans le cas où cet inventaire ne serait pas dressé, la régie n'en serait pas moins régulière (C. E., 3 janvier 1881, *Creté*).

Mais dans ce cas l'entrepreneur a le droit de demander la réparation du dommage que ce défaut d'inventaire lui a causé en le privant de son matériel et de ses approvisionnements (C. E., 4 juillet 1883, *Syndicat de la Dives*).

Le défaut d'inventaire du matériel autorise à contester les chiffres produits par la régie (C. E., 9 juin 1882, *Escarraguel*).

364. — En cas de régie irrégulière, l'entrepreneur doit être indemnisé non seulement du préjudice qu'il a éprouvé, mais encore du gain qu'il aurait réalisé s'il avait lui-même dirigé les travaux (C. E., 26 novembre 1886, *Traglia*).

La juridiction administrative a toute latitude pour apprécier et fixer le quantum des dommages causés par une régie mal fondée (C. E., 24 janvier 1856, *Aubert*; C. E., 14 janvier 1884, *Colas*).

365. — L'entrepreneur dont on a prononcé la mise en régie sans motifs légitimes est fondé à demander la résiliation de son marché (C. E., 21 mai 1875, *commune de Parempuyre*).

En cas de régie irrégulière, l'entrepreneur peut demander le prix de location et de l'usure du matériel dont l'administration s'est servi (C. E., 2 juillet 1880, *Joret*).

366. — L'entrepreneur qui justifie des moyens lui permettant de reprendre les travaux pourra être relevé de la régie; c'est un des points nouveaux et non pas des moins importants du cahier des clauses et conditions générales de 1866.

CHAPITRE XXI

Reprise du matériel.

367. — Cas où il y a lieu à reprise du matériel.
368. — S'étend à tous objets indispensables à la bonne exécution des travaux.
369. — La reprise ne s'étend pas aux outils ayant rempli leur office.
370. — L'entrepreneur ne peut jamais faire de bénéfice.
371. — On doit lui tenir compte des frais de garde et d'entretien.
372. — Les matériaux doivent être repris.
373. — En cas de résiliation pour augmentation du sixième ou de faillite, l'administration n'est tenue que de reprendre les matériaux et pas le matériel.

367. — La reprise du matériel, sauf stipulation contraire, est réglée par l'article 43 du cahier des charges de 1866.

La reprise du matériel est obligatoire :

1° En cas de cessation absolue des travaux ou d'ajournement à plus d'un an ;

2° En cas de décès de l'entrepreneur.

La reprise du matériel par l'État est facultative :

1° En cas de résiliation de la part de l'entrepreneur par suite de sous-traités passés sans autorisation ;

2° Par suite de résiliation pour augmentation notable des prix ;

3° Par suite de mise en régie ;

4° Par suite de faillite de l'entrepreneur.

368. — Dans le cas de reprise du matériel, cette reprise s'étend à tous les objets dépendant de l'entreprise qui sont reconnus, après expertise, indispensables à la bonne exécution des travaux (C. E., 18 novembre 1881).

La nécessité des objets qui devront être compris dans la reprise s'apprécie eu égard à la nature de l'entreprise, et non pas en se basant sur ce que l'État possède ou non un matériel suffisant pour continuer l'entreprise. Par exemple, voilà une machine locomobile qui est nécessaire pour l'achèvement des travaux. La reprise a lieu; l'État ne pourrait pas dire : j'ai dans mon matériel, pour d'autres entreprises, des machines semblables, je ne prends pas celle-ci. Non, une machine locomobile était indispensable pour l'achèvement des travaux, les entrepreneurs se l'étaient procurée, la reprise a lieu, l'État doit prendre la machine locomobile appartenant aux entrepreneurs (C. E., 30 janvier 1868 ; — 9 mai 1873; — 24 mai 1878; — 18 novembre 1881, *Monjalon*).

369. — L'État n'est pas obligé de reprendre les outils qui ont entièrement rempli l'office auxquels ils étaient destinés (C. E., 30 janvier 1868, *Masson*).

370. — L'entrepreneur ne peut jamais faire de bénéfice dans cette rétrocession ; une machine ayant réellement coûté 120,000 fr. et estimée par les experts

149,000 fr. ne peut être comptée que 120,000 (C. E., 22 juin 1854, *Abraham*).

371. — Il doit être tenu compte à l'entrepreneur des frais de garde et d'entretien du matériel, depuis le jour où il a réclamé la reprise de ce matériel par l'Etat (C. E., 17 décembre 1880, *Mayoux*).

372. — L'administration doit reprendre les matériaux approvisionnés déposés sur le lieu des travaux (C. E., 12 janvier 1876, *Guernet*).

Si l'entrepreneur a été mis dans l'impossibilité de connaître au juste l'emplacement des travaux et par conséquent d'y déposer les matériaux, l'administration devra reprendre tous les matériaux approvisionnés par ordre (C. E., 2 mars 1839, *Piedvache*).

L'administration doit également reprendre les matériaux quoique non déposés sur les lieux des travaux, si la commande avait été faite en temps utile et si le dépôt n'avait pu être effectué au moment de la mise en régie par suite d'un retard qui n'est pas imputable à l'entrepreneur (C. E., 6 août 1880, *Dessoliers*).

Il va de soi que l'administration n'est tenue de reprendre que des matériaux de bonne qualité et répondant aux prescriptions du devis.

373. — L'administration n'est pas tenue de reprendre le matériel, mais seulement les matériaux approvisionnés, pour le cas où l'entrepreneur demande la résiliation pour augmentation ou diminution du sixième (C. E., 1879, *Champanois*).

En cas de faillite de l'entrepreneur, si l'administration n'accepte pas les offres faites par les créanciers pour continuer l'entreprise, elle n'est pas tenue de reprendre le matériel.

CHAPITRE XXII

Extraction des Matériaux.

374. — Servitude légale établie au profit des entrepreneurs de travaux publics.
375. — Dans quels terrains peuvent avoir lieu des fouilles.
376. — Formalités à remplir vis-à-vis des propriétaires.
377. — Le droit de fouille appartient aux simples fournisseurs de matériaux.
378. — Pas d'indemnité préalable.
379. — Manière de procéder pour fixer l'indemnité. Expertise.
380. — Frais de l'expertise.
381. — Extraction dans des carrières déjà exploitées.
382. — Quotité de l'indemnité.
383. — Indemnité aux locataires et aux propriétaires.
384. — Insolvabilité de l'entrepreneur. Responsabilité de l'administration.
385. — Substitution de carrière imposée à l'entrepreneur.
386. — L'entrepreneur ne peut vendre les matériaux extraits.

374. Le droit d'extraire des matériaux dans les propriétés privées pour exécuter les travaux publics est très ancien; nous le trouvons consacré dans un règlement du 7 septembre 1755, toujours en vigueur et d'après lequel les entrepreneurs ont le droit de prendre des matériaux « dans tous les lieux qui leur seront indiqués dans les devis et adjudications des ouvrages, sans néanmoins qu'ils puissent les prendre dans les lieux qui seraient fermés de murs ou autre clôture équivalente, suivant les usages du pays ».

Le cahier des clauses et conditions générales de

1866 reproduit en partie, dans son article 19, ces prescriptions.

L'entrepreneur prend les matériaux dans les lieux indiqués au devis; il ouvre au besoin des carrières à ses frais.

375. — Avant de commencer les extractions il est tenu de prévenir les propriétaires; il paie tous les dommages.

Dans le cas où le devis prescrit d'extraire des matériaux dans les bois soumis au régime forestier, l'entrepreneur doit se conformer à l'article 145 du code forestier.

Nous trouvons d'abord deux conditions:

La première c'est que le terrain ait été désigné dans le devis ou par un arrêté préfectoral et la seconde, c'est que le terrain désigné soit ouvert, non fermé de murs ou de clôtures équivalentes.

La juridiction interprétant les termes de cette deuxième prescription et appliquant un règlement du 20 mars 1780, a décidé que par « terrain clos », il fallait entendre les dépendances closes des habitations; en conséquence on peut ouvrir des carrières dans les terres labourables, prés, bois, vignes, même clos. Les cours, jardins et vergers attenant aux habitations sont seuls exceptés (C. E., 13 août 1861, *Martel*) et en général tous les terrains qui, compris dans la même clôture qu'une maison d'habitation, doivent en être considérés, comme une dépendance

(C. E., 7 mars 1861, *Thiac*). Dans l'espèce il s'agissait d'une pièce de terre de vingt-cinq hectares contiguë à une ferme.

Donc la question de savoir si telle pièce de terre close est ou non comprise dans les dépendances de l'habitation, est surtout une question de fait laissée à l'appréciation des juges.

376. — Quand le terrain où doivent se faire les extractions a été désigné dans le devis ou par arrêté préfectoral, il reste à l'entrepreneur à prévenir le propriétaire, avant de commencer l'extraction « suivant les formes déterminées par les règlements. »

Ce règlement est celui du 8 février 1868 qui prescrit 1° la notification de l'arrêté indiquant le terrain au propriétaire; 2° la notification par l'entrepreneur du jour où les experts procéderont à la constatation des lieux.

Si cette double formalité n'est pas remplie, le propriétaire peut interdire l'entrée de son terrain et s'opposer aux travaux; et si l'entrepreneur passait outre, il commettrait une violation de propriété dont il aurait à répondre devant les tribunaux civils (trib. des conflits, 12 mai 1877, *Gagne*).

377. — Jusqu'en 1867, le conseil d'État décidait que le droit d'extraction n'appartenait qu'aux seuls entrepreneurs; mais en 1867, il a adopté une jurisprudence nouvelle et il a décidé que le droit de fouille appartiendrait même aux simples fournisseurs de matériaux (C. E., 9 mai 1867, *Stœkler*; 12 novembre 1875, *Juigné*).

378. — Contrairement à ce qui se passe en matière de travaux publics, l'indemnité n'est pas préalable; elle n'est payée qu'après que les matériaux ont été enlevés (Décret du 8 février 1868).

379. — Pour fixer l'indemnité, voici comment on procède : Le propriétaire désigne un expert et l'entrepreneur un autre, les deux experts fixent l'état des lieux avant qu'aucun travail soit commencé. Quand les travaux sont achevés, les deux experts font une nouvelle constatation et fixent le dommage éprouvé; si les deux hommes de l'art ne s'entendent pas, on a recours au conseil de préfecture qui décide le quantum de l'indemnité.

Dans la pratique, il arrive souvent que les propriétaires et l'entrepreneur évitent toute expertise par une entente amiable.

Mais si l'une des deux parties, avant tout travail, demande une expertise par trois experts, nommés un par chaque intéressé et l'autre par le conseil de préfecture, ou par un seul expert nommé par le conseil de préfecture, ce dernier doit l'ordonner (C. E., 14 mars 1890, *Danton*).

380. — Les frais de l'expertise sont supportés par l'entrepreneur s'il n'avait pas fait d'offres ou si son offre était insuffisante (C. E., 10 janvier 1880, *Fortier*).

Dans la fixation de l'indemnité on ne doit tenir compte que du dommage éprouvé, de la dépréciation subie par le terrain et non pas de la valeur des matériaux (Art. 55 de la loi du 16 septembre 1807). Dans l'indemnité il faut aussi comprendre la privation de la jouissance et la remise des lieux en état (C. E., 30 mai 1884, *Valléry*); elle peut même égaler le prix du terrain lui-même (C. E., 30 novembre 1883, *Fortier*).

381. — Mais si l'extraction avait été autorisée dans une carrière en exploitation, on se trouverait en présence d'une espèce de fourniture de matériaux imposée au propriétaire et ces matériaux devraient lui être payés à leur valeur (Art. 55, paragraphe 2 de la loi du 16 septembre 1807).

382. — Le propriétaire carrier, dans la carrière duquel on prend les matériaux, a droit non seulement au prix de ces matériaux, mais encore à une indemnité à raison de l'interruption de son industrie pendant l'occupation (C. E., 22 juin 1883, *Gondon*).

Il va de soi que lorsque les matériaux sont extraits d'une carrière en exploitation et qu'ils ont été payés à leur valeur, le propriétaire ne peut pas cumuler ce paiement avec l'indemnité pour dépréciation de terrain (C. E., 11 mai 1883, *Bove*).

A moins que l'entrepreneur n'ait causé des détériorations autres que celles nécessitées par l'exploitation de la carrière ; dans ce cas le propriétaire aurait droit à une indemnité pour ces détériorations (C. E., 11 mai 1888, *Gaillot*).

383. — Si les terrains où les fouilles ont lieu sont loués, le locataire peut réclamer l'indemnité (C. E., 29 juin 1888, *Perrot*).

Il est évident que le locataire ne peut demander qu'une indemnité partielle, celle résultant de la privation de jouissance, et que le propriétaire, et lui seul, doit avoir droit à l'indemnité résultant de la dépréciation. Nous ne connaissons aucun arrêté d'espèce dans ce sens, mais c'est ce qui s'induit des règles spéciales sur la matière.

384. — Les propriétaires ont un recours direct contre l'entrepreneur, mais en cas d'insolvabilité de celui-ci, ils pourraient se retourner contre l'administration qui demeure responsable des dommages causés à la suite de son autorisation (C. E., 9 novembre 1888, *Chamfray*).

385. — L'entrepreneur peut demander à substituer aux carrières indiquées aux devis, d'autres carrières fournissant des matériaux d'égale qualité et l'administration peut lui accorder cette substitution sans qu'il ait à subir une diminution de prix, quand cette substitution de carrière diminue les frais d'extraction, de transport et de revient (art. 20 des clauses et conditions générales de 1866).

386. — L'entrepreneur ne peut livrer au commerce, sans l'autorisation du propriétaire, les matériaux qu'il a fait extraire dans les carrières exploitées par lui en vertu du droit qui lui a été conféré par l'administration (art. 21 des clauses et conditions générales de 1866).

« Souvent l'entrepreneur ne peut employer tous les matériaux qu'il a extraits, soit parce que ces matériaux n'ont pas les qualités requises, soit parce que pour se procurer les pierres qui lui sont nécessaires, il est obligé d'en extraire d'autres qui lui sont inutiles ; il était équitable dès lors de lui laisser la faculté de les vendre, mais en y mettant pour condition qu'il y serait autorisé par le propriétaire, par là tous les abus possibles seront évités » (Circulaire ministérielle du 21 novembre 1866).

Si l'entrepreneur vend des matériaux sans l'autorisation du propriétaire, ce dernier pourra lui intenter une action en dommages-intérêts.

De même si l'entrepreneur a fait des extractions au delà des besoins prévus aux devis et s'il vend l'excédent à son bénéfice.

Dans ces deux cas ce sont les tribunaux civils qui sont compétents (C. E., 23 mars 1870, *Baussan*).

CHAPITRE XXIII

Procédure devant le Conseil de préfecture et le Conseil d'Etat.

(Loi du 22 juillet 1889) (1).

87-388.	— Conseils de préfecture. —	I-II. Compétence.
389 à 400.	—	III à XIII. Procédure.
401.	—	XIV. Référé.
402.	—	XV. Transport sur les lieux.
403.	—	XVI. Notification.
404.	—	XVII. Opposition.
405.	—	XVIII. Exécution provisoire.
406.	—	XIX. Tierce opposition.
407.	—	XX. Pourvoi devant le conseil d'Etat.
408-410.	— Conseil d'Etat. —	I-III. Composition.
411-418.	—	I-VIII. Procédure.

387. — I. Les Conseils de préfecture, institués par la loi du 28 pluviôse an VIII (17 février 1800), correspondent dans l'ordre administratif aux tribunaux de première instance dans l'ordre civil ; ils jugent toujours en dernier ressort.

CONSEILS DE PRÉFECTURE

388. — II. Leur compétence est très étendue. Ils prononcent « sur les difficultés qui peuvent s'élever en-

---

(1) Nous signalons comme très pratique le commentaire de la loi du 22 juillet 1889, *Sur la procédure à suivre devant les Conseils de préfecture*, de M. Ch. Barry, avocat à la Cour de Cassation et au Conseil d'Etat. Une brochure, chez Marchal et Billard.

tre les entrepreneurs de travaux publics et l'administration, concernant le sens et l'exécution des clauses de leur marché ;

« Sur les demandes et contestations concernant les indemnités dues aux particuliers à raison des terrains pris ou fouillés pour la confection des chemins, canaux et autres ouvrages publics ;

« Sur les difficultés en matière de grande voirie. »

Un Conseil de préfecture est composé de huit conseillers pour la Seine et de quatre ou trois pour les autres départements ; le préfet est président de droit, sa voix est prépondérante. En cas d'absence, il est remplacé par le vice-président.

389. — III. *Procédure.* La procédure à suivre est des plus simples : lorsqu'on veut introduire une instance, il faut envoyer une requête sur timbre et un mémoire avec pièces à l'appui au préfet du département qui les dépose au greffe du conseil de préfecture.

390. — IV. Pour que la demande soit introduite, l'assignation n'est pas indispensable. Il suffit d'une simple requête sur papier timbré, adressée aux préfets ou aux membres du conseil de préfecture, ou même d'une assignation à l'administration ou à l'entrepreneur, assignation qui est produite avec un mémoire à l'appui (C. E., 21 juin 1851, 3 décembre 1851).

391. — V. La requête peut être présentée par un mandataire (Arrêt du 23 juin 1848).

392. — VI. Aussitôt enregistrée au greffe, le Président désigne un rapporteur qui instruit l'affaire ; le conseil règle la communication des pièces à faire sur place, fixe le délai pour les examiner et y répondre. Le Président peut autoriser le déplacement des pièces.

393. Le Conseil de préfecture ordonne sans appel toutes les mesures préparatoires, enquêtes, expertises, vérification de lieux, interrogatoire sur faits et articles, avis des divers administrateurs pouvant fournir des renseignements.

394. — VII. Les séances sont publiques. Quoique la procédure soit toute écrite et que le conseil juge sur pièces, les plaidoiries sont admises ; dans la pratique les plaidoiries ont autant d'importance que les mémoires.

395. — VIII. Devant les conseils de préfecture, les parties ont le droit de présenter des conclusions nouvelles jusqu'à la clôture des débats (décret du 12 juillet 1865).

L'arrêté d'un conseil de préfecture qui ne statue pas sur les conclusions nouvelles présentées par les parties après l'expertise est entaché de vice de forme et doit être annulé (C. E., 16 mai 1884).

Mais malgré cette nullité, si l'affaire est en état, le conseil d'Etat peut statuer au fond (C. E., 10 février 1882).

396. — IX. Après le rapport fait sur chaque affaire par un des conseillers, les parties ou leurs mandataires peuvent présenter des observations et même des conclusions nouvelles contenant des moyens nouveaux. Dans ce cas le conseil ne peut les adopter sans ordonner un supplément d'instruction (art. 45 loi du 22 juillet 1889).

C'est là une disposition nouvelle qui détruit la jurisprudence du conseil d'Etat sur ce point et qui déclarait, jusque-là, non recevables les conclusions prises pour la première fois à l'audience : Désormais il en est autrement.

Le conseil ne peut adopter ces conclusions nouvelles, — conclusions écrites bien entendu, — sans un supplément d'instruction.

« Le conseil de préfecture, s'il est suffisamment éclairé pour repousser immédiatement les conclusions nouvelles, peut statuer sur-le-champ » (*Rapport de M. Léon Clément au Sénat*).

Mais quelle que soit l'importance de la plaidoirie devant le conseil de préfecture, on ne saurait apporter trop de soins à la rédaction des mémoires et conclusions; neuf fois sur dix, des mémoires bien faits, des conclusions soignées décident de la physionomie d'un procès. Devant le conseil d'Etat comme devant le conseil de préfecture on n'admettra pas les parties à s'expliquer sur des conclusions qui n'auront pas été soumises auparavant au conseil et à la partie adverse.

397. — X. Les intéressés peuvent se faire représenter par un mandataire. Si ce mandataire n'est ni avoué exerçant dans le département, ni avocat (régulièrement inscrit à un des barreaux de France), il devra justifier de son mandat par un acte sous seing privé légalisé par le maire et enregistré, ou par acte authentique.

L'individu privé du droit de témoigner en justice ne peut être admis comme mandataire d'une partie.

398. — XI. Lorsque la partie est domiciliée en dehors du département, elle doit faire élection de domicile au chef-lieu.

Cette élection de domicile peut être faite chez un officier ministériel, ce qui nous semble préférable, mais rien ne s'oppose à ce qu'on la fasse chez un simple particulier.

399. — XII. A l'audience, le conseiller rapporteur lit son rapport, les parties présentent leurs observations ou les font présenter par leurs avocats, le commissaire du gouvernement conclut et le conseil rend son jugement qui s'appelle arrêté et qui doit être motivé à peine de nullité.

400. — XIII. Les arrêtés étant toujours en premier ressort; trois voies sont ouvertes contre eux : 1° L'opposition quand une partie a fait défaut (n'a présenté aucun mémoire); 2° le recours au conseil d'Etat, contre les décisions contradictoires, et 3° la tierce opposition, pour le tiers qui n'ayant pas été appelé en cause est lésé par l'arrêté.

401. — XIV. Avant la loi du 22 juillet 1889, on a beaucoup disserté sur la compétence du président du conseil de préfecture en matière de référé; toutes ces dissertations sont devenues inutiles par l'article 24 de cette loi :

Art. 24. — *En cas d'urgence, le président du conseil de préfecture peut, sur la demande des parties, désigner un expert pour constater des faits qui seraient de nature à motiver une réclamation devant le conseil.*

Avis en est immédiatement donné au défendeur éventuel.

Comme l'a dit M. Clément, dans son rapport au Sénat : « Le président n'a pas d'autre pouvoir que celui de faire procéder à une constatation urgente quand elle est réclamée. Il ne peut rendre aucune décision provisoire sur le litige, il ne peut pas arrêter provisoirement l'exécution de mesures prises par l'administration. »

Le Président ne peut donc ordonner qu'un simple constat régulier de faits qui seraient de nature à justifier une réclamation, avant que ces faits disparaissent.

Aucune disposition de la loi du 22 juillet 1889 n'ouvre au défendeur éventuel le droit de former opposition à l'ordonnance de référé rendue par le président du conseil de préfecture en vertu de l'art. 24

de la dite loi (C. Préf. de la Seine, 20 août 1889, R. T. P., IX, 138).

C'est l'application de l'article 809 du code de procédure civile.

402. — XV. Le conseil de préfecture peut, lorsqu'il le croit nécessaire, ordonner qu'il se transportera sur les lieux, ou qu'un ou plusieurs membres s'y transporteront. Le ou les membres du conseil pourront entendre, à titre de renseignements, les personnes qu'ils désignent et faire faire, en leur présence, les opérations qu'ils jugent utiles.

Cette disposition est nouvelle; elle ne se trouve pas dans le code de procédure civile, qui ne prévoit d'ailleurs que le transport d'un juge-commissaire.

403. — XVI. Les décisions du Conseil de préfecture sont notifiées aux parties à leur domicile réel, dans la forme administrative par les soins du préfet lorsque l'Etat a été partie et par exploit d'huissier dans tous les autres cas.

404. — XVII. Les arrêtés non contradictoires des conseils de préfecture en matière contentieuse peuvent être attaqués par voie d'opposition dans le délai d'un mois à dater de la notification qui en est faite à la partie (art. 52).

L'opposition suspend l'exécution à moins qu'il n'en

ait été autrement ordonné par la décision qui a statué par défaut (art. 55).

405. — XVIII. L'exécution provisoire peut être commandée en effet par des exigences impérieuses de service public.

406. — XIX. Toute partie peut former tierce opposition à une décision qui préjudicie à ses droits et lors de laquelle, ni elle, ni ceux qu'elle représente n'ont été appelés (art. 56).

407. — XX. Les arrêtés du conseil de préfecture peuvent être attaqués devant le conseil d'Etat dans le délai de deux mois, à dater de la notification lorsqu'ils sont contradictoires et à dater de l'expiration du délai d'opposition lorsqu'ils ont été rendus par défaut (art. 57). Ces délais sont augmentés conformément à l'article 73 du Code de procédure civ. modifié par la loi du 3 mai 1862, lorsque le requérant est domicilié hors de la France continentale (art. 58).

En cas d'annulation par le Conseil d'Etat d'un arrêté du Conseil de préfecture, la partie qui a payé des sommes en exécution de cet arrêté peut en exiger la restitution avec les intérêts des dites sommes à partir du jour où elles ont été payées (C. E., 4 janvier 1884).

CONSEIL D'ÉTAT

408. — I. Le conseil d'Etat est le tribunal d'appel de toutes les décisions des conseils de préfecture.

409. — II. Aucune demande nouvelle qui n'a pas été présentée au conseil de préfecture n'est recevable devant le Conseil d'Etat.

Les recours peuvent être fondés : 1° Sur l'incompétence ; 2° l'excès de pouvoir ; 3° la nullité de forme ; 4° le mal jugé. Ils ne sont recevables que contre les décisions définitives ; on ne peut appeler des jugements préparatoires.

410. — III. Le recours n'est pas suspensif, il n'empêche pas l'exécution de l'arrêté du Conseil de préfecture, à moins qu'il n'en soit autrement ordonné.

Le Conseil d'Etat peut accorder un sursis pour l'exécution jusqu'au prononcé de son arrêt.

PROCÉDURE

411. — I. Le Conseil d'Etat est divisé en quatre sections dont une chargée de juger les recours en contentieux.

412. — II. La section du contentienx est composée de six conseillers d'Etat et du vice-président du Conseil d'Etat.

413. — III. L'affaire devant le Conseil d'Etat subit deux phases; elle est préparée par la section du Conseil d'Etat et jugée par le Conseil d'Etat en audience publique.

414. — IV. Le recours devant le Conseil d'Etat est formé dans un délai de deux mois à partir de la notification intervenue, par une requête signée par un avocat au conseil.

415. — V. Les affaires sont préparées par écrit; il ne peut y avoir plus de deux mémoires pour chaque partie, la requête introductive d'instance comptant pour un.

416. — VI. Quand la section du contentieux a terminé l'instruction et préparé le rapport, l'affaire est portée à l'audience publique du Conseil d'Etat statuant au contentieux en assemblée publique.

L'assemblée doit être composée de neuf membres au moins, les conseillers ayant préparé l'affaire ne peuvent délibérer.

417. — VII. A l'assemblée publique, un conseiller fait le rapport au nom de la section du contentieux, les avocats plaident, le commissaire du gouvernement conclut, l'assemblée délibère et l'arrêt est rendu.

418. — VIII. On peut se pourvoir contre les arrêtés du conseil d'Etat : 1° par *opposition*, si l'arrêté a été rendu par défaut; 2° par *tierce opposition*, de la part de celui dont les droits sont lésés et qui n'était pas en cause; 3° par la *requête civile*, si la décision a été rendue sur pièces fausses ou si les formalités prescrites par le décret organique du 25 janvier 1852 n'ont pas été observées (1).

---

(1) Nous appelons tout particulièrement l'attention du lecteur sur l'extrait de l'instruction ministérielle sur l'application de la loi du 22 juillet 1889 et que nous donnons à l'*appendice*.

CHAPITRE XXIV

Travaux publics et communaux. — Réception définitive. — Malfaçons. — Réserves. — Dettes des communes et de l'Etat. — Paiement en retard. — Moyens de contrainte.

419. — Communes récalcitrantes.
420. — Après la réception définitive, le solde du décompte est dû.
421. — Les malfaçons contrôlées avant la réception définitive n'impliquent pas résiliation.
422. — Les malfaçons peuvent être opposées jusqu'à la réception définitive.
423. — En cas de malfaçons il peut y avoir lieu à réfection, mais non à refus de paiement.
424. — Si on oppose des réductions à l'entrepreneur à raison des malfaçons il faut protester dans les vingt jours.
425. — L'acceptation du décompte sans réserve est absolue.
426. — En cas de refus du décompte l'entrepreneur doit déduire les motifs.
427. — Que faut-il entendre par ces mots ?
428. — Commune débitrice refusant de payer.
429. — On va d'abord devant le conseil de préfecture.
430. — Puis on s'adresse amiablement au maire.
431. — On lui fait sommation.
432. — On s'adresse au préfet.
433. — On s'adresse au ministre.
434. — On se pourvoit devant le conseil d'Etat.
435. — On revient devant le préfet agent d'exécution.
436. — L'Etat débiteur.
437. — Paiement d'acomptes.
438. — Intérêts des intérêts.
439. — Résumé de la procédure.

419. — Ce qui frappe surtout dans les divers procès qui sont pendants devant les conseils de préfecture, c'est l'attitude prise par les communes vis-à-vis des entrepreneurs. Il arrive très souvent que lorsque les communes — et cela se présente fréquemment — ne sont pas en mesure de payer les entrepreneurs, elles allèguent de prétendues malfaçons qu'elles font certifier par des rapports dus à des architectes de complaisance — il en est malheureusement qui acceptent ce triste rôle, — et aux demandes de paiement les plus légitimes, les communes répondent : nous paierons quand le conseil de préfecture aura statué sur les malfaçons que signale le rapport de notre expert. Le plus souvent cet expert officieux n'a aucune qualité, il a été chargé par la commune seule, en dehors de toute mission judiciaire, sans que les parties intéressées aient été prévenues.

Lorsque les communes consentent à user de tels moyens, je ne crains pas de répéter le mot prononcé devant nous par un conseiller d'Etat, « elles sont de mauvaise foi. » — Les Conseils de préfecture se montrent ordinairement sévères pour cette manière de procéder ; parfois cependant, sous l'empire de considérations regrettables, ils acceptent en principe ces raisons, quand il s'agit d'accorder l'autorisation de plaider, se réservant de les condamner après vérification ; mais pendant ce temps les délais ont couru, les entrepreneurs ont été forcés d'attendre pour le paiement de leur dû et quand les communes sont condamnées, des mois, quelquefois des années se sont écoulés.

J'ai assisté, devant un Conseil de Préfecture, un entrepreneur qui réclamait une somme importante à une commune pour laquelle il avait construit une église ; il restait une somme de 32,000 francs à payer ; la commune n'avait pas les fonds; au lieu de s'imposer pour faire face à ses engagements, elle prétexta des malfaçons, fournit un rapport d'architecte à l'appui de ses dires. La prise de possession avait eu lieu, il n'importait, la commune arguait de l'article 1792 du Code civ. — Une expertise fut ordonnée. On reconnut le mal fondé des prétentions de la commune qui fut condamnée. Mais pendant ce temps vingt-sept mois s'étaient écoulés, les fournisseurs de l'entrepreneur lui avaient réclamé leur argent, comme il attendait le paiement de ce qui lui était dû pour faire face à ses engagements, il fut poursuivi, déclaré en faillite et quand la commune eut été imposée d'office par le préfet, il était trop tard ; l'entrepreneur était ruiné par suite de la mauvaise foi insigne de cette débitrice peu scrupuleuse.

Nous ne saurions trop protester contre de semblables agissements malheureusement très fréquents.

Le Conseil d'Etat est pourtant très catégorique sur ce point.

420. — La commune ne peut subordonner le paiement du solde du décompte à la réparation des malfaçons par elle alléguées, lorsque la réception définitive a eu lieu.

Le paiement du solde n'est dû qu'à compter du jour de la réception définitive (C. E., 11 janvier 1884).

421. — L'existence de malfaçons constatées avant la réception définitive donne le droit à la commune de demander la réfection des ouvrages défectueux, et d'y faire procéder aux frais de l'entrepreneur; mais elle n'implique pas forcément la résiliation du marché ni l'allocation de dommages-intérêts (C. E., 8 août 1884).

422. — Jusqu'à la réception provisoire et même jusqu'à la réception définitive l'administration peut opposer à l'entrepreneur toutes les malfaçons qui viendraient à se révéler.

423. — Mais le droit de l'administration est seulement d'exiger que l'entrepreneur répare ces malfaçons ou les fasse réparer à ses frais, et elle ne saurait se prévaloir de quelque imperfection dans l'exécution pour refuser de payer le prix de tout un ouvrage (C. E., 8 août 1873).

Pourtant cela arrive souvent.

Cela arrive avant la réception, et, ce qui est plus extraordinaire, cela arrive fréquemment après.

424. — Lorsqu'une délibération du conseil municipal a décidé qu'à raison des malfaçons relevées par l'architecte, les travaux exécutés par un entrepreneur ne seraient reçus que moyennant des réductions, l'entrepreneur doit protester contre cette délibération dans les vingt jours sous peine de déchéance (C. E., 14 novembre 1884).

Le délai de 20 jours ne part qu'à partir du jour de la notification faite par l'administration de la décision du conseil municipal.

425. — L'acceptation du décompte sans réserve par un entrepreneur, en matière de travaux communaux, rend l'entrepreneur non recevable à contester le décompte postérieurement à cette acceptation (C. E., 9 mai 1884).

426. — L'entrepreneur qui refuse le décompte doit, à peine de déchéance, déduire les motifs de son refus dans les 20 jours qui suivent la présentation du décompte qui lui est faite (art. 41 des clauses et conditions du 16 novembre 1866; — C. E., 27 mars 1885).

427. — Que faut-il entendre par « déduire les motifs? » Des réserves générales insérées au procès-verbal de non acceptation ne suffisent pas; il faut, à peine de déchéance, que l'entrepreneur les précise dans un délai de vingt jours; ces réserves doivent faire connaître à l'administration *l'objet* des réclamations de l'entrepreneur et *les motifs* sur lesquels elles sont fondées (C. E., 28 juillet 1869; 11 juin 1875; 29 décembre 1876).

Il ne suffirait pas par exemple de dire que l'on n'accepte le décompte que « sauf erreur ou omission » (C. E., 24 avril 1867, *Toussaint*). Il faut entrer dans le détail, « déduire et spécifier les motifs » de telle sorte que sur chaque chef de réclamation, l'administration soit mise à même de procéder aux vérifications et constatations nécessaires. L'indication sommaire des motifs suffit cependant pour éviter la déchéance. Il suffit aussi de déclarer s'en référer aux réclamations détaillées formulées par lettres au cours des travaux (C. E., 4 août 1876, *Dessoliers*). Mais ces réclamations doivent êtes renouvelées dans les vingt jours.

La circonstance qu'il n'a pas été dressé de procès-verbal de réception de travaux communaux n'est pas de nature à autoriser la commune à retenir les sommes dues à l'entrepreneur, lorsqu'en fait cette commune a pris possession sans restriction ni réserve. (Conseil d'Etat, 1er juin 1883).

428. — Examinons un cas qui se produit fréquemment et met dans l'embarras de très honorables négociants.

Voici une commune qui a fait exécuter des travaux; la réception définitive a eu lieu.

La commune doit des sommes à l'entrepreneur, mais elle refuse de payer soit que les crédits lui manquent par suite de dépassements sur d'autres parties des travaux, soit que les administrateurs soient changés et que les membres de la municipalité actuelle ne veuillent pas exécuter les obligations contractées par leurs prédécesseurs, qui étaient peut-être leurs adversaires. Bref la commune ne veut pas payer ; elle allègue des malfaçons dont elle ne se serait pas aperçue, demande des expertises, et a recours à toutes les méchantes raisons qui ne manquent pas et auxquelles ne craignent pas de recourir les communes.

429. — On commence par aller devant le Conseil de préfecture et l'entrepreneur obtient gain de cause.

La commune refuse toujours de payer.

Quelle est la voie que l'entrepreneur va suivre pour obtenir paiement de ses travaux ?

Résumer la procédure à suivre nous paraît rendre un vrai service aux intéressés, car cette procédure est longue, compliquée et peu connue en dehors des hommes du métier qui s'occupent spécialement du contentieux des travaux publics.

Posons tout d'abord ce principe que nous nous trouvons en présence d'une dette exigible ; la créance résultant d'une condamnation exécutoire est une dette liquide ; or aux termes de l'article 30, paragraphe 31 de la loi du 18 juillet 1837 et de l'article 136, paragraphe 17 de la loi du 5 avril 1884, le paiement des dettes liquides est une dépense obligatoire pour la commune

L'entrepreneur doit donc :

430. — 1° S'adresser amiablement au maire et lui demander de mandater (si les crédits ont été votés et ne sont pas dépassés), ou bien de réunir le Conseil municipal pour créer des ressources si elles n'existent pas ou si, existant, elles sont insuffisantes.

Si le maire ne s'exécute pas, ce qui est probable :

431. — 2° On lui renouvelle la demande, mais cette fois par ministère d'huissier.

Il nous paraît convenable de laisser huit jours entre la demande amiable et la sommation par huissier.

Si cette seconde demande reste sans effet il peut :

432. — 3° S'adresser au préfet, qui peut mandater la somme si le crédit est voté (art. 152, paragraphe 2, loi du 5 avril 1884) ou bien inscrire d'office au budget la somme due si elle n'a pas été encore votée (art. 145 loi du 5 avril 1884).

Si donc la somme due n'est pas inscrite au budget, on demande au préfet de l'y inscrire d'office ; si la dépense est prévue, on demande au préfet de mandater.

Dès lors, ou le préfet exécutera la loi, et alors pas de difficultés.

Ou, pour une raison ou pour une autre, le préfet ne répondra pas ; les cas ne sont rares.

L'entrepreneur devra alors :

433. — 4° S'adresser au ministre de l'Intérieur.

Nous engageons les entrepreneurs réduits à cette extrémité à ne pas oublier de retirer un récépissé de leur demande, récépissé que les bureaux ne peuvent refuser (art. 5 du décret du 2 novembre 1864). Si les entrepreneurs habitent la province, qu'ils ne confient le dépôt de leur demande qu'à des mandataires dont ils soient sûrs, parce que si vous négligez cette formalité du récépissé, vous pouvez être assurés que lorsque vous réclamerez, on vous répondra qu'on ne sait pas ce dont vous voulez parler. Donc on n'enverra pas la demande par la poste, on ne la jettera pas dans la boîte du ministère, mais on la remettra en mains propres à l'employé chargé de ce service et en exigeant un reçu.

Voilà donc le ministre de l'Intérieur saisi et la preuve du dépôt de la demande constaté par le récépissé.

Le ministre doit répondre dans les quatre mois (art. 7 décret du 2 novembre 1864).

Si le ministre ne répond pas ou s'il refuse de faire droit à la demande :

434. — 5° On se pourvoit devant le Conseil d'Etat, qui statuera et dont la décision aura force de loi.

435. — 6° Après cette décision, le préfet mis en demeure ne pourra plus ne pas exécuter l'arrêt du Conseil d'Etat, soit en mandatant, soit en inscrivant d'office au budget.

Ainsi voilà la marche à suivre :

1° On s'adresse amiablement au maire, 2° on le somme par huissier, 3° on a recours au préfet, 4° on porte la demande au ministre, 5° on se pourvoit devant le Conseil d'Etat et enfin, 6° on revient devant le préfet comme agent d'exécution d'une décision du Conseil d'Etat.

Mais si la commune débitrice est sans ressources ?

Dans ce cas, le préfet pourra provoquer un décret pour mettre en vente les biens de la commune, biens mobiliers et immobiliers autres que ceux affectés à un usage public (art. 110 loi du 4 avril 1884).

Cette procédure est longue, elle est compliquée, mais c'est la seule permise par la loi et pour ne pas l'avoir suivie fidèlement, pour avoir négligé ou ignoré cette filière pourtant très rationnelle, combien d'entrepreneurs sont demeurés de longues années attendant les paiements et venant se buter à des *impedimenta* administratifs qu'on peut forcer quand même, grâce aux moyens fournis par la loi et que nous venons de résumer.

436. — Nous avons exposé la procédure à suivre pour obliger une commune débitrice à payer les sommes par elles dues; nous allons examiner aujourd'hui un point non moins important : les moyens d'obtenir paiement de travaux effectués pour l'Etat.

Posons notre hypothèse :

Voici un entrepreneur qui a exécuté des travaux pour le compte de l'Etat; la réception définitive a eu lieu; l'Administration apporte du retard pour solder les sommes dues.

Que peut faire l'entrepreneur pour se faire payer ?
Malheureusement, rien.

437. — Sans doute, l'art. 44 des clauses et conditions générales de 1866 porte que « les paiements d'acompte se paient tous les mois », mais ce même article se termine par cette ligne : « sous la réserve énoncée à l'article 49 ». Si nous nous reportons à cet article 49, nous voyons qu'il dispose « que les paiements ne pouvant avoir lieu qu'au fur et à mesure des fonds disponibles, il ne sera pas alloué d'indemnité pour retard de paiement ».

Ce qui revient à dire : « On donnera des acomptes tous les mois, s'il y a de l'argent disponible en caisse. » Nous nous sommes placés dans l'hypothèse où il n'y en avait pas, et où le montant des travaux était dû aux entrepreneurs après réception définitive.

Il reste donc entendu, de par cet art. 49, que l'Administration peut retarder le paiement autant qu'elle le veut ; mais, trois mois après la réception définitive des travaux, les intérêts au taux légal courent de plein droit. Dans ce cas, un entrepreneur, gêné par les sommes qu'il aurait avancées et qui lui seraient dues, trouverait facilement des avances dans les établissements financiers, sur le vu de son bon de crédit.

438 — Les intérêts ne sont dus que jusqu'à la délivrance du mandat. Si, au moment de recevoir son mandat, un entrepreneur s'aperçoit que la somme portée est insuffisante, il n'a pas besoin de refuser le paiement ; il peut toujours toucher la somme qui lui est allouée et, pour sauvegarder ses droits dans l'avenir, il n'a qu'à faire ses réserves expresses auprès du préfet qui ordonnance le mandat (C. E., 13 mars 1867).

L'entrepreneur, créancier d'une année et un jour d'intérêts échus, a droit aux intérêts des intérêts ;

pour les faire courir, il suffit de faire une sommation, conformément à l'art. 1154 du C. civil (C. E., 13 mars 1874; 25 février 1887).

Donc l'entrepreneur à qui l'Etat doit des sommes n'a aucun moyen de se les faire payer, il peut seulement obtenir les intérêts, trois mois après la réception définitive des travaux, et les intérêts des intérêts, quand un an et un jour s'est écoulé à partir du moment où les intérêts auraient dus être payés et ne l'ont pas été.

439. — Mais, si pour une cause quelconque, l'Administration refuse de prendre possession définitive, comment va s'y prendre l'entrepreneur pour faire courir les intérêts des sommes dues?

Précisons :

Il faut, comme on le voit, que la réception définitive soit précédée d'une réception provisoire ; si cette réception provisoire n'avait pas eu lieu et que l'administration se refusât à y procéder, l'entrepreneur devrait :

1° Faire sommation d'avoir à le faire sans retard. Cette sommation équivaut à la réception provisoire elle-même ;

2° Il faut attendre que le délai de garantie prévu au cahier des charges soit écoulé ;

3° Puis, nouvelle sommation adressée à l'Administration la mettant en demeure d'avoir à procéder à la réception définitive.

Cette mise en demeure produira les mêmes effets que la réception définitive et, trois mois après, les intérêts des sommes dues courront de plein droit (C. E., 24 juin 1874; — 16 juin 1875).

L'article 49 dit en propres termes : « Il ne sera jamais alloué d'indemnités sous aucune dénomination, pour retard de paiement pendant l'exécution des travaux. »

Conformément à cette prescription, il a été décidé que lorsque les travaux ont été interrompus par suite d'un défaut de crédit, et sans que l'interruption présentât les caractères d'une cessation absolue, ou d'un ajournement indéfini, il n'était pas dû d'indemnité à l'entrepreneur (C. E., 16 mars 1870 ; 25 décembre 1876).

Cependant, contrairement aux termes mêmes de l'article 49 que nous avons cité plus haut, il a été décidé qu'il est dû une indemnité à l'entrepreneur à raison des retards apportés à l'achèvement des travaux, ou de l'ajournement de ces travaux pendant un laps de temps dépassant considérablement les délais qui avaient pu être prévus au moment de l'adjudication, alors même que ces retards ont été causés par l'absence de crédits (C. E., 15 décembre 1886 ; — 28 novembre 1890). Ce principe avait été formellement reconnu par le Conseil d'Etat qui avait décidé que l'entrepreneur peut obtenir des dommages-intérêts pour retard exceptionnel dans le règlement des travaux et dans leur paiement (C. E., 26 septembre 1871).

C'est une violation formelle du texte du règlement de 1866, mais violation tellement juste que personne n'a songé à s'en plaindre.

Mais l'entrepreneur n'est pas fondé à invoquer le défaut de paiement des acomptes pour demander la résiliation de l'entreprise (C. E., 4 avril 1873).

En résumé l'Etat paie toujours les intérêts, même les intérêts des intérêts, mais rien ne l'oblige à payer le capital des sommes dues et il n'y a aucun moyen légal de l'y contraindre.

APPENDICE

I

1793 (4 mars). — Décret *qui donne hypothèque à la Nation sur les biens des entrepreneurs et fournisseurs* (Extrait du).

. . . .

Art. 4. — Quoique les marchés soient passés par des actes sous signatures privées, la Nation néanmoins aura hypothèque sur les immeubles appartenant aux fournisseurs et à leurs cautions à compter du jour où les ministres auront accepté leurs marchés.

II

An II (26 pluviôse). — Décret *qui interdit aux créanciers particuliers des entrepreneurs, autres que les ouvriers ou fournisseurs, toutes saisies-arrêts sur les fonds revenant auxdits entrepreneurs* (1).

Art. 1er. — Les créanciers particuliers des entrepreneurs et adjudicataires des ouvrages faits ou à faire pour le compte de la Nation, ne peuvent, jusqu'à l'organisation définitive des travaux publics, faire aucune saisie-arrêt ni opposition sur les fonds déposés dans les caisses des receveurs de district, pour être délivrés auxdits entrepreneurs ou adjudicataires.

---

(1) Voir à la pièce XIII de l'appendice la loi du 25 juillet 1891, étendant à tous les travaux publics le décret du 26 pluviôse an II.

Art. 2. — Les saisies-arrêts et oppositions qui auraient été faites jusqu'à ce jour par les créanciers particuliers desdits entrepreneurs ou adjudicataires sont déclarées nulles et comme non avenues.

Art. 3. — Ne sont point comprises dans les dispositions des articles précédents les créances provenant du salaire des ouvriers employés par lesdits entrepreneurs, et les sommes dues pour fournitures de matériaux et autres objets servant à la construction des ouvrages.

Art. 4. — Néanmoins, les sommes qui resteront dues aux entrepreneurs ou adjudicataires, après la réception des ouvrages, pourront être saisies par les créanciers particuliers, lorsque les dettes mentionnées en l'article 3 auront été acquittées.

III

1829 (10 mai). — Ordonnance *sur le mode d'adjudication des travaux des ponts et chaussées* (Extrait de l').

. . . .

Titre III. — *Formes à suivre dans l'adjudication des travaux.*

Art. 9. — Les adjudications relatives aux travaux dépendant de l'administration des ponts et chaussées auront lieu à l'avenir sur un seul concours et par voie de soumissions cachetées. Le délai du concours sera au moins d'un mois. Toutefois, il pourra être réduit dans les cas d'urgence, et avec l'autorisation du directeur général des ponts et chaussées.

Art. 10. — Nul ne sera admis à concourir s'il n'a les qualités requises pour entreprendre les travaux et en garantir le succès ; à cet effet, chaque concurrent sera tenu de fournir un certificat constatant sa capacité, et de présenter un acte régulier, ou au moins une promesse valable de cautionnement. Ce certificat et cet acte ou promesse seront joints à la soumission, mais celle-ci sera placée sous un second cachet. Il ne sera pas exigé de certificat de capacité pour la fourniture des matériaux destinés à l'entretien des routes, ni pour les travaux de terrassement dont l'estimation ne s'élèvera pas à plus de 15,000 francs.

Art. 11. — Les paquets seront reçus cachetés par le préfet, le conseil de préfecture assemblé, en présence de l'ingénieur en chef. Ils seront immédiatement rangés sur le bureau, et recevront un numéro dans l'ordre de leur présentation.

Art. 12. — A l'instant fixé pour l'ouverture des paquets, le premier cachet sera rompu publiquement: il sera dressé un état des pièces contenues dans ce premier cachet. L'état dressé, les concurrents se retireront de la salle de l'adjudication, et le préfet, après avoir consulté les membres du conseil de préfecture et l'ingénieur en chef, arrêtera la liste des concurrents agréés.

Art. 13. — Immédiatement après, la séance redeviendra publique, le préfet annoncera sa décision. Les soumissions seront alors ouvertes publiquement, et le soumissionnaire qui aura fait l'offre d'exécuter les travaux aux conditions les plus avantageuses sera déclaré adjudicataire.

Art. 14. — Néanmoins, si les prix de la soumission excédaient ceux du projet approuvé, le préfet surseoirait à l'adjudication : il en rendrait compte au directeur général des ponts et chaussées, qui lui transmettrait des instructions conformes aux circonstances.

. . . .

Art. 18. — Nonobstant les dispositions qui précèdent, et lorsque la dépense des travaux n'excédera pas 5,000 francs, le préfet pourra, dans les cas urgents, recevoir des soumissions isolées et sans concours.

Art. 19. — Dans certaines circonstances et lorsqu'il ne s'agira que de travaux d'entretien ou de réparations ordinaires, ou de travaux neufs dont la dépense n'excédera pas 15,000 francs, le préfet pourra déléguer au sous-préfet la faculté de passer l'adjudication au chef-lieu de la sous-préfecture. Le sous-préfet suivra les formes et les dispositions ci-dessus indiquées, il sera assisté du maire du chef-lieu de la sous-préfecture, de deux membres du conseil d'arrondissement et d'un ingénieur ordinaire.

Art. 20. — Le montant du cautionnement n'excédera pas le trentième de l'estimation des travaux, déduction faite de toutes les sommes portées à valoir pour cas imprévus, indemnités de terrain, ouvrages en régie.

IV

1848 (15 déc.). — ARRÊTÉ *ministériel sur les secours à accorder aux ouvriers, en cas d'accidents.*

ART. 1er. — Des ambulances seront établies sur la proposition des ingénieurs ou architectes, et avec l'autorisation du ministre, sur les ateliers de travaux publics qui, par leur importance, leur situation et la nature des travaux, rendront cette mesure nécessaire.

ART. 2. — Le service de ces ambulances sera fait par des médecins ou chirurgiens pris autant que possible dans la localité la plus voisine.

ART. 3. — Les ouvriers atteints de blessures ou de maladies occasionnées par les travaux, après avoir reçu sur place les premiers secours de l'art, seront soignés gratuitement à l'hôpital ou à domicile.

ART. 4. — Pendant la durée de l'interruption obligée du travail, qui devra être constatée par un certificat du médecin, ils recevront la moitié du salaire qu'ils auraient pu gagner s'ils avaient continué à travailler.

ART. 5. — Lorsque, par suite de blessures, ils seront devenus impropres au travail de leur profession, on leur allouera la moitié de leur salaire pendant une année à partir du jour de l'accident.

ART. 6. — Lorsqu'un ouvrier marié ou ayant des charges de famille, aura été tué sur les travaux ou aura succombé à la suite, soit de blessures, soit d'une maladie occasionnée par les travaux, sa veuve ou sa famille aura droit à une indemnité de 300 fr.

ART. 7. — Les secours mentionnés aux deux articles précédents pourront être augmentés par des décisions spéciales du ministre des travaux publics, selon la position et le besoin des victimes ou de leur famille.

ART. 8. — Les ouvriers qui seront blessés étant dans un état d'ivresse ne pourront recevoir que des secours médicaux.

ART. 9. — Pour assurer le service médical et le paiement des secours, il sera opéré à l'avenir une retenue de 2 p. 100 sur le prix de la main-d'œuvre des travaux adjugés.

En cas d'insuffisance du produit de cette retenue, il y sera pourvu par une allocation dont le montant, réglé par le ministre des travaux publics, sera prélevé sur les fonds des travaux.

Si ce produit excède, au contraire, les besoins constatés jusqu'à la fin de l'entreprise, l'excédant sera restitué à l'entrepreneur.

Lorsque les travaux seront exécutés par voie de régie au compte de l'administration, les dépenses du service médical et les secours seront à la charge de l'Etat.

. . . .

Art. 11. — Lorsqu'un accident aura occasionné la mort d'un ouvrier, un procès-verbal en sera immédiatement dressé par les agents de l'administration. Ce procès-verbal fera connaître la cause et les circonstances de l'accident.

Art. 12. — Chaque année les ingénieurs et architectes adresseront à l'administration un relevé des accidents de toute nature qui seront arrivés dans les travaux. Ce relevé devra faire connaître les causes auxquelles les accidents pourront être attribués.

Nota. Les articles 4 et 9 de cet arrêté ont été modifiés par une circulaire ministérielle, en date du 22 octobre 1851, laquelle dispose : 1° que l'allocation du 1/2 salaire faisant l'objet de l'art. 4 ne sera accordée aux ouvriers soignés à l'hôpital *que dans les cas seulement où ils seront mariés ou auront des charges de famille*; 2° que la retenue de 2 p. 100 *sur le prix de la main-d'œuvre des travaux adjugés*, stipulée en l'art. 9, sera désormais remplacée par une retenue de 1 p. 100 *sur le montant de l'ensemble des travaux adjugés.*

V

1864 (2 novembre). — Décret *sur quelques points de procédure devant le Conseil d'Etat et les Ministres.*

. . . .

Art. 2. — Les art. 130 et 131 du Code de procédure civile sont applicables dans les contestations où l'administration agit comme représentant le domaine de l'Etat et dans celles qui sont relatives, soit aux marchés de fourniture, soit à l'exécution des travaux publics, aux cas prévus par l'article 4 de la loi du 28 pluviôse an VIII.

Art. 3. — Les ordonnances de soit communiqué rendues sur les pourvois au Conseil d'Etat, doivent être notifiées dans le délai de deux mois sous peine de déchéance.

. . . .

Art. 5. — Les ministres font délivrer aux parties intéressées qui le demandent un récépissé constatant la date de la réception et de l'enregistrement, au ministère, de leur réclamation.

Art. 6. — Les ministres statuent par des décisions spéciales sur les affaires qui peuvent être l'objet d'un recours par la voie contentieuse.

Ces décisions sont notifiées administrativement aux parties intéressées.

Art. 7. — Lorsque les ministres statuent sur des recours contre les décisions d'autorités qui leur sont subordonnées, leur décision doit intervenir dans le délai de quatre mois à dater de la réception de la réclamation au ministère. Si les pièces sont produites ultérieurement par le réclamant, le délai ne court qu'à dater de la réception de ces pièces.

Après l'expiration de ce délai, s'il n'est intervenu aucune décision, les parties peuvent considérer leur réclamation comme rejetée et se pourvoir devant le Conseil d'Etat.

Art. 8. — Lorsque les ministres sont appelés à produire des défenses ou à présenter des observations sur des pourvois introduits devant le Conseil d'Etat, la section du contentieux fixe, eu égard aux circonstances de l'affaire, les délais dans lesquels les réponses et observations doivent être produites.

Art. 9. — Nos ministres, chacun en ce qui les concerne, sont chargés de l'exécution du présent décret.

VI

1866 (18 novembre). — CAHIER *des clauses et conditions générales imposées aux entrepreneurs des travaux des ponts et chaussées.*

ARRÊTÉ

Le Ministre Secrétaire d'Etat au département de l'agriculture, du commerce et des travaux publics,

Vu le cahier des clauses et conditions générales imposées, à la date du 25 août 1833, aux entrepreneurs des travaux des ponts et chaussées ;

Vu les procès-verbaux des délibérations d'une commission spéciale instituée en 1848, à l'effet de réviser les clauses et conditions générales de 1833, et le projet préparé par cette commission ;

Vu les délibérations sur ce projet du conseil général des ponts et chaussées, en date des 25 juin et 12 novembre 1849 ;

Vu la délibération de la section d'administration du Conseil d'Etat, en date du 17 janvier 1850 ;

Vu le nouvel avis du conseil général des ponts et chaussées, en date du 6 août 1866 ;

Sur la proposition du conseiller d'Etat, secrétaire général,

Arrête ce qui suit :

ART. 1er. Tous les marchés relatifs à l'exécution des travaux dépendant de l'administration des ponts et chaussées, qu'ils soient passés dans la forme d'adjudications publiques ou qu'ils résultent de conventions faites de gré à gré, sont soumis, en tout ce qui leur est applicable, aux dispositions suivantes :

TITRE PREMIER

Adjudications.

2. Nul n'est admis à concourir aux adjudications, s'il ne justifie qu'il a les qualités requises pour garantir la bonne exécution des travaux.

A cet effet, chaque concurrent est tenu de fournir un certificat constatant sa capacité et de présenter un acte régulier de cautionnement ou au moins un engagement en bonne et due forme de fournir le cautionnement; l'engagement doit être réalisé dans les huit jours de l'adjudication.

3. Les certificats de capacité sont délivrés par des hommes de l'art. Ils ne doivent pas avoir plus de trois ans de date au moment de l'adjudication. Il y est fait mention de la manière dont les soumissionnaires ont rempli leurs engagements, soit envers l'administration, soit envers les tiers, soit envers les ouvriers, dans les travaux qu'ils ont exécutés, surveillés ou suivis. Ces travaux doivent avoir été faits dans les dix dernières années.

Les certificats de capacité sont présentés, huit jours au moins avant l'adjudication, à l'ingénieur en chef, qui doit les viser à titre de communication.

Il n'est pas exigé de certificats de capacité pour la fourniture des matériaux destinés à l'exécution des routes en empierrement, ni pour les travaux de terrassement dont l'estimation ne s'élève pas à plus de 20,000 francs.

4. Le cahier des charges détermine, dans chaque cas particulier, la nature et le montant du cautionnement que l'entrepreneur doit fournir.

S'il ne stipule rien à cet égard, le cautionnement est fait soit en numéraire, soit en inscriptions de rentes sur l'État, et le montant en est fixé au trentième de l'estimation des travaux, déductions faites de toutes les sommes portées à valoir pour dépenses imprévues et ouvrages en régie ou pour indemnités de terrain.

Le cautionnement reste affecté à la garantie des engagements contractés par l'adjudicataire jusqu'à la liquidation définitive des travaux. Toutefois, le ministre peut, dans le cours de l'entreprise, autoriser la restitution de tout ou partie du cautionnement.

5. L'adjudication n'est valable qu'après l'approbation de l'autorité compétente. L'entrepreneur ne peut prétendre à aucune indemnité, dans le cas où l'adjudication n'est point approuvée.

6. Aussitôt après l'approbation de l'adjudication, le préfet délivre à l'entrepreneur, sur son récépissé, une expédition vérifiée par l'ingénieur en chef et dûment légalisée, du devis, du bordereau des prix et du

détail estimatif, ainsi qu'une copie certifiée du procès-verbal d'adjudication et un exemplaire imprimé des présentes clauses et conditions générales.

Les ingénieurs lui délivrent en outre, gratuitement, une expédition certifiée des dessins et autres pièces nécessaires à l'exécution des travaux.

7. L'entrepreneur verse à la caisse du trésorier-payeur général le montant des frais du marché. Ces frais, dont l'état est arrêté par le préfet, ne peuvent être autres que ceux d'affiches et de publication, ceux de timbre et d'expédition du devis, du bordereau des prix, du détail estimatif et du procès-verbal d'adjudication, et le droit fixe d'enregistrement de un franc.

8. L'entrepreneur est tenu d'élire un domicile à proximité des travaux et de faire connaître le lieu de ce domicile au préfet. Faute par lui de remplir cette obligation dans un délai de quinze jours, à partir de l'approbation de l'adjudication, toutes les notifications qui se rattachent à son entreprise sont valables, lorsqu'elles ont été faites à la mairie de la commune désignée à cet effet par le devis ou par l'affiche d'adjudication.

TITRE II

Exécution des travaux.

9. L'entrepreneur ne peut céder à des sous-traitants une ou plusieurs parties de son entreprise, sans le consentement de l'administration. Dans tous les cas, il demeure personnellement responsable, tant envers l'administration qu'envers les ouvriers et les tiers.

Si un sous-traité est passé sans autorisation, l'administration peut, suivant les cas, soit prononcer la résiliation pure et simple de l'entreprise, soit procéder à une nouvelle adjudication à la folle enchère de l'entrepreneur.

10. L'entrepreneur doit commencer les travaux dès qu'il en a reçu l'ordre de l'ingénieur. Il se conforme strictement aux plans, profils, tracés, ordres de service, et, s'il y a lieu, aux types et modèles qui lui sont donnés par l'ingénieur ou par ses préposés, en exécution du devis.

L'entrepreneur se conforme également aux changements qui lui sont prescrits pendant le cours du travail, mais seulement lorsque l'ingénieur les a ordonnés par écrit et sous sa responsabilité. Il ne lui est tenu compte de ces changements qu'autant qu'il justifie de l'ordre écrit par l'ingénieur.

11. L'entrepreneur est tenu d'observer tous les règlements qui sont faits par le préfet, sur la proposition de l'ingénieur en chef, pour le bon ordre des travaux et la police des chantiers.

Il est interdit à l'entrepreneur de faire travailler les ouvriers les dimanches et les jours fériés.

Il ne peut être dérogé à cette règle que dans les cas d'urgence et en vertu d'une autorisation écrite ou d'un ordre de service de l'ingénieur.

12. Pendant la durée de l'entreprise, l'adjudicataire ne peut s'éloigner du lieu des travaux qu'après avoir fait agréer par l'ingénieur un représentant capable de le remplacer, de manière qu'aucune opération ne puisse être retardée ou suspendue à raison de son absence.

L'entrepreneur accompagne les ingénieurs dans leurs tournées toutes les fois qu'il en est requis.

13. L'entrepreneur ne peut prendre pour commis et chef d'atelier que des hommes capables de l'aider et de le remplacer au besoin dans la conduite et le métrage des travaux.

L'ingénieur a le droit d'exiger le changement ou le renvoi des agents et ouvriers de l'entrepreneur pour insubordination, incapacité ou défaut de probité.

L'entrepreneur demeure d'ailleurs responsable des fraudes ou malfaçons qui seraient commises par ses agents et ouvriers dans l'emploi des matériaux.

14. Le nombre des ouvriers de chaque profession est toujours proportionné à la quantité d'ouvrage à faire. Pour mettre l'ingénieur à même d'assurer l'accomplissement de cette condition, il lui est remis périodiquement, et aux époques par lui fixées, une liste nominative des ouvriers.

15. L'entrepreneur paye les ouvriers tous les mois, ou à des époques plus rapprochées, si l'administration le juge nécessaire. En cas de retard régulièrement constaté, l'administration se réserve la faculté de faire payer d'office les salaires arriérés sur les sommes dues à l'en-

trepreneur, sans préjudice des droits réservés par la loi du 26 pluviôse an II aux fournisseurs qui auraient fait des oppositions régulières.

16. Une retenue d'un centime est exercée sur les sommes dues à l'entrepreneur, à l'effet d'assurer sous le contrôle de l'administration, des secours aux ouvriers atteints de blessures ou de maladies occasionnées par les travaux, à leurs veuves et à leurs enfants, et de subvenir aux dépenses du service médical.

La partie de cette retenue qui reste sans emploi à la fin de l'entreprise est remise à l'entrepreneur.

17. S'il y a lieu de faire des épuisements ou autres travaux dont la dépense soit imputable sur la somme à valoir, l'entrepreneur doit, s'il en est requis, fournir les outils et machines nécessaires pour l'exécution de ces travaux.

Le loyer et l'entretien de ce matériel lui sont payés aux prix de l'adjudication.

18. L'entrepreneur est tenu de fournir à ses frais les magasins, équipages, voitures, ustensiles et outils de toute espèce nécessaires à l'exécution des travaux, sauf les exceptions stipulées aux devis.

Sont également à sa charge l'établissement des chantiers et chemins de service et les indemnités y relatives, les frais de tracé des ouvrages, les cordeaux, piquets et jalons, les frais d'éclairage des chantiers, s'il y a lieu, et généralement toutes les menues dépenses et tous les frais relatifs à l'entreprise.

Les matériaux sont pris dans les lieux indiqués au devis. L'entrepreneur y ouvre, au besoin, des carrières à ses frais.

Il est tenu, avant de commencer les extractions, de prévenir les propriétaires suivant les formes déterminées par les règlements.

Il paye, sans recours contre l'administration, et en se conformant aux lois et règlements sur la matière, tous les dommages qu'ont pu occasionner la prise ou l'extraction, le transport et le dépôt des matériaux.

Dans le cas où le devis prescrit d'extraire des matériaux dans des bois soumis au régime forestier, l'entrepreneur doit se conformer, en outre, aux prescriptions de l'art. 145 C. for., ainsi que des art. 172, 173 et 175 de l'ordonnance du 1er août 1827, concernant l'exécution de ce code.

L'entrepreneur doit justifier, toutes les fois qu'il en est requis, de l'accomplissement des obligations énoncées dans le présent article, ainsi que du paiement des indemnités pour établissement de chantiers et chemins de service.

20. Si l'entrepreneur demande à substituer aux carrières indiquées dans le devis d'autres carrières fournissant des matériaux d'une qualité que les ingénieurs reconnaissent au moins égale, il reçoit l'autorisation de les exploiter, et ne subit, sur les prix de l'adjudication, aucune réduction pour cause de diminution des frais d'extraction, de transport et de taille de matériaux.

21. L'entrepreneur ne peut livrer au commerce, sans l'autorisation du propriétaire, les matériaux qu'il a fait extraire dans les carrières exploitées par lui en vertu du droit qui lui a été conféré par l'administration.

22. Les matériaux doivent être de la meilleure qualité dans chaque espèce, être parfaitement travaillés et mis en œuvre conformément aux règles de l'art ; ils ne peuvent être employés qu'après avoir été vérifiés et provisoirement acceptés par l'ingénieur ou par ses préposés. Nonobstant cette réception provisoire et jusqu'à la réception définitive des travaux, ils peuvent, en cas de surprise, de mauvaise qualité ou de malfaçon, être rebutés par l'ingénieur, et ils sont alors remplacés par l'entrepreneur.

23. L'entrepreneur ne peut, de lui-même, apporter aucun changement au projet.

Il est tenu de faire immédiatement, sur l'ordre des ingénieurs, remplacer les matériaux ou reconstruire les ouvrages dont les dimensions ou les dispositions ne sont pas conformes au devis.

Toutefois, si les ingénieurs reconnaissent que les changements faits par l'entrepreneur ne sont contraires ni à la solidité ni au goût, les nouvelles dispositions peuvent être maintenues, mais alors l'entrepreneur n'a droit à aucune augmentation de prix, à raison des dimensions plus fortes ou de la valeur plus considérable que peuvent avoir les matériaux ou les ouvrages. Dans ce cas, les métrages sont basés sur les dimensions prescrites par le devis. Si, au contraire, les dimensions sont plus faibles ou la valeur des matériaux moindre, les prix sont réduits en conséquence.

24. Dans le cas où l'entrepreneur a à démolir d'anciens ouvrages, les matériaux sont déplacés avec soin pour qu'ils puissent être façonnés de nouveau et remployés s'il y a lieu.

25. L'administration se réserve la propriété des matériaux qui se trouvent dans les fouilles et démolitions faites dans les terrains appartenant à l'Etat, sauf à indemniser l'entrepreneur de ses soins particuliers.

Elle se réserve également les objets d'art et de toute nature qui pourraient s'y trouver, sauf indemnité à qui de droit.

26. Lorsque les ingénieurs jugent à propos d'employer des matières neuves ou de démolition appartenant à l'Etat, l'entrepreneur n'est payé que des frais de main-d'œuvre et d'emploi, d'après les éléments des prix du bordereau, rabais déduit.

27. Lorsque les ingénieurs présument qu'il existe dans les ouvrages des vices de construction, ils ordonnent soit en cours d'exécution, soit avant la réception définitive, la démolition et la reconstruction des ouvrages présumés vicieux.

Les dépenses résultant de cette vérification sont à la charge de l'entrepreneur, lorsque les vices de construction sont constatés et reconnus.

28. Il n'est alloué à l'entrepreneur aucune indemnité à raison des pertes, avaries ou dommages occasionnés par négligence, imprévoyance, défaut de moyens ou fausses manœuvres.

Ne sont pas compris, toutefois, dans la disposition précédente le cas de force majeure qui, dans le délai de dix jours au plus après l'événement, ont été signalés par l'entrepreneur ; dans ce cas, néanmoins, il ne peut être rien alloué qu'avec l'approbation de l'administration. Passé le délai de dix jours, l'entrepreneur n'est plus admis à réclamer.

29. Lorsqu'il est jugé nécessaire d'exécuter des ouvrages non prévus, ou d'extraire des matériaux dans des lieux autres que ceux qui sont désignés dans le devis, les prix en sont réglés d'après les éléments de ceux de l'adjudication ou par assimilation aux ouvrages les plus analogues. Dans le cas d'une impossibilité absolue d'assimilation, on prend pour terme de comparaison les prix courants du pays.

Les nouveaux prix, après avoir été débattus par les ingénieurs avec l'entrepreneur, sont soumis à l'approbation de l'administration. Si l'entrepreneur n'accepte pas la décision de l'administration, il est statué par le conseil de préfecture.

30. En cas d'augmentation dans la masse des travaux, l'entrepreneur

est tenu d'en continuer l'exécution jusqu'à concurrence d'un sixième en sus du montant de l'entreprise. Au delà de cette limite, l'entrepreneur a droit à la résiliation de son marché.

31. En cas de diminution dans la masse des ouvrages, l'entrepreneur ne peut élever aucune réclamation tant que la diminution n'excède pas le sixième du montant de l'entreprise. Si la diminution est de plus du sixième, il reçoit, s'il y a lieu, à titre de dédommagement, une indemnité qui, en cas de contestation, est réglée par le conseil de préfecture.

32. Lorsque les changements ordonnés ont pour résultat de modifier l'importance de certaines natures d'ouvrages, de telle sorte que les quantités prescrites diffèrent de plus d'un tiers, en plus ou en moins, des quantités portées au détail estimatif, l'entrepreneur peut présenter, en fin de compte, une demande en indemnité, basée sur le préjudice que lui auraient causé les modifications apportées à cet égard dans les prévisions du projet.

33. Si, pendant le cours de l'entreprise, les prix subissent une augmentation telle que la dépense totale des ouvrages restant à exécuter d'après le devis se trouve augmentée d'un sixième comparativement aux estimations du projet, le marché peut être résilié, sur la demande de l'entrepreneur.

34. Lorsque l'administration ordonne la cessation absolue des travaux, l'entreprise est immédiatement résiliée. Lorsqu'elle prescrit leur ajournement pour plus d'une année, soit avant, soit après un commencement d'exécution, l'entrepreneur a le droit de demander la résiliation de son marché, sans préjudice de l'indemnité qui, dans ce cas comme dans l'autre, peut lui être allouée, s'il y a lieu.

Si les travaux ont reçu un commencement d'exécution, l'entrepreneur peut requérir qu'il soit procédé immédiatement à la réception provisoire des ouvrages exécutés, et à leur réception définitive après l'expiration du délai de garantie.

35. Lorsque l'entrepreneur ne se conforme pas soit aux dispositions du devis, soit aux ordres de service qui lui sont donnés par les ingénieurs, un arrêté du Préfet le met en demeure d'y satisfaire dans un délai déterminé. Ce délai, sauf les cas d'urgence, n'est pas de moins de dix jours à dater de la notification de l'arrêté de mise en demeure.

A l'expiration de ce délai, si l'entrepreneur n'a pas exécuté les dispositions prescrites, le préfet, par un second arrêté, ordonne l'établissement d'une régie aux frais de l'entrepreneur. Dans ce cas, il est procédé immédiatement, en sa présence ou lui dûment appelé, à l'inventaire descriptif du matériel de l'entreprise.

Il en est aussitôt rendu compte au ministre, qui peut, selon les circonstances, soit ordonner une nouvelle adjudication à la folle enchère de l'entrepreneur, soit prononcer la résiliation pure et simple du marché, soit prescrire la continuation de la régie.

Pendant la durée de la régie, l'entrepreneur est autorisé à en suivre les opérations, sans qu'il puisse toutefois entraver l'exécution des ordres des ingénieurs.

Il peut d'ailleurs être relevé de la régie, s'il justifie des moyens nécessaires pour reprendre les travaux et les mener à bonne fin.

Les excédants de dépense qui résultent de la régie ou de l'adjudication sur folle enchère sont prélevés sur les sommes qui peuvent être dues à l'entrepreneur, sans préjudice des droits à exercer contre lui, en cas d'insuffisance.

Si la régie ou l'adjudication sur folle chère amène au contraire une diminution dans les dépenses, l'entrepreneur ne peut réclamer aucune part de ce bénéfice, qui reste acquis à l'administration.

36. En cas de décès de l'entrepreneur, le contrat est résilié de droit, sauf à l'administration à accepter, s'il y a lieu, les offres qui peuvent être faites par les héritiers pour la continuation des travaux.

37. En cas de faillite de l'entrepreneur, le contrat est également résilié de plein droit, sauf à l'administration à accepter, s'il y a lieu, les offres qui peuvent être faites par les créanciers pour la continuation de l'entreprise.

TITRE III

Règlement des dépenses.

38. A défaut de stipulations spéciales dans le devis, les comptes sont établis d'après les quantités d'ouvrages réellement effectuées, suivant les dimensions et les poids constatés par des métrés définitifs et des pesages faits en cours ou en fin d'exécution, sauf les cas prévus

par l'article 23, et les dépenses sont réglées d'après les prix de l'adjudication.

L'entrepreneur ne peut, dans aucun cas, pour les métrés et pesages, invoquer en sa faveur les us et coutumes.

39. Les attachements sont pris, au fur et à mesure de l'avancement des travaux, par l'agent chargé de leur surveillance, en présence de l'entrepreneur et contradictoirement avec lui ; celui-ci doit les signer au moment de la présentation qui lui en est faite.

Lorsque l'entrepreneur refuse de signer ces attachements ou ne les signe qu'avec réserve, il lui est accordé un délai de dix jours, à dater de la présentation des pièces, pour formuler par écrit ses observations. Passé ce délai, les attachements sont censés acceptés par lui, comme s'ils étaient signés sans réserve. Dans ce cas, il est dressé procès-verbal de la présentation et des circonstances qui l'ont accompagnée. Ce procès-verbal est annexé aux pièces non acceptées.

Les résultats des attachements inscrits sur les carnets ne sont portés en compte qu'autant qu'ils ont été admis par les ingénieurs.

40. A la fin de chaque mois, il est dressé un décompte des ouvrages exécutés et des dépenses faites, pour servir de base aux paiements à faire à l'entrepreneur.

41. A la fin de chaque année il est dressé un décompte de l'entreprise, que l'on divise en deux parties : la première comprend les ouvrages et portions d'ouvrages dont le métré a pu être arrêté définitivement, et la seconde les ouvrages et portions d'ouvrages dont la situation n'a pu être établie que d'une manière provisoire.

Ce décompte, auquel sont joints les métrés et les pièces à l'appui, est présenté, sans déplacement, à l'acceptation de l'entrepreneur : il est dressé procès-verbal de la présentation et des circonstances qui l'ont accompagnée.

L'entrepreneur, indépendamment de la communication qui lui est faite de ces pièces, est, en outre, autorisé à faire transcrire par ses commis, dans les bureaux des ingénieurs, celles dont il veut se procurer des expéditions.

En ce qui concerne la première partie du décompte, l'acceptation de l'entrepreneur est définitive, tant pour l'application des prix que pour les quantités d'ouvrages.

S'il refuse d'accepter ou s'il ne signe qu'avec réserve, il doit déduire ses motifs par écrit, dans les vingt jours qui suivent la présentation des pièces.

Il est expressément stipulé que l'entrepreneur n'est point admis à élever de réclamations, au sujet des pièces ci-dessus indiquées, après le délai de vingt jours, et que, passé ce délai, le décompte est censé accepté par lui, quand bien même il ne l'aurait pas signé, ou ne l'aurait signé qu'avec une réserve dont les motifs ne seraient pas spécifiés.

Le procès-verbal de présentation doit toujours être annexé aux pièces non acceptées.

En ce qui concerne la deuxième partie du décompte, l'acceptation de l'entrepreneur n'est considérée que comme provisoire.

Les stipulations des paragraphes 2, 3, 4, 5, 6 et 7 du présent article s'appliquent au décompte général et définitif de l'entreprise.

Elles s'appliquent aussi aux décomptes définitifs partiels, qui peuvent être présentés à l'entrepreneur dans le courant de la campagne.

42. L'entrepreneur ne peut, sous aucun prétexte, revenir sur les prix du marché qui ont été consentis par lui.

43. Dans les cas de résiliation prévus par les articles 34 et 36, les outils et équipages existant sur les chantiers, et qui eussent été nécessaires pour l'achèvement des travaux, sont acquis par l'Etat, si l'entrepreneur ou ses ayants droit en font la demande, et le prix en est réglé de gré à gré ou à dire d'experts.

Ne sont pas comprises dans cette mesure les bêtes de trait ou de somme qui auraient été employées dans les travaux.

La reprise du matériel est facultative pour l'administration, dans les cas prévus par les articles 9, 30, 33, 35 et 37.

Dans tous les cas de résiliation, l'entrepreneur est tenu d'évacuer les chantiers, magasins et emplacements utiles à l'entreprise, dans le délai qui est fixé par l'administration.

Les matériaux approvisionnés par ordre et déposés sur les chantiers, s'ils remplissent les conditions du devis, sont acquis par l'Etat aux prix de l'adjudication.

Les matériaux qui ne seraient pas déposés sur les chantiers ne sont pas portés en compte.

TITRE IV

Paiements.

44. Les paiements d'acomptes s'effectuent tous les mois, en raison de la situation des travaux exécutés, sauf retenue d'un dixième pour la garantie et d'un centième pour la caisse de secours des ouvriers.

Il est en outre délivré des acomptes sur le prix des matériaux approvisionnés, jusqu'à concurrence des quatre cinquièmes de leur valeur.

Le tout sous la réserve énoncée à l'article 49 ci-après.

45. Si la retenue du dixième est jugée devoir excéder la proportion nécessaire pour la garantie de l'entreprise il peut être stipulé au devis ou décidé en cours d'exécution qu'elle cessera de s'accroître lorsqu'elle aura atteint un maximum déterminé.

46. Immédiatement après l'achèvement des travaux, il est procédé à une réception provisoire par l'ingénieur ordinaire, en présence de l'entrepreneur ou lui dûment appelé par écrit. En cas d'absence, de l'entrepreneur, il en est fait mention au procès-verbal.

47. Il est procédé de la même manière à la réception définitive après l'expiration du délai de garantie.

A défaut de stipulation expresse dans le devis, ce délai est de six mois, à dater de la réception provisoire, pour les travaux d'entretien, les terrassements et les chaussées d'empierrement, et d'un an pour les ouvrages d'art. Pendant la durée de ce délai, l'entrepreneur demeure responsable de ses ouvrages et est tenu de les entretenir.

48. Le dernier dixième n'est payé à l'entrepreneur qu'après la réception définitive et lorsqu'il a justifié de l'accomplissement des obligations énoncées dans l'article 19.

49. Les paiements ne pouvant être faits qu'au fur et à mesure des fonds disponibles, il ne sera jamais alloué d'indemnités, sous aucune dénomination, pour retard de paiement pendant l'exécution des travaux.

Toutefois, si l'entrepreneur ne peut être entièrement soldé dans les trois mois qui suivent la réception définitive régulièrement constatée, il a droit, à partir de l'expiration de ce délai de trois mois, à des intérêts calculés d'après le taux légal pour la somme qui lui reste due.

TITRE V

Contestations.

50. Si, dans le cours de l'entreprise, des difficultés s'élèvent entre l'ingénieur ordinaire et l'entrepreneur, il en est référé à l'ingénieur en chef.

Dans les cas prévus par l'article 22, par le deuxième paragraphe de l'article 23 et par le deuxième paragraphe de l'article 27, si l'entrepreneur conteste les faits, l'ingénieur ordinaire dresse procès-verbal des circonstances de la contestation et le notifie à l'entrepreneur, qui doit présenter ses observations dans un délai de vingt-quatre heures; ce procès-verbal est transmis par l'ingénieur ordinaire à l'ingénieur en chef, pour qu'il y soit donné telle suite que de droit.

51. En cas de contestation avec les ingénieurs, l'entrepreneur doit adresser au préfet, pour être transmis avec l'avis des ingénieurs à l'administration, un mémoire où il indique les motifs et le montant de ses réclamations.

Si, dans le délai de trois mois à partir de la remise du mémoire au préfet, l'administration n'a pas fait connaître sa réponse, l'entrepreneur peut, comme dans le cas où ses réclamations ne seraient point admises, saisir desdites réclamations la juridiction contentieuse.

52. Conformément aux dispositions de la loi du 28 pluviôse an VIII, toute difficulté entre l'administration et l'entrepreneur, concernant le sens ou l'exécution des clauses du marché, est portée devant le conseil de préfecture, qui statue, sauf recours au Conseil d'Etat.

Paris, le 16 novembre 1866.

Armand BÉHIC.

VII

Circulaire *de M. le Ministre des travaux publics sur le cahier des clauses et conditions générales de* 1866.

Monsieur le Préfet, depuis plusieurs années, l'administration des travaux publics a mis à l'étude la révision des clauses et conditions générales imposées aux entrepreneurs des travaux des ponts et chaussées. Ces clauses, qui remontent à l'année 1833, et qui n'étaient en quelque sorte que la reproduction, améliorée dans certaines parties, des clauses arrêtées en 1811, ont excité à diverses reprises les réclamations les plus vives de la part des entrepreneurs ; ils se sont plaints énergiquement qu'elles ne leur laissent pas, dans l'exécution des travaux dont ils se rendent adjudicataires, la liberté d'action à laquelle ils ont droit ; qu'ils sont placés dans une dépendance absolue des ingénieurs et autres délégués de l'administration, qu'ils sont par là même dans l'impuissance de défendre leurs droits, souvent méconnus, et que de là résultent trop fréquemment pour eux la ruine ou au moins des pertes considérables.

Ces plaintes sont évidemment exagérées, mais il est juste de reconnaître que les clauses de 1833, comme celles de 1811, portent visiblement l'empreinte de cette pensée, qu'à raison de la nature et du but des travaux dont ils se rendent adjudicataires, les entrepreneurs ne sont en quelque sorte que des agents d'un certain ordre de l'administration, obligés d'accepter ses décisions, lors même qu'elles blessent leurs intérêts et semblent en désaccord avec le véritable sens des clauses du contrat. Sans doute, en réalité, les choses ne se passent pas ainsi : les entrepreneurs, à toute époque, ont pu réclamer auprès de la juridiction contentieuse le redressement des décisions dont ils croyaient avoir à se plaindre, et ils l'ont obtenu toutes les fois que leurs plaintes étaient fondées ; mais toujours est-il que du peu de précision, de l'obscurité même ou des lacunes de certains articles des clauses et conditions générales, il est résulté des contestations regrettables et qu'il eût été de l'intérêt de l'administration elle-même d'éviter.

Il faut reconnaître, en outre, que les clauses et conditions générales laissent beaucoup à désirer, quant à la méthode et au classement des articles qui les composent ; on y voit rapprochées l'une de l'autre des dispositions qui n'ont aucune connexion entre elles, tandis que les dispositions ayant trait au même sujet se trouvent classées très loin l'une de l'autre, et il n'est pas besoin d'insister sur les inconvénients d'une semblable confusion, au point de vue même d'une saine interprétation des clauses des contrats.

Il y avait donc un véritable intérêt, sous tous les rapports, à réviser les clauses et conditions générales de 1833.

Dès l'année 1849, une commission spéciale avait été chargée de préparer une nouvelle formule. Le Conseil général des ponts et chaussées, puis le Conseil d'Etat, avaient été appelés à en délibérer. Enfin, tout récemment, le Conseil général des ponts et chaussées en a fait un nouvel et dernier examen ; j'y ai donné moi-même la plus sérieuse attention et je viens vous adresser avec la présente, Monsieur le Préfet, le cahier des nouvelles clauses et conditions générales, revêtues de mon approbation, et qui devront désormais être rendues obligatoires dans toutes les entreprises de travaux dépendant de l'administration des ponts et chaussées.

Ces nouvelles clauses et conditions générales se divisent en cinq titres correspondant aux diverses phases des entreprises, savoir : les adjudications, l'exécution des travaux, le règlement des dépenses, les paiements, et enfin les contestations.

Le titre premier détermine les conditions auxquelles les entrepreneurs doivent satisfaire pour être admis d'une manière générale à soumissionner les entreprises des travaux des ponts et chaussées. La convention de gré à gré est l'exception. L'adjudication est la règle, et par là même le titre premier s'occupe plus spécialement des adjudications ; mais il va de soi que les conditions exigées dans ce dernier cas doivent être réalisées dans le cas de marché direct : il n'y a de différence que dans la forme et l'ordre des justifications à produire.

Les conditions énoncées au titre premier diffèrent peu d'ailleurs de celles qui avaient été fixées en 1833 ; je dois seulement faire remarquer que, dans la nouvelle formule, les certificats de capacité doivent être présentés par les soumissionnaires au visa de l'ingénieur en chef huit jours au moins avant l'adjudication Cet ingénieur ne peut, bien entendu, refuser le visa qui lui est demandé ; mais la connaissance qu'il acquiert ainsi, avant l'adjudication, des noms des entrepreneurs lui permet de prendre en temps utile, sur chacun d'eux, les renseignements à l'aide desquels il pourra lui-même éclairer le bureau chargé de prononcer sur l'admission des concurrents.

Je ferai remarquer encore, à l'égard du cautionnement, que le nouveau cahier a été mis en harmonie avec le règlement général du 3 décembre 1836 sur les marchés passés au nom de l'Etat. Le cahier des charges de chaque entreprise déterminera la nature et le montant du cautionnement ; mais lorsqu'il sera muet sur ces deux points, le cautionnement sera, comme aujourd'hui, du trentième de l'estimation des travaux, et il sera fait en numéraire ou en inscriptions de rentes sur l'Etat.

Le cautionnement doit, en principe, rester entre les mains de l'administration jusqu'à la réception définitive des travaux ; mais il est stipulé, néanmoins, que, dans certains cas et dans le cours même de l'entreprise, le Ministre pourra autoriser la restitution de tout ou partie du cautionnement. Cette mesure, toute bienveillante pour les entrepreneurs, devra être appliquée toutes les fois qu'il n'en pourra résulter aucun inconvénient pour les intérêts de l'Etat.

Vous remarquerez aussi, Monsieur le Préfet, que les nouvelles clauses stipulent expressément quels sont les frais d'adjudication qui doivent être supportés par l'entrepreneur ; il importe que ces frais soient réduits au strict nécessaire, et je ne puis qu'appeler sur ce point toute votre attention.

Le titre II, relatif à l'exécution des travaux, a dû appeler, d'une manière spéciale, l'attention de l'administration. Cette exécution est, en effet, le but de l'entreprise, et ce but serait manqué si les mesures nécessaires n'étaient prises soit pour que les travaux fussent poussés avec l'activité convenable, soit pour qu'ils fussent exécutés dans les meilleures conditions, soit, enfin, pour que les chantiers fussent dirigés avec intelligence et méthode, et pour que toute cause de désordre en fût écartée.

Sur tous ces points fondamentaux, les stipulations de l'ancien cahier des clauses et conditions générales ont été, à très peu de choses près, maintenues quant au fond, mais elles ont été rédigées avec plus de précision et de netteté, et classées dans un ordre plus méthodique ; quelques dispositions nouvelles ont toutefois été ajoutées, qui ont notablement amélioré la situation actuelle, et que je dois, Monsieur le Préfet, vous signaler d'une manière spéciale.

L'ancienne formule interdisait d'une manière absolue à l'entrepreneur de céder tout ou partie de son entreprise. La nouvelle ne maintient l'interdiction qu'autant que les sous-traités n'auront pas été approuvés par l'administration.

L'ancien cahier des charges se bornait à rappeler que toutes les dépenses de l'entreprise étaient à la charge de l'entrepreneur, y compris les salaires d'ouvriers ; mais il ne stipulait rien sur les époques auxquelles ces salaires seraient obligatoirement acquittés : on a vu, dans certaines circonstances surtout, les ouvriers des entrepreneurs attendre pendant plusieurs mois le paiement de leurs salaires, et l'on comprend de suite quelles difficultés peuvent naître de retards de cette nature. Je pourrais en citer plusieurs exemples ; pour y pourvoir, il est dit dans le nouveau cahier des charges que l'entrepreneur devra payer les ouvriers tous les mois ou à des époques plus rapprochées si l'administration le juge nécessaire, et que, en cas de retard régulièrement constaté, l'administration se réserve la faculté de faire payer d'office les salaires arriérés sur les sommes dues à l'entrepreneur, sans préjudice, bien entendu, des droits réservés par la loi du 26 pluviôse an II aux fournisseurs qui auraient fait des oppositions régulières.

L'ancienne formule portait que, dans aucun cas, l'entrepreneur ne pourrait livrer au commerce les matériaux extraits dans les carrières qu'il aurait exploitées en vertu du droit à lui conféré par l'administration. On a justement fait remarquer que cette interdiction absolue était excessive, que souvent l'entrepreneur ne pouvait employer tous les matériaux qu'il a extraits, soit parce que ces matériaux n'ont pas les qualités requises, soit parce que, pour se procurer les pièces qui lui sont nécessaires, il est obligé d'en extraire d'autres qui lui sont inutiles ; qu'il était équitable dès lors de lui laisser la faculté de les vendre, mais en y mettant pour condition qu'il y serait autorisé par le propriétaire ; que par là tous les abus possibles seraient évités : c'est dans ce sens qu'est rédigé l'article correspondant du nouveau cahier des charges.

Il n'était stipulé dans l'ancien texte, au profit de l'administration, aucune réserve soit sur les matériaux existants, soit sur les objets d'art et autres trouvés dans les fouilles ou démolitions faites dans les terrains appartenant à l'Etat, et cette lacune avait donné lieu à des difficultés. La nouvelle formule y a pourvu en réservant formellement le droit de l'administration, sauf paiement des indemnités qui pourraient être dues.

L'un des reproches les plus sérieux qui fussent articulés contre l'ancien cahier des charges portait sur la clause relative au règlement des prix des ouvrages non prévus au devis ; cette clause, après avoir posé les bases d'après lesquelles ce règlement aurait lieu, semblait donner à l'administration seule le droit d'y pourvoir, sans que l'entrepreneur eût en quelque sorte le droit de contester la décision ; dans le nouveau cahier des charges, les bases anciennes sont conservées, mais le droit de l'entrepreneur est placé en regard de celui des représentants de l'administration, et s'il n'accepte pas le règlement approuvé par le Ministre, la décision définitive est renvoyée au conseil de préfecture ; l'affaire devient immédiatement contentieuse, et il n'est pas besoin d'insister pour faire comprendre combien la situation de l'entrepreneur est améliorée, puisqu'il saura dans un court délai à quoi s'en tenir sur le prix des nouveaux ouvrages qu'il doit exécuter, tandis que précédemment il restait dans une incertitude funeste à ses intérêts, quelquefois jusqu'à la liquidation complète de son entreprise.

Une modification non moins importante a été apportée au profit de l'entrepreneur dans le nouveau cahier des charges, pour le cas où l'administration prescrirait dans les devis des changements d'où résulteraient, soit des augmentations, soit des diminutions dans la masse des travaux.

Dans l'état actuel, lorsque soit les augmentations, soit les diminutions n'excèdent pas le sixième du montant total de l'estimation, l'entrepreneur n'a aucune réclamation à élever ; au delà du sixième en plus ou en moins, dans l'un comme dans l'autre cas, il ne lui est ouvert qu'un droit, le droit à la résiliation de son entreprise. Dans le nouveau cahier des charges, on lui accorde en outre, pour le cas de diminution de plus du sixième, le droit à une indemnité qui, en cas de contestation, est réglée par le conseil de préfecture.

On comprend, en effet, qu'il n'y a pas identité dans les deux cas : lorsqu'il s'agit d'une augmentation dans la masse des travaux, l'entrepreneur n'a rien à demander de plus que la résiliation : les conditions de son contrat ne sont pas sensiblement modifiées, et il ne souffre pas par là même de dommage dont il y ait lieu de l'indemniser ; mais quand il s'agit d'une diminution notable dans la masse des travaux, la situation est tout autre ; l'entrepreneur a dû organiser ses moyens d'action, préparer ses outils, ses matériaux, le nombre de ses ouvriers en rapport avec le montant de l'estimation ; tout à coup on vient réduire ce montant du tiers, de la moitié ou de plus encore ; voilà pour lui des dépenses improductives : il est juste de l'en dédommager.

C'est d'après les mêmes considérations qu'il a paru équitable aussi de tenir compte à l'entrepreneur de tous changements qui modifieraient de plus d'un tiers, en plus ou en moins, l'importance des diverses natures d'ouvrages; il peut se faire, en effet, que l'on n'augmente que les ouvrages qui lui donnent des pertes ou au moins un bénéfice presque nul, tandis que l'on diminuerait ceux qui devaient lui être profitables. Dans ce cas, au delà d'un certain taux d'augmentation ou de diminution, une indemnité peut être légitimement due, et le nouveau cahier des charges, art. 52, en pose le principe.

Des avantages analogues sont accordés à l'entrepreneur pour le cas où les prix subissent une augmentation notable correspondant à un accroissement d'un sixième dans la dépense totale des ouvrages, et pour celui de cessation absolue ou d'ajournement des travaux pour plus d'une année.

Dans le premier cas, l'entrepreneur peut demander la résiliation de son marché ; l'administration, au contraire, perd le droit correspondant, qui lui était conféré par l'ancien cahier des charges, de résilier le contrat lorsque les prix viennent à diminuer d'une manière notable. Cette faculté ne trouvait à s'exercer que dans des circonstances infiniment rares, et elle aurait le plus souvent donné lieu à des difficultés insolubles : il était donc opportun d'y renoncer.

Quant au cas de cessation absolue ou d'ajournement indéfini des travaux, l'ancienne formule ne donnait à l'entrepreneur que le droit de requérir la réception provisoire des travaux exécutés, puis leur réception définitive après l'expiration du délai de garantie : la nouvelle formule prononce la résiliation immédiate de l'entreprise pour le cas de cessation absolue des travaux, et pour le cas d'ajournement de plus d'une année, la résiliation peut être demandée par l'entrepreneur ; mais, en outre, dans l'un comme dans l'autre cas, une indemnité peut lui être allouée, s'il y a lieu.

En cas de retard dans l'exécution des travaux, le préfet pouvait, d'après l'ancien cahier des charges, prescrire par un seul arrêté l'établissement d'une régie aux frais de l'entrepreneur, si celui-ci, dans un délai déterminé, n'avait pas satisfait aux dispositions qui lui étaient prescrites. Aujourd'hui, il ne suffira plus d'un seul arrêté pour prononcer la mise en régie de l'entreprise. Le préfet devra, par un premier arrêté, mettre l'entrepreneur en demeure d'avoir, dans un délai qui ne pourra être de moins de dix jours, sauf les cas d'urgence, satisfait soit aux conditions du devis, soit aux ordres de service donnés par les ingénieurs. Ce n'est qu'à l'expiration de ce délai que le préfet, s'il y a lieu, ordonne par un second arrêté l'établissement de la régie, et il est, dans ce cas, immédiatement procédé à l'inventaire descriptif du matériel de l'entreprise.

L'entrepreneur est d'ailleurs autorisé à suivre toutes les opérations de la régie, et il peut en être relevé s'il justifie des moyens nécessaires pour reprendre les travaux et les mener à bonne fin.

Ce sont là autant de stipulations justes, sans doute, mais favorables, en définitive, aux entrepreneurs et qui les garantissent contre l'application de mesures de rigueur qui ne seraient pas absolument nécessaires; elles ne peuvent donc être accueillies par eux qu'avec reconnaissance; mais par cela même qu'elles sont très bienveillantes, elles imposent à l'administration le devoir d'user avec fermeté du droit que le cahier des charges lui confère, toutes les fois qu'elle se trouvera en présence d'un entrepreneur peu soucieux d'exécuter les conditions de son contrat.

Enfin, d'après les deux articles 36 et 37, le contrat est résilié de plein droit en cas de décès et en cas de faillite de l'entrepreneur, sauf toutefois à l'administration à accepter, s'il y a lieu, les offres qui lui seraient faites, soit par les héritiers, soit par les créanciers, pour la continuation de l'entreprise. Ces deux articles se justifient d'eux-mêmes, je n'ai pas besoin de m'y arrêter.

Les titres III et IV, intitulés, le premier, *règlement des dépenses*, le second, *paiement*, bien que contenant des clauses différentes de celles de 1833, n'innovent point, en réalité, sur la situation actuelle ; ils ne font que reproduire les dispositions rendues obligatoires dans le service des travaux publics par le règlement de comptabilité publié en 1849. Ces dispositions sont aujourd'hui entrées dans le droit commun des entreprises ; elles sont parfaitement connues de tous, appliquées sans aucune difficulté, et je n'ai pas, dès lors, à en expliquer ici le but et la portée : je ferai seulement remarquer, à l'article 41, relatif aux décomptes, un paragraphe contenant une disposition nouvelle d'après laquelle les décomptes de fin d'année sont divisés en deux parties comprenant, la première, les ouvrages dont le métré a pu être arrêté définitivement, la seconde, ceux dont la situation n'a pu être établie que d'une manière provisoire ; cette disposition peut prévenir un certain nombre de contestations, et je désire que MM. les ingénieurs l'exécutent toujours aussi complètement que possible.

Enfin, le titre V, qui indique la marche à suivre en cas de contestations, trace avec un soin minutieux les formalités que soit les ingénieurs, soit l'entrepreneur, doivent remplir lorsque des difficultés s'élèvent entre eux dans le cours de l'entreprise.

Quelquefois, il suffira de l'intervention de l'ingénieur en chef pour lever ces difficultés, quelquefois il sera aussi nécessaire de recourir à l'autorité de l'administration supérieure, et, dans ce cas, l'entrepreneur doit adresser au préfet un mémoire où il indique les motifs et l'importance de ses réclamations. L'administration doit faire connaître sa réponse dans un délai de trois mois, et si, dans ce délai, elle ne répond pas, ou si elle repousse la requête, l'entrepreneur peut saisir la juridiction contentieuse.

Pour que, soit l'administration, soit le conseil de préfecture puissent, d'ailleurs, être parfaitement édifiés sur les faits dans tous les cas où ils ont besoin de l'être, il est prescrit aux ingénieurs, dans ces cas, de dresser procès-verbal des faits et de le notifier à l'entrepreneur, qui doit, à son tour, présenter ses observations dans un délai de vingt-quatre heures. Tout est donc prévu aujourd'hui pour que bonne justice soit rendue à qui de droit, et il n'est pas douteux que, sous ce rapport comme sous tous les autres, le nouveau cahier des clauses et conditions générales ne présente, comparé à l'ancien, une véritable amélioration.

En résumé, monsieur le préfet, ce nouveau cahier devra désormais servir de base à tous les marchés de travaux des ponts et chaussées que vous aurez à passer à l'avenir ; je vous prie de lui donner immédiatement la plus grande publicité. Vous aurez, d'ailleurs à le faire imprimer ultérieurement pour le service de votre département au fur et à mesure des besoins, et de manière à en annexer toujours un exemplaire à la copie du procès-verbal d'adjudication que vous remettrez aux entrepreneurs.

Je vous prie de m'accuser réception de la présente, dont j'adresse ampliation à MM. les ingénieurs.

Recevez, monsieur le Préfet, l'assurance de ma considération la plus distinguée.

                Le ministre de l'agriculture, du commerce,
                et des travaux publics,
                      Signé : ARMAND BÉHIC.

VIII

1868 (8 février). — DÉCRET *sur les formalités à remplir vis-à-vis des propriétaires de terrains occupés pour l'exécution de travaux publics.*

ART. 1er. — Lorsqu'il y a lieu d'occuper temporairement un terrain, soit pour y extraire des terres ou des matériaux, soit pour tout autre objet relatif à l'exécution des travaux publics, cette occupation est autorisée par un arrêté du préfet indiquant le nom de la commune où le terrain est situé, les numéros que les parcelles dont il se compose portent sur le plan cadastral et le nom du propriétaire.

Cet arrêté vise le devis qui désigne le terrain à occuper, ou le rapport par lequel l'ingénieur en chef chargé de la direction des travaux propose l'occupation.

Un exemplaire du présent règlement est annexé à l'arrêté.

ART. 2. — Le préfet envoie ampliation de son arrêté à l'ingénieur en chef et au maire de la commune. L'ingénieur en chef en remet une copie certifiée à l'entrepreneur. Le maire notifie l'arrêté au propriétaire du terrain ou à son représentant.

ART. 3. — En cas d'arrangement à l'amiable entre le propriétaire et l'entrepreneur, ce dernier est tenu de présenter aux ingénieurs, toutes les fois qu'il en est requis, le consentement écrit du propriétaire ou le traité qu'il a fait avec lui.

ART. 4. — A défaut de convention amiable, l'entrepreneur, préalablement à toute occupation du terrain désigné, fait au propriétaire, ou s'il ne demeure pas dans la commune, à son fermier, locataire ou gérant, une notification par lettre chargée indiquant le jour où il compte se rendre sur les lieux ou s'y faire représenter. Il l'invite à désigner un expert pour procéder, contradictoirement avec celui qu'il aura lui-même choisi, à la constatation de l'état des lieux.

En même temps, l'entrepreneur informe par écrit le maire de la commune de la notification faite par lui au propriétaire.

Entre cette notification et la visite des lieux, il doit y avoir un intervalle de dix jours au moins.

ART. 5. — Au jour fixé, les deux experts procèdent ensemble à leurs opérations contradictoires ; ils s'attachent à constater l'état des lieux de manière qu'en rapprochant plus tard cette constatation de celle qui sera faite après l'exécution des travaux, on ait les éléments nécessaires pour évaluer la dépréciation du terrain et faire l'estimation des dommages. Ils font eux-mêmes cette estimation si l'emprunteur et le propriétaire y consentent. Ils dressent leur procès-verbal en triple expédition dont l'une est remise au propriétaire, une autre à l'entrepreneur, et la troisième au maire de la commune.

Art. 6. — Si, dans le délai fixé par le dernier paragraphe de l'article 4, le propriétaire refuse ou néglige de nommer son expert, le maire en désigne un d'office pour opérer contradictoirement avec l'expert de l'entrepreneur.

Art. 7. — Immédiatement après les constatations prescrites par les articles précédents, l'entrepreneur peut occuper le terrain et y commencer les travaux autorisés par l'arrêté du préfet, tous les droits du propriétaire étant réservés en ce qui concerne le règlement de l'indemnité.

Toutefois, s'il existe sur le terrain des arbres fruitiers ou de haute futaie qu'il soit nécessaire d'abattre, l'entrepreneur est tenu de les laisser subsister jusqu'à ce que l'estimation en ait été faite dans les formes voulues par la loi.

En cas d'opposition de la part du propriétaire, l'occupation a lieu avec l'assistance du maire ou de son délégué.

Art. 8. — Après l'achèvement des travaux, et s'ils doivent durer plusieurs années, à la fin de chaque campagne, il est fait une nouvelle constatation de l'état des lieux.

A défaut d'accord entre l'entrepreneur et le propriétaire pour l'évaluation partielle ou totale de l'indemnité, il est procédé conformément à l'article 56 de la loi du 16 septembre 1807.

Art. 9. — Lorsque les travaux sont exécutés directement par l'administration sans l'intermédiaire d'un entrepreneur, il est procédé comme il a été dit ci-dessus ; mais alors la notification prescrite par l'article 4 est faite par les soins de l'ingénieur, et l'expert chargé de constater l'état des lieux contradictoirement avec celui du propriétaire est nommé par le préfet.

IX

1877 (14 avril). — Circulaire de M. le Ministre des travaux publics à Messieurs les Préfets sur certaines modifications à apporter aux clauses et conditions générales de 1866.

Monsieur le Préfet, l'article 34 des clauses et conditions générales imposées aux entrepreneurs des ponts et chaussées par l'arrêté ministériel du 16 novembre 1866 a donné lieu à diverses appréciations qui m'ont paru de nature à créer une jurisprudence dangereuse pour les intérêts de l'Etat. La question présente un caractère tout particulier d'opportunité, en ce moment où le département des travaux publics est appelé à préparer d'importantes adjudications pour la construction des chemins de fer et l'amélioration de nos voies navigables.

J'ai, en conséquence, invité le conseil général des ponts et chaussées à examiner ce qu'il y aurait à faire à ce sujet, et je viens, monsieur le Préfet, vous entretenir du résultat de cet examen.

Le cahier des clauses et conditions générales du 25 août 1833 renfermait les dispositions suivantes :

« Art. 36. — Dans le cas où l'administration ordonnerait la cessation
« absolue ou l'ajournement indéfini des travaux adjugés, l'entrepreneur
« pourra requérir qu'il soit procédé de suite à la réception provisoire
« des travaux exécutés et à leur réception définitive, après l'expiration
« du délai de garantie. Après la réception définitive, il sera, ainsi que
« sa caution, déchargé de toute garantie pour raison de son entreprise. »

« Art. 40. — Dans le cas prévu par l'article 36... les outils et ustensiles
« indispensables à l'entreprise, que l'entrepreneur ne voudra pas
« garder pour son compte, seront acquis par l'Etat.

« Les matériaux approvisionnés par ordre et déposés sur les travaux,
« s'ils sont de bonne qualité, seront également acquis par l'Etat au
« prix de l'adjudication.

« Les matériaux qui ne seraient pas sur les travaux resteront au
« compte de l'entrepreneur : mais, tant pour cet objet que pour toutes
« autres réclamations, il pourra lui être alloué une indemnité qui sera
« fixée par l'administration et qui, dans aucun cas, ne devra excéder le

« cinquantième du montant des dépenses restant à faire en vertu de
« l'adjudication. »

Lorsqu'il a paru nécessaire de réviser l'arrêté ministériel de 1833, on a fait observer que les expressions de l'article 36 : ajournement indéfini, manquaient de précision et que la proportion du cinquantième énoncée à l'article 40 s'éloignait beaucoup de la règle du droit commun, telle qu'elle est posée par l'article 1794 du Code civil, ainsi conçu :

« Le maître peut résilier le marché à forfait, quoique l'ouvrage soit commencé, en dédommageant l'entrepreneur de toutes ses dépenses, de tous ses travaux et de tout ce qu'il aurait pu gagner dans son entreprise. »

L'administration a, en conséquence, dans l'arrêté du 16 novembre 1866, substitué aux articles susmentionnés les dispositions suivantes :

« Art. 34. — Lorsque l'administration ordonne la cessation absolue
« des travaux, l'entreprise est immédiatement résiliée. »

« Lorsqu'elle prescrit leur ajournement pour plus d'une année, soit
« avant, soit après un commencement d'exécution, l'entrepreneur a le
« droit de demander la résiliation de son marché, sans préjudice de
« l'indemnité qui, dans ce cas comme dans l'autre, peut lui être allouée,
« s'il y a lieu.

« Si les travaux ont reçu un commencement d'exécution, etc... »

« Art. 43. — Dans le cas de résiliation prévu par l'article 34, les
« outils et équipages existant sur les chantiers et qui eussent été né-
« cessaires pour l'achèvement des travaux sont acquis par l'Etat, si
« l'entrepreneur en fait la demande, et le prix est réglé de gré à gré ou
« à dire d'experts. »

En comparant les deux textes, on voit que celui de 1866 diffère du premier, en ce sens qu'il précise la durée de l'ajournement qui peut donner lieu à résiliation et qu'il s'abstient de toute limitation, en ce qui touche le chiffre de l'indemnité pouvant être accordée à l'entrepreneur, pour le dédommager des avantages dont il serait privé par le fait de cette résiliation.

Cependant ces nouvelles dispositions n'ont pas fait disparaître toute difficulté, et si elles peuvent être considérées comme plus équitables en faveur des entrepreneurs, elles paraissent avoir, dans une certaine mesure, compromis les intérêts de l'Etat.

Il est arrivé, en effet, que la résiliation a été prononcée, soit parce que l'ajournement était prescrit pendant plus d'une année, soit parce que le Conseil de préfecture avait jugé que les crédits ouverts n'étaient pas en rapport avec les dépenses d'installation de l'entrepreneur ; l'administration s'est trouvée alors en présence du principe établi par l'article 1794 du Code civil, c'est-à-dire dans l'obligation de dédommager l'entrepreneur de toutes ses dépenses, de tous ses travaux et de tout ce qu'il aurait pu gagner dans son entreprise.

On comprend que, lorsqu'il s'agit de travaux de routes, le matériel employé à ces travaux est trop peu important, eu égard à la somme de dépense, pour qu'il y ait lieu, de ce côté, de redouter de grands embarras. Mais il n'en est pas de même pour d'autres catégories d'entreprises, telles par exemple, que celles qui ont pour objet l'établissement de chemins de fer, la construction de ponts ou autres ouvrages d'art, l'exécution de travaux à la mer, etc. Dans ce dernier cas, une dépense relativement considérable s'impose pour le matériel seul.

La question des crédits, lorsqu'il s'agit d'une entreprise importante, n'est pas moins délicate. Tout entrepreneur sérieux, en se présentant à une adjudication, doit chercher à se rendre compte du temps qui sera employé à l'exécution complète des travaux qu'il soumissionne. Le temps est, en effet, l'un des éléments essentiels de la dépense ; cependant, la durée d'exécution n'est généralement pas limitée dans les projets de travaux publics qui servent de base aux adjudications, et si on l'indique quelquefois, ce n'est qu'à titre de simple renseignement et sans engager à aucun degré l'administration, qui ne peut elle-même, en effet, disposer à l'avance de crédits non votés.

Cette liberté absolue que l'administration est obligée de se réserver, a souvent pour conséquence d'imposer aux entrepreneurs des charges imprévues, et par cela même peu équitables, si, au lieu d'ajourner indéfiniment les travaux ou de les suspendre pendant plus d'une année, seuls cas prévus par l'article 34, elle ne peut accorder pendant plusieurs années successives que des crédits hors de proportion avec les dépenses d'installation et avec l'importance de l'entreprise. Aussi, bien que le cahier des clauses et conditions générales soit muet à cet égard, il arrive que, dans des cas semblables, l'administration prononce souvent d'elle-même la résiliation de l'entreprise et que les tribunaux administratifs, par des décisions plus conformes à l'équité qu'au droit rigoureux, assimilent le ralentissement des travaux à cette suspension ou à cet ajournement prévu par l'article 34. C'est ainsi que les Conseils de préfecture, peu familiers avec l'art des constructions, et s'appuyant sur les règles du droit commun, sont amenés à appliquer, souvent au grand détriment du Trésor, l'article 1794 du Code civil, dont le principe est rigoureusement juste, mais dont l'application présente tant de difficultés et d'incertitude.

Les considérations qui précèdent portent à regretter deux choses : la première, que le cahier des clauses et conditions générales n'ait pas prévu le cas d'un ralentissement anormal dans la marche des travaux ; la seconde que, supprimant l'indication de tout maximum, dans le chiffre de l'indemnité, il puisse compromettre les intérêts du Trésor, au delà de ce que peut réclamer l'équité. Cependant, ces deux lacunes n'ont d'inconvénient ou de danger sérieux, comme nous l'avons dit, que pour les entreprises importantes dont la durée embrasse plusieurs années ou qui, en raison de leur nature, nécessitent l'emploi d'un outillage spécial et dispendieux ; le Conseil général des ponts et chaussées n'a pas pensé qu'il fût utile de modifier les dispositions de l'arrêté de 1866, mais il a estimé que, pour les cas signalés ci-dessus, il convenait d'introduire à l'avenir, dans les devis des projets, des clauses spéciales destinées à compléter les clauses et conditions générales.

Ces clauses spéciales seraient de deux natures : les unes auraient pour objet de rassurer l'entrepreneur contre les pertes que pourrait lui faire éprouver l'insuffisance des crédits et de supprimer toute contestation, même lorsque les travaux subiraient un ralentissement imprévu ; les autres, de déterminer d'une manière équitable le maximum de l'indemnité pour le cas où la résiliation serait prononcée à la suite d'un ajournement complet des travaux ou d'un retard anormal que l'administration se trouverait obligée de leur faire subir.

Dans un pareil ordre d'idées, le cahier des charges pourrait indiquer entre deux limites assez rapprochées la durée probable des travaux.

Au delà de la limite extrême et pour chaque exercice en dehors de cette limite, on stipulerait le paiement d'une somme fixe qui s'ajouterait au prix des travaux, et serait déterminée à l'avance : pour la fixation de cette somme, on tiendrait compte de la partie des frais généraux indépendants de l'activité imprimée aux travaux, des dépenses d'entretien du matériel inactif, et de l'intérêt tant du capital que ce matériel représente que du fonds de roulement nécessaire à l'entreprise.

Pour le cas où cette limite extrême serait dépassée d'un nombre d'années également déterminé et à l'expiration de chacun des exercices suivants, l'administration et l'entrepreneur, chacun de son côté, auraient la faculté de provoquer la résiliation sous réserve du paiement d'une indemnité ; il appartiendrait aux ingénieurs, dans chaque cas particulier, après en avoir développé les motifs dans le rapport à l'appui, de fixer le quantum proportionnel de cette indemnité, sans toutefois que ladite proportion puisse dépasser celle du dixième restant à faire.

Pour mieux préciser ces conclusions, le conseil a indiqué, en prenant des chiffres arbitraires, la rédaction qui lui a semblé pouvoir être donnée à ces clauses particulières pour des entreprises importantes et d'une nature spéciale.

Dans le cas, par exemple, de l'adjudication d'une jetée évaluée à 1,200,000 francs, le devis renfermerait les stipulations suivantes :

1° L'entrepreneur prendra les mesures nécessaires pour que les travaux puissent être exécutés dans un délai de (*trois*) années ;

2° Si cette durée, à raison de l'insuffisance des crédits, est portée à (*quatre*) années, il ne pourra élever, de ce fait, aucune réclamation ;

3° Passé ce délai et pour chacune des années ultérieures, l'entrepreneur aura droit, en dehors du prix des travaux, à l'allocation d'une somme fixe de..... diminuée au rabais de l'adjudication ;

4° A l'expiration de la (*sixième*) année, l'administration, sur la demande de l'adjudicataire, prononcera la résiliation de l'entreprise ; elle pourra également la prononcer de son initiative ;

Dans l'un et l'autre cas, il sera alloué à l'entrepreneur une indemnité égale au... du montant des dépenses restant à faire en vertu de l'adjudication, après le retranchement d'un sixième réservé ci-dessous ;

5° Les dispositions de l'article qui précède sont applicables au cas de la cessation absolue des travaux ou de leur ajournement pour plus d'une année.

Elles n'auront d'ailleurs nullement pour effet de déroger au droit, qui appartient à l'Administration, de déduire d'un sixième la masse des ouvrages, en vertu de l'article 34 des clauses et conditions générales.

J'adopte de tous points, Monsieur le Préfet, les conclusions du Conseil général des ponts et chaussées. Je ne mets pas en doute que la voie dans laquelle entre l'Administration, en même temps qu'elle préviendra des contestations regrettables, n'attire aux adjudications de nos grands travaux publics des entrepreneurs sérieux qui s'en tenaient éloignés en raison de l'incertitude de la durée de l'exécution de l'entreprise à soumissionner.

Je vous prie de m'accuser réception de la présente circulaire dont j'adresse une ampliation à MM. les Ingénieurs.

Recevez, Monsieur le Préfet, l'assurance de ma considération la plus distinguée.

Le Ministre des Travaux publics,
Albert CHRISTOPHLE.

X

Circulaire n° 40. — Versailles, le 30 septembre 1878.

Adjudications publiques. Depôt des soumissions.

Monsieur le Préfet, les règles édictées par les ordonnances des 10 mai 1829 et 4 décembre 1836, pour les adjudications publiques, ont été inspirées par la préoccupation d'assurer la sincérité absolue du concours et surtout de mettre l'Administration à l'abri de tout soupçon de faveur ou de partialité. La pratique en a, en général, confirmé la sagesse ; mais, en ce qui concerne le dépôt des soumissions, elle a révélé un inconvénient sur lequel mon attention a été appelée.

D'après l'ordonnance de 1829, les paquets contenant les soumissions et les certificats de capacité sont reçus cachetés par le Préfet, le conseil de préfecture assemblé, en présence de l'Ingénieur en chef. Ils sont immédiatement rangés sur le bureau et reçoivent un numéro dans l'ordre de leur présentation. L'ordonnance de 1836 dit à son tour que les *soumissions doivent toujours être remises cachetées en séance publique*, et le règlement général sur la comptabilité publique du 31 mars 1862 reproduit textuellement cette disposition.

Tout se passe ainsi au grand jour, en présence des intéressés ; mais on fait remarquer qu'il peut arriver et qu'il arrive, en effet, qu'ainsi rassemblés à la préfecture, à la même heure, les concurrents en profitent pour s'entendre aux dépens de l'Etat. Ils présentent leurs dispositions réciproques, et quelquefois se coalisent pour écarter la concurrence. Quelques entrepreneurs fréquentent même les adjudications sans aucun désir d'y prendre part, et uniquement avec l'intention de se faire acheter leur abstention.

L'article 4 du Code pénal punit, il est vrai, d'un emprisonnement de quinze jours à trois mois, et d'une amende de 100 à 5,000 fr. ceux qui par dires ou promesses auraient écarté les entrepreneurs. L'ordonnance du 4 décembre 1836 contient de son côté une clause de surenchère analogue à celle des ventes judiciaires d'immeubles, qui permet à l'Administration de recevoir, pendant un délai d'au plus trente jours, des offres et rabais sur le prix d'adjudication ; d'autre part, enfin, l'adjudication ne devient définitive, dans la plupart des cas, qu'après l'approbation ministérielle. Mais ces diverses précautions restent le plus souvent impuissantes, et l'on peut craindre que le règlement adopté pour le dépôt des soumissions ne facilite l'entente entre les entrepreneurs.

J'ai décidé, en conséquence, M. le Préfet, qu'il y aura lieu, à l'avenir, d'insérer, dans les affiches annonçant l'adjudication, à la suite de l'article relatant les conditions du dépôt des paquets, telles que les prescrivent les ordonnances de 1829 et 1836, la disposition suivante :

« Les concurrents pourront toutefois faire parvenir leurs soumissions, « avec les pièces exigées par l'article 10 de l'ordonnance du 10 mai « 1829, par lettre chargée au Préfet avant le jour de l'adjudication. « Cette lettre chargée devra porter extérieurement une mention indi-« quant la nature du contenu et avertissant qu'elle ne doit pas être « ouverte avant l'adjudication. Les lettres chargées, ainsi parvenues « au Préfet, seront déposées par lui sur le bureau, après la remise des « paquets des autres concurrents en séance publique. »

Dans les départements où il est d'usage de recueillir les paquets dans une boîte, il conviendra de stipuler, en outre, dans les affiches, d'une part, que « l'emploi de ce moyen demeure facultatif et ne fait « pas obstacle à ce que les entrepreneurs qui n'en auraient pas profité « soient admis à remettre leurs soumissions entre les mains du Préfet, « en séance publique et jusqu'au dernier moment, » et d'autre part, « que dans ce cas, la boîte, déposée sur le bureau au commencement de « la séance, ne devra être ouverte qu'après la remise des soumissions « en séance publique. »

J'adresse ampliation de la présente à MM. les Ingénieurs en chef.

Recevez, etc.

Le Ministre des Travaux publics,
C. DE FREYCINET.

XI

1888 (4-5 juin). — Décret *qui fixe les conditions exigées des sociétés d'ouvriers français pour pouvoir soumissionner les travaux et fournitures faisant l'objet des adjudications de l'Etat.*

Art. 1ᵉʳ. — Les adjudications et marchés de gré à gré, passés au nom de l'Etat, sont, autant que possible, divisés en plusieurs lots, selon l'importance des travaux ou des fournitures, ou en tenant compte de la nature des professions intéressées. Dans le cas où tous les lots ne seraient pas adjugés, l'administration aura la faculté soit de traiter à l'amiable pour les lots non adjugés, soit de remettre en adjudication l'ensemble de l'entreprise ou les lots non adjugés, en les groupant, s'il y a lieu.

Art. 2. — Les sociétés d'ouvriers français, constituées dans l'une des formes prévues par l'art. 19 du Code de commerce ou par la loi du 24 juillet 1867, peuvent soumissionner, dans les conditions ci-après déterminées, les travaux ou fournitures faisant l'objet des adjudications de l'Etat. Des marchés de gré à gré peuvent être également passés avec ces sociétés pour les travaux et fournitures dont la dépense totale n'excède pas 20,000 fr.

Art. 3. — Pour être admises à soumissionner, soit par voie d'adjudication publique, soit par voie de marché de gré à gré, les entreprises de travaux publics ou de fournitures, les sociétés devront préalablement produire : 1° la liste nominative de leurs membres ; 2° l'acte de société ; 3° des certificats de capacité délivrés aux gérants, administrateurs ou autres associés spécialement délégués pour diriger l'exécution des travaux ou fournitures qui font l'objet du marché et assister aux opérations destinées à constater les quantités d'ouvrage effectué ou de fournitures livrées. Les sociétés indiqueront, en outre, le nombre minimum de sociétaires qu'elles s'engagent à employer à l'exécution du marché. En cas d'adjudication, les pièces justificatives exigées par le présent article seront produites dix jours au moins avant celui de l'adjudication.

Art. 4. — Les sociétés d'ouvriers sont dispensées de fournir un cautionnement, lorsque le montant prévu des travaux ou fournitures faisant l'objet du marché ne dépasse pas 50,000 francs.

Art. 5. — A égalité de rabais entre une soumission d'entrepreneur ou fournisseur et une soumission de société d'ouvriers, cette dernière sera préférée. Dans le cas où plusieurs sociétés d'ouvriers offriraient le même rabais, il sera procédé à une réadjudication entre ces sociétés sur de nouvelles soumissions. Si les sociétés se refusaient à faire de nouvelles offres, ou si les nouveaux rabais ne différaient pas, le sort en déciderait.

Art. 6. — Des acomptes sur les ouvrages exécutés ou les fournitures livrées sont payés tous les quinze jours aux sociétés d'ouvriers, sauf les retenues prévues par les cahiers des charges.

Art. 7. — Les sociétés d'ouvriers sont soumises aux clauses et conditions générales imposées aux entrepreneurs de travaux et fournitures par les différents départements ministériels, en tout ce qu'elles n'ont pas de contraire au présent décret.

Art. 8. — Les dispositions du présent décret ne sont pas applicables aux marchés ou adjudications des travaux qui concernent les travaux ou fournitures de la guerre et de la marine, lorsque l'application de ces dispositions paraîtra au ministre préjudiciable aux intérêts du service.

Art. 9. — Les ministres de l'intérieur et des finances sont chargés, etc.

XII

INSTRUCTION SUR L'APPLICATION DE LA LOI DU 22 JUILLET 1889

TITRE PREMIER

Introduction des instances et mesures générales d'instruction.

Art. 1er. — L'article 1er règle les formes du dépôt de la requête.

Dépôt de la requête. — Les requêtes introductives d'instance concernant les affaires sur lesquelles le Conseil de préfecture est appelé à statuer par la voie contentieuse doivent être déposées au greffe du Conseil, sauf disposition contraire contenue dans une loi spéciale.

Ces requêtes sont inscrites, à leur arrivée, sur le registre d'ordre qui doit être tenu par le secrétaire-greffier ; elles sont en outre marquées, ainsi que les pièces qui y sont jointes, d'un timbre indiquant la date de l'arrivée.

Le secrétaire-greffier délivre aux parties qui en font la demande un certificat constatant l'arrivée au greffe de la réclamation et des différents mémoires produits.

. . . .

Timbre d'arrivée des requêtes et des pièces jointes. — L'obligation de frapper d'un timbre spécial d'arrivée les pièces parvenues au greffe résultait déjà de l'article 1er du décret du 12 juillet 1865. Néanmoins, cette prescription a été parfois perdue de vue dans certains départements et a dû être rappelée par l'un de mes prédécesseurs dans une circulaire du 26 août 1878 (*Bulletin officiel du Ministère de l'Intérieur*, 1878, p. 369).

Je ne puis que me référer à ces instructions en insistant sur l'importance de cette formalité, qui peut servir à constater la recevabilité des réclamations.

. . . .

2. *Forme de la requête.* — La forme de la requête n'a rien de sacramentel.

Les mentions prescrites par l'article 2 ne sont même pas exigées à peine de nullité ; elles peuvent être remplacées par des équivalents ou suppléées par le juge, ainsi que le déclare l'exposé des motifs (*Journal officiel* du 16 juin 1870).

Mais il est indispensable que la requête soit inscrite et déposée au greffe, avec la signature du demandeur ou de son mandataire. Le Conseil d'Etat déclare non recevables les requêtes dépourvues de signature.

Le Conseil de préfecture ne peut statuer que dans les limites des conclusions de la requête.

3. *Copies des requêtes.* — L'article 3 édicte une disposition nouvelle pour éviter au défendeur le déplacement qui lui était imposé an-

térieurement en vue de prendre au greffe connaissance de la demande. Elle oblige l'administration, comme les particuliers, à fournir autant de copies de la requête qu'il y a de défendeurs ayant un intérêt distinct.

Le nombre de ces copies est fixé par le Conseil, mais l'obligation de fournir des copies ne s'étend pas aux pièces annexées à la requête.

. . . .

Les frais de copies pourront, sur la demande des parties, être alloués en dépens (art. 64 de la loi et art. 1ᵉʳ du décret-tarif du 18 janvier 1890).

4. *Requête signifiée par exploit d'huissier.* — Le demandeur, qui introduit sa demande par voie de requête déposée au greffe, peut également l'introduire par exploit d'huissier signifié aux parties défenderesses.

L'exploit, assignant directement l'adversaire, remplace le dépôt de la requête et la notification administrative ; il devra contenir les mêmes mentions que celles exigées par l'article 2 pour la validité des requêtes introductives.

Si l'exploit n'est pas déposé au greffe dans les quinze jours de la signification, le Conseil doit déclarer la demande périmée.

L'exploit n'a pas, comme en matière civile, à impartir un délai au défendeur, soit pour produire ses moyens, soit pour comparaître. C'est en effet le Conseil qui fixe le délai de production, aux termes du paragraphe 2 de l'article 6, de même que le jour de l'audience.

. . . .

5. *Instruction des affaires.* — Les décisions du Conseil de préfecture, réglant les notifications à faire aux parties, sont, ainsi que l'indiquait déjà la circulaire du 21 juillet 1865, inscrites sur la feuille devant contenir le dossier. Elles sont datées et signées par le rapporteur ou par le président ; le greffier certifie, par son parafe, accompagné de la date, que les ordres de notification ont été exécutés.

La fixation des délais pour fournir les défenses est laissée à l'appréciation du Conseil. Ainsi le Conseil de préfecture pourra, même après la mise au rôle et jusqu'à l'audience, admettre les productions des parties.

6. *Des notifications.* — Les notifications prévues par cet article sont exclusivement celles que nécessite l'instruction de l'affaire.

L'article 51 trace d'autres règles pour la notification des arrêtés.

En décidant que les notifications auront lieu « dans la forme administrative », l'article 7 exclut implicitement l'usage du ministère d'huissier.

L'agent, que le Conseil aura désigné pour faire les notifications, devra dépendre directement de l'autorité administrative ; tels sont les sous-préfets, maires, commissaires de police, gardes champêtres, etc.

Bien que les dispositions relatives aux notifications ne soient pas prescrites à peine de nullité, il appartient au Conseil d'apprécier si des notifications irrégulières ne lèsent pas les intérêts des parties. Aucune d'elles, en effet, ne peut être jugée sans qu'il soit constaté qu'elle a été touchée par la notification et mise à même de produire ses défenses.

A défaut de récépissé délivré par la partie, l'agent désigné dresse un procès-verbal de notification, qui doit mentionner les circonstances dans lesquelles la copie a été remise.

Toutes les règles applicables aux particuliers le sont également aux administrations en cause.

8. *Communication et déplacement des pièces.* — L'article 8 s'occupe de la communication des pièces et de la constitution des mandataires.

En règle générale, les communications se font au greffe sans déplacement. Néanmoins l'autorisation de déplacer des pièces peut être accordée par le président. Cette exception est d'usage en faveur de l'administration et se justifie par le caractère public de ses agents.

L'autorisation de déplacer le dossier peut aussi, en vertu du paragraphe 2 de l'article, être accordée aux avoués exerçant dans le déparment et aux avocats, mais non aux simples mandataires, ni même aux agréés près les tribunaux de commerce qui, n'ayant pas été compris dans l'exception faite par le paragraphe précité, se trouvent dans la situation des mandataires ordinaires.

Le président détermine le délai du déplacement qu'il autorise. A l'expiration de ce délai, le secrétaire-greffier doit provoquer et assurer le rétablissement des pièces déplacées.

Des mandataires. — Le mandataire ordinaire doit justifier d'une procuration *sous seing privé*, légalisée par le maire et enregistrée, ou d'un acte authentique lui conférant mandat.

La loi ne distingue pas entre le mandataire chargé de suivre l'instruction et celui qui présente des observations orales à l'audience ; il y a donc lieu d'exiger la production d'un mandat établi dans les mêmes formes pour le mandataire plaidant, même s'il est assisté à l'audience de son mandant. Les avocats inscrits à un barreau et les avoués exerçant dans le département n'ont pas à justifier de leur mandat.

L'individu privé du droit de témoigner en justice ne peut être admis comme mandataire.

Élection de domicile. — Le mandataire est substitué au mandant pour toutes les phases de l'instruction ; son domicile est réputé domicile élu de celui qui l'a choisi. Si la partie est domiciliée en dehors du département, elle doit faire élection de domicile au chef-lieu où siège le Conseil de préfecture.

Cette obligation s'applique également au mandataire, lors même que la partie qu'il représente serait domiciliée dans le département.

Quand le défendeur est domicilié hors du département, la notification de la requête introductive est faite au domicile réel, le seul encore connu au début de l'instance. Les notifications ultérieures sont effectuées au domicile élu.

9. *Des mémoires en défenses et répliques.* — Les défenses et répliques produites au cours de la procédure sont déposées au greffe dans les conditions fixées par les articles 1 à 4 de la loi, c'est-à-dire qu'elles doivent être signées, datées, contenir l'indication de la profession et du domicile, les conclusions et l'énonciation des pièces dont le défendeur ou le demandeur entend se servir.

Elles sont, en outre, soumises au timbre, et il doit être fourni des copies destinées à être notifiées aux adversaires.

Aucune sanction équivalente à celle de l'article 3 n'est prévue à l'égard du défendeur qui ne produirait pas de copies de sa défense ou les fournirait en nombre insuffisant, bien que cette négligence puisse nuire aux intérêts du demandeur.

En pareil cas, il ne paraîtrait pas contraire à l'esprit de la loi, qui a voulu assurer une protection égale à toutes les parties, de décider que le Conseil de préfecture peut, suivant la nature et l'importance du préjudice, opérer la liquidation de tout ou partie des dépens contre le défendeur.

En dehors des pièces versées au dossier par les parties, le Conseil peut ordonner la production des documents qui lui paraîtraient utiles.

. . . .

TITRE II

Des différents moyens de vérification.

§ 1er. — *Des expertises.*

Le titre II, qui traite des expertises, des visites de lieux, des enquêtes et des interrogatoires, constitue la principale innovation de la loi du 22 juillet 1889.

Le décret du 12 juillet 1865 ne contenait, en effet, aucune disposition relative à ces différents points et il avait dû être suppléé à cette lacune par les principes généraux de la procédure et par les prescriptions particulières des lois spéciales.

13. Le Conseil est libre, sauf pour les cas exceptés par le paragraphe 2 de l'article 13, d'apprécier s'il y a lieu, ou non d'ordonner une vérification sur les points de fait contestés. Il détermine ces points par son arrêté.

Expertise obligatoire. — L'expertise est obligatoire quand elle est réclamée par les parties ou par l'une d'elles dans deux espèces de contestations :

1° En matière de dommages résultant de l'exécution de travaux publics, cas dans lequel rentrent les extractions de matériaux et les occupations temporaires;

2° En matière de subventions spéciales pour dégradations extraordinaires aux chemins vicinaux.

Par analogie, l'article 13 est applicable aux dégradations extraordinaires sur les chemins ruraux, pour lesquelles la loi du 20 août 1881 renvoie, du reste, à la loi du 21 mai 1836.

Quand les parties demandent l'expertise en vertu du paragraphe 2 de l'article, la vérification doit être ordonnée, qu'il s'agisse de dommages à une propriété ou à une personne. Le Conseil de préfecture, si l'expertise est réclamée devant lui, ne pourrait s'en référer à une expertise ordonnée sur les mêmes faits par une autre juridiction et refuser de prescrire l'expertise dans les formes des articles 13 à 23.

Toutefois, malgré le caractère impératif du paragraphe 2 de l'article 13, le Conseil pourrait refuser l'expertise, si la requête était frappée d'une fin de non-recevoir, ou si la solution de l'affaire dépendait d'une question de droit, et non d'une vérification de fait (*Rapport au Sénat*, 17 *janvier* 1889).

La requête à fin d'expertise, si elle n'est pas comprise dans la demande principale, est soumise à l'obligation du timbre et à la production des copies, comme toutes les demandes qui se produisent au cours de l'instruction (art. 2, 3, 6 et 7).

14 et 15. L'article 14 s'inspire des dispositions des articles 303 et suivants du Code de procédure civile.

Formes de l'expertise. — Il remplace les prescriptions, relatives aux diverses formes d'expertise et à la tierce expertise, établies par l'article 56 de la loi du 16 septembre 1807, par l'article 17 de la loi du 21 mai 1836 et par certaines lois spéciales, sans autre exception que la réserve faite par l'article 11 pour les contributions directes.

Il y a lieu d'établir une distinction suivant que l'expertise est réclamée par les parties ou ordonnée d'office.

Expertise ordonnée sur la demande des parties. — Quand l'expertise est demandée par les parties, il y est procédé par trois experts, et chaque partie est appelée à désigner le sien. Toutefois, les parties peuvent s'accorder soit pour la désignation d'un seul expert, soit pour laisser au Conseil de préfecture le choix de cet expert commun.

Si les parties, s'étant décidées pour la nomination d'un seul expert, ne pouvaient tomber d'accord sur le choix de l'homme de l'art, il appartiendrait au Conseil de le désigner, à l'expiration du délai imparti pour le dépôt au greffe du nom de l'expert commun.

Nomination de plus de trois experts. — Il peut arriver que, dans une affaire, il y ait plus de deux intérêts opposés, et l'article 14 présente alors une certaine difficulté d'interprétation. Il ne s'agit pas ici du cas où, par exemple, un même travail public lèse un certain nombre de propriétaires : ces propriétaires ont des intérêts distincts, mais non opposés et, si chacune de leurs réclamations fait naître une instance spéciale, rien ne les empêche de prendre tous le même expert. L'administration et le Conseil de préfecture peuvent en faire autant, et ce système, s'il est employé de part et d'autre, aura l'avantage, en permettant de grouper des affaires analogues dans une même instruction, d'assurer une étude d'ensemble et bien coordonnée. En ce cas, on peut dire qu'entre l'Administration et chacun des propriétaires il y aura une expertise faite par trois experts, dans les termes mêmes de l'article 14, dont l'application ne présente aucune difficulté pour cette hypothèse.

Mais il peut exister une véritable opposition entre trois intérêts ou plus, par exemple, lorsqu'un dommage est imputé soit à l'administration, soit à un entrepreneur, ou lorsqu'une commune intente une action en responsabilité contre un architecte ou un entrepreneur, ou même contre des entrepreneurs successifs et que chacun prétend s'exonérer de la responsabilité en rejetant la faute sur un autre.

Comment concilier, dans ce cas, les différentes dispositions de l'article 14 ? Faut-il s'attacher de préférence au paragraphe 1er, qui ne prévoit pas l'intervention de plus de trois experts, ou au paragraphe 3, qui donne à chaque partie le droit de nommer son expert et charge le Conseil de préfecture d'en désigner un autre, ce qui, dans l'espèce indiquée ci-dessus, porte le nombre des experts à quatre au moins ?

La seconde solution paraît seule conforme à l'esprit de la loi. Le principe qui domine la matière, c'est le droit de chacune des parties en cause à être représentée par un expert de son choix. C'est dans cette vue que, tout en se rapprochant, pour la forme des expertises, des règles suivies devant l'autorité judiciaire, on a évité de pousser l'assimilation jusqu'au bout et que, tandis que l'article 318 du Code de procédure civile interdit aux experts, en cas d'avis différents, de faire connaître l'auteur de chaque avis, l'article 20 de la nouvelle loi leur impose l'obligation contraire. Les raisons données dans les travaux préparatoires pour expliquer l'impossibilité, en matière administrative, de faire nommer les experts par un accord des parties, ne laissent aucun doute sur la pensée du législateur. Il faut donc admettre qu'en parlant seulement d'un ou trois experts, l'article 14 n'a eu en vue que le cas le plus général et que cette disposition est énonciative, et non limitative. Si, par suite de cette interprétation, il arrive que les experts soient en nombre pair, il n'en résulte aucune difficulté de procédure, puisque l'article 20, déjà cité, loin d'obliger les experts à former un avis à la pluralité des voix, dispose qu'en cas de désaccord, chacun d'eux indiquera son opinion et les motifs à l'appui.

Il semble donc que, dans tous les cas, et quel que soit le nombre des parties en cause, chacune doit être invitée à nommer son expert et que, faute par certaines d'entre elles d'avoir fait cette désignation, le Conseil de préfecture doit, en vertu de l'article 15, y pourvoir séparément pour chacune.

Des notifications à fin de désignation d'experts. — Les parties qui ne sont pas présentes à la séance publique où l'expertise est ordonnée, ou qui n'ont pas, dans leurs requêtes et mémoires, désigné leur expert, sont invitées, par une notification faite conformément à l'article 7, à le désigner dans le délai de huit jours. Si cette désignation n'est pas parvenue au greffe dans ce délai la nomination est faite d'office par le Conseil de préfecture.

La notification adressée aux parties, d'avoir à désigner leur expert, pourra utilement leur rappeler que la loi leur donne le droit d'opter entre la nomination d'un expert pour chacune d'elles et la désignation, après entente entre elles, d'un expert unique. En vue d'arriver à un accord pour le choix d'un expert commun, le Conseil pourra prolonger le délai de huitaine. En effet, ce délai n'est pas un délai de rigueur.

Par contre, l'arrêté qui aurait nommé d'office des experts avant l'expiration du délai, serait entaché d'un vice de forme, à moins qu'ultérieurement les parties n'aient assisté, sans protestations ni réserves, aux opérations de l'expertise.

Expertise d'office. — Dans le cas où l'expertise est ordonnée d'office, les parties doivent être mises en demeure de choisir leurs experts, conformément à l'article 15. Si elles laissaient s'écouler le délai de huitaine sans procéder à ce choix, le Conseil de préfecture pourrait le faire lui-même et il aurait alors la faculté de ne nommer qu'un seul expert.

C'est en ce sens que l'article 303 du Code de procédure civile, plus impératif dans ses termes que l'article 14, a été interprété par la Cour de cassation.

16. *Arrêté ordonnant l'expertise.* — L'arrêté qui ordonne l'expertise et qui désigne, le cas échéant, le ou les experts, doit préciser les points sur lesquels portera la vérification.

Toute personne peut être nommée expert à moins qu'elle n'ait été privée de ce droit par un jugement. Dans ce cas, l'expertise serait entachée de nullité.

Les experts doivent prêter serment devant l'autorité désignée par le Conseil de préfecture. Cette formalité est substantielle et son omission entraînerait la nullité de l'expertise, que celle-ci soit obligatoire ou facultative. Ce n'est que du consentement des parties que le Conseil peut dispenser les experts de la prestation de serment.

Les fonctionnaires désignés pour recevoir le serment sont, notamment, les conseillers de préfecture siégeant en corps ou individuellement, le secrétaire général, un sous-préfet, un maire, un juge de paix. Toutefois, en vue de diminuer les frais, il est préférable de désigner les fonctionnaires qui résident près des lieux où doit avoir lieu l'expertise.

L'exemption des droits d'enregistrement pour le procès-verbal de prestation de serment, et, le cas échéant, pour l'expédition de ce procès-verbal, n'entraîne pas exemption du timbre. (Instruction du Directeur général de l'enregistrement du 5 octobre 1889.)

Dépôt du rapport au greffe. — Le Conseil fixe le délai dans lequel les experts doivent déposer leur rapport au greffe. Cette fixation, déjà en usage sous l'ancienne législation, mais alors dénuée de sanction, comporte aujourd'hui (art. 18) l'application de pénalités contre l'expert qui ne se serait pas conformé aux délais impartis.

17. *Incapacité.* — *Récusation des experts.* — Le paragraphe 1er de l'article 17 édicte une incapacité spéciale, en matière d'expertise, à l'égard des fonctionnaires qui ont exprimé une opinion dans l'affaire ou qui ont pris part aux travaux sur lesquels porte la réclamation. Cette exclusion s'applique sans distinction à tout agent de l'Etat, du département, des communes, des établissements publics et des associations syndicales autorisées. Elle peut être prononcée d'office ou sur la demande des parties.

La proposition de récusation doit être faite dans les formes de l'article 309 du Code de procédure civile, sauf en ce qui touche le délai, que l'article 17 porte à huit jours à partir de la notification. Elle comporte donc : 1º une requête motivée sur timbre ; 2º des preuves ou des offres de preuves par écrit ou par témoins ; 3º la signature de la partie ou de son mandataire.

Les experts nommés d'office peuvent être récusés pour les causes inscrites dans les articles 283 et 310 du Code procédure civile. La Cour de cassation a jugé que cette énumération n'est pas limitative.

Après l'expiration du délai de huit jours prévu par l'article 17, la proposition de récusation ne serait plus recevable.

Quand l'instruction, prescrite par le Conseil de préfecture sur la demande en récusation, est terminée, la cause est jugée d'urgence après convocation des intéressés.

Si la récusation est admise, l'arrêté qui la prononce nomme le nouvel expert.

Les parties peuvent rétracter la désignation de leur expert jusqu'à la prestation de serment.

18. *Remplacement des experts.* — *Pénalités.* — Les règles, posées par les articles 14 et suivants sont applicables lorsqu'il s'agit de remplacer l'expert qui refuse sa mission ou qui ne la remplit pas.

L'arrêté, par lequel le conseil de préfecture use du droit, que lui accorde l'article 18, de condamner l'expert négligent à tous frais frustratoires, et même à des dommages-intérêts, s'il y a lieu, doit être rendu après convocation de cet expert à l'audience publique.

19. *Convocation des parties à l'expertise.* — Les parties doivent être averties par le ou les experts des jours et heures auxquels il sera procédé à l'expertise ; cet avis leur est adressé, quatre jours au moins à l'avance, par lettre recommandée.

La convocation des parties à l'expertise est une formalité substantielle ; mais celles qui auraient assisté à l'expertise, sans y avoir été convoquées, ne seraient plus recevables à relever ce moyen de nullité.

Le rapport d'expertise devra contenir les observations présentées par les parties au cours de la vérification.

20. *Formes de l'expertise.* — Les experts, après avoir prêté serment, prennent communication du dossier de l'affaire. Le président peut autoriser le déplacement des pièces entre leurs mains contre un récépissé sur bordereau détaillé. La règle posée par l'article 8 ne fait pas obstacle à ce déplacement, les experts étant liés par leur serment.

S'il y a plusieurs experts, ils procèdent ensemble à la visite des lieux et dressent un seul rapport. Dans le cas où ils sont d'avis différents, ils indiquent l'opinion de chacun d'eux et les motifs à l'appui.

Cette disposition, que j'ai déjà eu occasion de signaler à propos de l'article 14, établit une règle en contradiction absolue avec l'article 318 du Code de procédure civile, d'après lequel les experts ne forment qu'un seul avis à la pluralité des voix et, en cas d'avis différents, indiquent les motifs des divers avis sans faire connaître l'avis personnel de chaque expert.

Le rapport doit être timbré et enregistré. (Instruction du Directeur général de l'enregistrement du 5 octobre 1889.)

21. *Notification du dépôt du rapport d'expertise.* — Le rapport des experts est déposé au greffe du Conseil. Les parties sont invitées, par une notification faite conformément à l'article 7, à en prendre connaissance et à fournir leurs observations dans le délai de quinze jours.

L'absence de notification aux parties du dépôt au greffe du rapport leur permet d'attaquer par la voie de l'opposition l'arrêté intervenu (art. 53).

Le conseil de préfecture peut d'ailleurs accorder aux parties, pour prendre connaissance du rapport et produire leurs observations, tous les délais qui lui paraîtront justifiés.

. . . .

24. *Constat d'urgence.* — En cas d'urgence, l'article 24 autorise le président du Conseil de préfecture, sur la demande des parties, à désigner un expert pour constater des faits qui seraient de nature à motiver une réclamation devant ce conseil. Avis doit en être immédiatement donné au défenseur éventuel.

C'est là une des innovations importantes de la loi. Sous l'empire de la législation antérieure, la faculté de faire procéder à un constat d'urgence ne pouvait être exercée que par le Conseil de préfecture tout entier. Désormais le président pourra « ordonner une simple mesure conservatoire, un simple constat. Mais la vérification devra être faite sans qu'il y ait lieu d'apprécier les droits respectifs des parties, la recevabilité ou le mérite de leurs prétentions. Ces questions appartiennent au fond du litige, qui doit rester intact » (1).

Ainsi, à la différence de la situation faite aux présidents des tribunaux civils par les articles 806 et suivants du Code de procédure civile, le président du Conseil de préfecture ne peut prendre aucune décision,

---

(1) Rapport présenté au Sénat par M. Léon Clément, 17 janvier 1889.

même provisoire, sur le litige. Il doit se borner « à désigner un expert pour constater des faits qu'il y a urgence à reconnaître et qui seraient de nature à motiver une réclamation devant le Conseil » (1).

C'est donc par suite d'une extension de langage que l'usage s'est introduit de donner à cette procédure le nom de *référé administratif*. Si la loi nouvelle attribue compétence au président, elle ne change pas la nature des pouvoirs autrefois reconnus au Conseil de préfecture par la jurisprudence, et la procédure autorisée par l'article 24 ne saurait être confondue avec le référé en matière civile.

Le président rend son arrêté sur simple requête timbrée, à lui adressée.

L'arrêté prescrivant un constat n'est pas susceptible d'opposition. (Art. 809 du Code de procédure civile.)

L'expert désigné prête serment. Le défendeur éventuel, s'il est connu, devra être averti par un avis du secrétaire-greffier de la désignation de l'expert et, s'il est possible, du jour de la vérification.

Les frais de l'expertise seront mis à la charge du demandeur, s'il est établi que le constat était inutile, ou s'il n'a pas été suivi d'une instance.

§ 2. — *Des visites de lieux.*

25. L'article 25 permet au Conseil de préfecture d'ordonner la visite des lieux litigieux, quand il le juge nécessaire. Il peut prescrire cette vérification soit d'office, soit sur la demande des parties, et prend à cet effet un arrêté dans la forme ordinaire.

Avis est donné aux parties, dans les formes de l'article 7, des jour et heure de la visite et, autant que possible, de l'objet de la vérification.

Le conseiller, ou les membres du Conseil, chargés de la vérification, ne sont pas liés par le dispositif de l'arrêté qui a prescrit les constatations à faire. La vérification pourra porter sur tous les points qu'il paraîtrait utile de relever.

Les personnes désignées pour fournir des explications sur les lieux

---

(1) Rapport présenté au Sénat par M. Léon Clément, 17 janvier 1889.

ne seront entendues qu'à titre de renseignement, et ne devront pas prêter serment.

Procès-verbal. — Le procès-verbal de l'opération, dressé par le conseiller, ne devra pas indiquer l'opinion personnelle de son auteur sur le fond du litige, afin de ne pas le mettre ensuite dans un cas de récusation.

Les parties doivent être invitées à prendre communication du procès-verbal.

Règlement des frais. — Le règlement des frais a lieu conformément à l'article 13 du décret-tarif du 18 janvier 1890 et se fera d'après les mentions contenues au procès-verbal, quant aux journées employées au transport, au séjour et au retour, par analogie avec l'article 298 du Code de procédure civile.

Au cas où la visite des lieux serait ordonnée sur la demande de l'une des parties, l'arrêté pourra décider que les frais de transport seront avancés par la partie requérante et consignés au greffe (art. 301 du Code de procédure civile).

§ 3. — *Des enquêtes et des interrogatoires.*

26. « Aucune loi, dit l'exposé des motifs (1), ne déterminait jusqu'ici les formes dans lesquelles les Conseils de préfecture peuvent procéder à une enquête. Dans la pratique, on suivait à peu près les formes usitées pour les enquêtes dirigées par le juge de paix.

« Le projet a établi un système simple, économique, qui ne répondrait peut-être pas aux exigences de certains débats portés devant l'autorité judiciaire, mais qui semble approprié aux constestations dans lesquelles les Conseils de préfecture ordonnent habituellement des enquêtes. »

27. *Arrêté ordonnant l'enquête.* — L'enquête a lieu soit devant le Conseil de préfecture en séance publique, soit devant un des membres du Conseil spécialement désigné, et qui se transporte sur les lieux. Elle ne peut donc plus être confiée soit à un autre fonctionnaire de

---

(1) *Journal officiel* du 16 juin 1870.

l'ordre administratif ou judiciaire, soit à un membre des corps électifs.

L'arrêté ordonnant l'enquête fixe le jour et l'heure auxquels il y sera procédé. L'indication des faits sur lesquels doit porter l'enquête n'est pas strictement limitative ; le Conseil ou le conseiller-enquêteur peuvent donc provoquer les déclarations des témoins sur des points, non prévus par l'arrêté, mais qui seraient connexes aux questions principales à élucider.

Le commissaire du Gouvernement, qui doit assister aux enquêtes faites en séance publique et qui peut, par l'intermédiaire du président, intervenir dans les interrogatoires, a la faculté d'assister aux enquêtes faites dans le département par le conseiller enquêteur.

L'assistance du secrétaire-greffier aux enquêtes est également autorisée. Mais, en vue de diminuer les frais, elle ne devra être qu'exceptionnellement réclamée par le conseiller-enquêteur, à qui il appartient d'ailleurs de rédiger le procès-verbal suivant le paragraphe 3 de l'article 32.

L'avance des frais peut être réclamée à la partie qui demande l'enquête, sauf en matière électorale, où il ne saurait être prononcé de condamnation aux dépens (art. 35 et 63). L'avance des frais est consignée au greffe.

L'article 13 du décret-tarif du 18 janvier 1890 est applicable aux indemnités de déplacement du conseiller-enquêteur et du secrétaire-greffier.

28. *Notification de l'arrêté et citation des témoins.* — Les parties ont intérêt à ce que les témoins qu'elles veulent faire entendre se présentent au jour fixé pour l'enquête; elles ont intérêt également à connaître les noms des témoins que la partie adverse entend faire déposer. En conséquence, et bien que la loi ne prescrive pas cette formalité, il est utile que la notification du dépôt au greffe de l'arrêté ordonnant l'enquête contienne l'invitation aux parties de faire connaître, avant le jour de l'audience, les noms des personnes qui devront être interrogées. Cette liste des témoins sera, sur leur demande et sans déplacement, communiquée aux parties par le secrétaire-greffier.

Les parties intéressées peuvent faire assigner leurs témoins par exploit d'huissier, mais les frais d'assignation n'entrent pas en taxe.

Les témoins défaillants n'encourent aucune pénalité.

29 et 30. *Exclusion des témoins.* — La loi du 22 juillet 1889 n'a pas reproduit le système des reproches établi par le Code de procédure civile.

Elle se borne à exclure le témoignage des parents et alliés en ligne directe et celui des personnes que la loi ou des décisions judiciaires auraient déclarées incapables de témoigner.

Mais les exclus peuvent être entendus à titre de renseignement.

Serment et déposition des témoins. — « Les témoins, ajoute l'exposé des motifs, doivent d'ailleurs faire connaître s'ils sont parents, alliés ou serviteurs de l'une des parties. C'est au juge à peser ces témoignages. »

Les témoins âgés de quinze ans révolus doivent prêter serment. L'absence de cette formalité entraîne la nullité de la déposition, mais sans vicier l'enquête dans son entier.

Les témoins sont entendus séparément en présence des parties, ou elles dûment convoquées ; ils peuvent être entendus de nouveau après leur première déposition, et même confrontés les uns avec les autres.

31 et 32. *Procès-verbal de l'enquête.* — Les articles 31 et 32 établissent des formes différentes pour la rédaction du procès-verbal, suivant que l'enquête a lieu en séance publique ou devant un conseiller enquêteur.

Dans le premier cas, le secrétaire-greffier dresse de l'audition des témoins un procès-verbal qui est visé par le président et annexé à la minute de l'arrêté.

Quand l'enquête est faite par un membre du Conseil, en dehors de l'audience, il est nécessaire de fournir au Conseil de préfecture la relation écrite et détaillée de tous les incidents de l'enquête ; elle constitue, en outre, une garantie de plus pour les parties.

A cet effet, l'article 32 décide que le procès-verbal doit contenir l'énoncé des jour, lieu et heure de l'enquête ; la mention de l'absence ou de la présence des parties ; les noms, prénoms, professions et demeures des témoins ; les reproches proposés ; le serment prêté par les témoins ou les causes qui les ont empêchés de le prêter, et enfin leur déposition.

Après lecture, chaque témoin signe sa déposition, ou mention est faite qu'il ne sait, ne peut ou ne veut signer.

Le conseiller-enquêteur doit recevoir, à titre de renseignement, la déposition du témoin dont l'exclusion est proposée ; il n'a pas, en effet, à statuer sur la valeur du reproche, qui sera appréciée par le Conseil, soit avant, soit par l'arrêté jugeant au fond.

Le refus de signer sa déposition n'entraîne pour le témoin aucune pénalité.

33. *Communication du procès-verbal.* — L'article 33 accorde aux parties, qui n'ont pas assisté à l'enquête, un délai, que fixe le Conseil de préfecture, pour prendre connaissance du procès-verbal.

Avertissement leur est donné à cet effet, dans la forme prescrite pour les notifications par l'art. 7.

Les parties qui ont assisté à l'enquête peuvent également prendre au greffe communication du procès-verbal.

. . . .

34. *Taxe des témoins.* — La taxe des témoins qui la requièrent est faite par arrêté du président ou du conseiller-enquêteur, conformément à l'article 14 du décret-tarif du 18 janvier 1890, sauf en matière électorale où la procédure est gratuite.

En cette matière, les frais exposés par le conseiller-enquêteur, ne pouvant être mis à la charge des parties, continueront d'être supportés par le fonds d'abonnement, comme dépense générale d'administration.

35. *Interrogatoires.* — Quand le Conseil de préfecture arrête qu'il y a lieu d'interroger des parties, il leur fait faire, conformément à l'article 7, notification de comparaître soit à la séance publique, soit en chambre du Conseil. Mais il convient de remarquer que le Conseil de préfecture ne peut leur déférer le serment décisoire. Le silence de la loi à cet égard est intentionnel et confirme la jurisprudence du Conseil d'Etat, d'après laquelle ce serment n'est pas admis en matière de procédure administrative (1).

---

(1) « On n'a pas organisé la procédure à suivre pour le serment décisoire parce que la jurisprudence du Conseil d'Etat, qu'il a paru sage de maintenir, a reconnu que des raisons d'ordre public s'opposent à ce que ce mode de preuve soit employé devant les juridictions administratives, où le débat s'engage presque toujours entre les agents de l'Administration représentant l'intérêt public et les particuliers. » (Exposé des motifs, *Journal officiel* du 16 juin 1870.)

L'article 36 s'applique aux agents qui représentent directement les administrations parties dans un litige.

Dans les autres cas, c'est-à-dire quand ces agents sont simplement entendus pour fournir des renseignements sur une affaire, c'est à l'article 45 qu'il convient de se référer.

L'interrogatoire doit être consigné sur un procès-verbal dressé par le secrétaire-greffier.

§ 4. — *Des vérifications d'écritures et de l'inscription de faux.*

« En ce qui concerne les vérifications d'écritures et l'inscription de faux, dit l'exposé des motifs, le projet a reproduit les dispositions des articles 14 et 20 du décret du 22 juillet 1806 sur la procédure à suivre devant le Conseil d'Etat. »

37. *Formes de la vérification d'écritures.* — Le Conseil peut nommer d'office, ou sur la demande des parties, un ou plusieurs experts en écriture, à l'effet de vérifier une ou plusieurs pièces de l'instruction. Il doit notifier ces choix aux parties.

Les pièces à vérifier sont déposées au greffe.

La vérification a lieu devant le conseiller désigné par le président.

Le conseiller vérificateur dresse un procès-verbal de l'opération en y joignant le rapport d'expertise.

38. *De l'inscription de faux.* — En cas d'inscription de faux, le Conseil de préfecture doit surseoir à statuer jusqu'à ce qu'il ait été prononcé par l'autorité judiciaire, à moins que la pièce arguée de faux ne soit écartée du débat.

TITRE III

Des Incidents.

. . . .

La procédure à suivre sur les incidents est la même que celle de la demande principale (art. 1 à 9).

40. *De la demande en intervention.* — La demande en intervention doit être admise de la part de toute partie, particulier ou personne morale, qui a un intérêt dans la solution du litige.

Cette intervention est recevable jusqu'à l'arrêté définitif. Elle est jugée par le même arrêté que la demande principale.

41. *Des récusations.* — Les causes de récusation devant le Conseil de préfecture sont les mêmes que celles qui sont énumérées dans l'article 378 du Code de procédure civile. Elles s'appliquent au commissaire du Gouvernement comme aux juges et sans qu'il y ait lieu de tenir compte de la distinction établie au paragraphe 2 de l'article 384 du Code de procédure civile.

En effet, le commissaire du Gouvernement, n'étant jamais partie principale, peut être récusé même en matière répressive.

Suivant la jurisprudence du Conseil d'Etat, les conseillers de préfecture ne sont pas récusables par la seule raison qu'ils auraient pris part à des mesures d'instruction.

Les récusations doivent être proposées avant l'ouverture des débats.

Vous remarquerez, Monsieur le Préfet, que la loi du 22 juillet 1889 ne déclarant applicables que les dispositions des articles 378 à 389 du Code de procédure civile, le Conseil de préfecture n'a pas qualité pour appliquer l'amende prévue par l'article 390 contre la partie dont la requête à fin de récusation n'aurait pas été déclarée admissible.

L'arrêté statuant sur une demande de récusation ne peut être attaqué devant la juridiction d'appel qu'en même temps que l'arrêté statuant sur le litige.

42. *Du désistement.* — Le désistement emporte renonciation au fond même du droit invoqué devant le Conseil.

A la différence des règles établies pour la juridiction civile, il n'y a pas, en matière administrative, de désistement portant seulement sur la procédure.

Le désistement est assujetti aux mêmes règles que la requête introductive, quant aux timbres et à la production des copies.

Le représentant d'une partie ou d'une administration publique doit, pour consentir le désistement, être porteur d'un mandat spécial.

Le Conseil donne acte du désistement, s'il est pur et simple.

TITRE IV

Du Jugement.

. . . .

45. *Des débats*. — *Conclusions nouvelles*. — Après le rapport, les parties peuvent formuler des observations orales à l'appui de leurs conclusions écrites.

« Mais elles ne sont admises à présenter à l'audience aucune conclusion nouvelle, aucun moyen nouveau, ou du moins le Conseil de préfecture ne peut les accueillir sans ordonner un supplément d'instruction.

« C'est une des conséquences nécessaires du caractère de la procédure devant les Conseils de préfecture, qui est d'être essentiellement écrite. On ne peut pas admettre que le débat soit inopinément transformé à l'audience ; autrement la partie adverse pourrait être victime de surprises.

« Les administrations publiques, qui ont à défendre leurs intérêts devant les Conseils de préfecture, n'auraient pas la possibilité de répondre à des demandes nouvelles ou fondées sur de nouvelles causes, qui ne peuvent être appréciées que par les agents qui ont la compétence voulue ou par les chefs qui dirigent le service. » (Rapport de M. Léon Clément au Sénat, 17 janvier 1889).

Ces dispositions ne font d'ailleurs que consacrer la jurisprudence du Conseil d'Etat, formelle à cet égard.

Les conclusions nouvelles ou les moyens nouveaux ne peuvent être admis qu'après une instruction dans les formes tracées par le titre Ier de la loi.

Il va sans dire que, pour être recevables, ces conclusions nouvelles doivent être formulées dans les délais prescrits par les lois spéciales.

Audition des agents de l'Administration. — Le droit d'appeler à l'audience, pour fournir des explications, les agents des administrations compétentes, sans être contesté, n'était pas dans l'usage ordinaire des Conseils de préfecture, particulièrement en ce qui touche les agents des contributions directes. Dans sa circulaire du 1er février 1890, le Directeur général de ce service limite le droit de convocation aux agents de son administration en résidence au chef-lieu du département. Bien que cette limitation ne soit pas écrite dans la loi, elle se justifie par l'avantage d'éviter des déplacements onéreux et un débat direct entre les agents taxateurs et les contribuables.

. . . .

Eexécution des décisions. — Les décisions des Conseils de préfecture emportent l'hypothèque judiciaire et les voies d'exécution de droit commun, conformément aux dispositions du livre V, titres VIII et suivants du Code de procédure civile.

Elles sont exécutoires par elles-mêmes sans formule ni mandement, et nonobstant appel, sauf les exceptions prévues en matière électorale.

Sursis à l'exécution. — Toutefois, l'article 24 de la loi du 24 mai 1872 sur l'organisation du Conseil d'Etat permet aux Conseils de préfecture de « subordonner l'exécution de leurs décisions, en cas de recours, à la charge de donner caution ou de justifier d'une solvabilité suffisante », en observant, pour la présentation de la caution, les formalités édictées par les articles 440 et 441 du Code de procédure civile.

L'Administration peut d'ailleurs toujours s'abstenir de poursuivre l'exécution immédiate des décisions rendues en sa faveur.

L'exécution est poursuivie, à la diligence des intéressés, après signification à la partie condamnée.

Le Conseil de préfecture ne connaît pas, en général, de l'exécution de ses arrêtés. Toutefois, il y aurait lieu de faire exception à cette règle, si l'exécution nécessitait une interprétation de la décision.

. . . .

Avocats et avoués. — Le Président du Conseil de préfecture ne peut prononcer contre les avocats et les officiers ministériels en cause une peine disciplinaire.

A ce sujet, je crois utile d'attirer plus particulièrement votre attention, Monsieur le Préfet, sur la situation que la nouvelle loi fait aux avocats et officiers ministériels qui représentent les parties devant les Conseils de préfecture.

L'esprit général de la loi du 22 juillet 1889 a été de leur faire une situation privilégiée, que justifient le caractère dont ils sont revêtus et la discipline spéciale à laquelle ils sont assujettis.

Ainsi, aux termes de l'article 8, les avocats et avoués sont dispensés de justifier d'un mandat spécial (1) pour représenter les parties ; ils peuvent obtenir la communication des pièces avec déplacement. Ils ne peuvent être condamnés, pour délits commis à l'audience, aux peines portées par les articles 88, 89, 91 et 92 du Code de procédure civile contre les simples assistants qui troublent les débats.

Le Conseil d'Etat a décidé, sous l'empire de la législation antérieure (5 mars 1886, *Legré*), que les avocats exerçant leur ministère devant les Conseils de préfecture doivent, devant cette juridiction comme devant toute autre, être considérés comme les auxiliaires de la justice.

Si un avocat ou un officier ministériel se laissait aller à des actes répréhensibles de nature grave, le Conseil devrait, après l'avoir rappelé à l'ordre, non pas prononcer une peine disciplinaire, mais se borner à constater les faits dans un procès-verbal qui serait transmis ensuite à la juridiction compétente.

Il résulte, en effet, des déclarations expresses du rapporteur de la loi au Sénat, que le Conseil de préfecture, devant lequel un avocat ou un avoué ne peut se présenter que très accidentellement, n'a plus le droit de lui interdire l'exercice de sa profession devant la Cour et le tribunal auxquels il est attaché. Cette interdiction eût été d'autant plus grave que l'appel des décisions du Conseil de préfecture n'est pas en général suspensif, comme je le rappelais précédemment.

Mandataires. — Si les parties se défendent elles-mêmes ou se font défendre par un mandataire autre qu'un avocat ou un avoué, les dispositions de l'article 85 du Code de procédure civile sont applicables sans restriction.

. . . .

Notification des arrêtés. — L'article 51 établit une distinction entre les arrêtés qui doivent être notifiés dans la forme administrative et ceux qui sont signifiés par exploit d'huissier.

---

(1) Une circulaire de l'un de mes prédécesseurs, en date du 18 mai 1888, a, en conséquence, invité les Conseils de préfecture à s'abstenir, dans leurs arrêtés, de qualifier de *mandataires* aussi bien les avocats près les Cours et tribunaux que les avocats attachés au Conseil d'Etat et à la Cour de cassation.

Décisions intéressant l'Etat. — La notification dans la forme administrative est obligatoire :

1° Quand l'Etat a été en cause dans l'instance ;

2° Lorsque le Conseil de préfecture a prononcé en matière répressive.

Dans ces deux cas, une expédition est délivrée sur papier libre, au préfet, représentant l'Etat. La notification est faite aux parties intéressées par les agents que choisit le préfet, et dans les formes établies par l'article 7.

Cette notification contient le texte complet de l'arrêté. Mais ce mode spécial de notification ne fait pas obstacle au droit que conservent les parties de faire signifier l'arrêté par exploit d'huissier.

Cette dernière forme de notification est d'ailleurs celle qu'impose la loi dans tous les autres cas, sauf ce qui sera dit plus loin en matière d'élections et de contributions.

Signification par exploit d'huissier. — La signification par huissier suppose la délivrance, sur la demande des parties, d'expéditions sur timbre de l'arrêté. Elle est assujettie aux prescriptions des articles 61 et 1039 du Code de procédure civile.

Décisions intéressant le département et les communes. — Les dispositions de l'article 54 ne paraissent pas interdire l'usage antérieur de délivrer au préfet une expédition sur papier libre des arrêtés intéressant le département et les communes. Le préfet les communique aux intéressés dans la forme administrative.

Le maintien de cet usage ne lèse aucun droit ; il assure l'exécution de l'arrêté et est conforme aux principes généraux qui confèrent au préfet la représentation du département et la tutelle des communes.

Toutefois, la notification par ministère d'huissier fait seule courir le délai d'appel à l'égard des départements, des communes et des établissements publics, comme à l'égard des parties privées.

. . . .

A qui les notifications doivent-elles être faites ? — Sauf ces réserves, et d'une manière générale, les notifications et significations doivent être faites à toutes les parties ayant un intérêt distinct dans l'instance ; les personnes morales sont représentées, suivant le cas, par le préfet, le maire, le directeur, le gérant ou le syndic.

Les notifications et significations sont faites au domicile réel des parties ou à leur personne. Pour faire courir le délai d'appel il est nécessaire qu'elles soient effectuées à la requête de la partie intéressée.

TITRE V

De l'opposition et du recours devant le Conseil d'État.

52 et 53. *De l'opposition.* — *Caractère des arrêtés par défaut.* — Les arrêtés sont non contradictoires ou rendus par défaut quand une partie, non régulièrement mise en cause, ne s'est pas défendue.

Comme la procédure écrite est seule admise devant les Conseils de préfecture, le défaut résulte exclusivement de l'absence de défenses écrites, et non de l'absence de conclusions orales. Par contre, de simples observations orales, non accompagnées de conclusions écrites, ne suffisent pas pour rendre l'arrêté contradictoire.

Délai d'opposition. — L'opposition n'est recevable que pendant un mois, à dater de la notification à la partie défaillante de l'arrêté non contradictoire.

Ce délai ne court, et n'emporte déchéance à son expiration, que si la notification de l'arrêté au défendeur contient la mention du délai d'opposition qui lui est ouvert.

L'opposition doit être formée suivant la procédure indiquée aux articles 1 à 4 de la loi pour les requêtes introductives.

. . . .

De l'opposition en cas de non-communication du rapport d'expertise. — Le paragraphe 2 de l'article 53 établit une exception spéciale à la règle qui n'ouvre la voie de l'opposition qu'à défaut de mémoire écrit du défendeur. Cette exception se produit quand les parties n'ont pas eu communication d'un rapport d'expertise; elles sont alors autorisées à former l'opposition, même quand l'arrêté aurait été rendu sur défenses écrites à la requête introductive.

Cette règle s'applique aussi bien au demandeur originaire qu'au défendeur.

« En effet, — dit à ce sujet le rapporteur du Sénat, — l'expertise exerce le plus souvent une influence considérable sur la décision du Conseil, et il est équitable de réserver aux parties le droit de la discuter devant lui, si on ne les avait pas mises en mesure d'en prendre connaissance dans la forme prescrite par l'article 21. »

L'assistance des parties à l'expertise n'est pas suffisante pour rendre l'arrêté contradictoire. Toutefois, le droit de former opposition tomberait s'il était établi que la partie, non touchée par la notification, a eu communication du rapport d'expertise. Il en serait de même, et à plus forte raison, si la partie avait répondu au rapport, bien que cette pièce ne lui eût pas été communiquée dans les formes de l'art. 21.

54. *Du défaut profit-joint.* — La procédure établie par l'article 54 est empruntée à l'article 153 du Code de procédure civile, qui règle ce qu'on appelle le défaut profit-joint.

Quand la requête introductive met en cause plusieurs parties et que l'une ou plusieurs d'entre elles ne présentent pas de mémoire en défense, le Conseil met les défaillants en demeure de produire leur défense, par une notification dans la forme prescrite par l'article 7.

Le délai de production oblige le Conseil de préfecture à surseoir au jugement. S'il statuait avant l'expiration du délai par lui-même imparti, son arrêté serait nul. (*Cass.*, 3 mai 1859.) Mais, une fois le délai expiré et quel qu'ait été le résultat de la mise en demeure, le Conseil de préfecture prononce par un seul arrêté, qui doit être tenu pour contradictoire au regard de toutes les parties.

55. *De l'exécution provisoire des arrêtés par défaut.* — « En matière administrative, l'exécution provisoire peut être commandée par les exigences du service public ; il importe donc de laisser toujours au juge le droit de la prononcer. » (Rapport de M. Léon Clément au Sénat.)

Ainsi il appartient au Conseil de préfecture d'ordonner, suivant les circonstances, l'exécution provisoire des arrêtés rendus par défaut, bien qu'en principe ces décisions ne puissent être exécutées pendant la durée du délai d'opposition.

La décision du Conseil à cet égard est insérée dans l'arrêté qui statue non contradictoirement.

56. *De la tierce opposition.* — La tierce opposition est une voie de recours ouverte à toute partie contre une décision qui préjudicie à ses droits et lors de laquelle ni elle, ni ceux qu'elle représente n'ont été appelés.

La tierce opposition serait toutefois non recevable, si la partie qui la propose avait acquiescé à l'arrêté qu'elle attaque ou l'avait exécuté.

Aucun délai n'est imparti pour former la tierce opposition.

Requête civile. — « La loi de 1889 n'avait pas à s'occuper de la procédure en requête civile, qui n'a d'objet que contre les jugements rendus en dernier ressort ; or, les arrêtés des Conseils de préfecture sont toujours susceptibles d'appel. » (Rapport de M. Léon Clément au Sénat.)

57 et 58. *Du recours devant le Conseil d'Etat*. — Les articles 57 à 61 règlent la procédure d'appel devant le Conseil d'Etat. Les Conseils de préfecture n'ont pas à en faire l'application ; néanmoins, il me paraît utile de vous donner, Monsieur le Préfet, quelques indications à cet égard, puisque l'Administration a qualité, dans certaines conditions, pour faire appel et que vous êtes chargé vous-même de former les dossiers des recours en matière d'élections et de contributions directes.

Tous les arrêtés rendus par les Conseils de préfecture en matière contentieuse peuvent être attaqués devant le Conseil d'Etat.

Délai d'appel. — Le délai d'appel est réduit à deux mois par la loi du 22 juillet 1889 ; il était en général de trois mois, en vertu de l'article 11 du décret du 22 juillet 1806.

. . . .

Arrêtés par défaut. — La voie d'appel n'est ouverte contre les arrêtés rendus par défaut qu'après l'expiration du délai d'opposition.

Le délai est de deux mois, comme pour les recours formés contre les arrêtés contradictoires.

Le délai général de trois mois résultant du règlement du 22 juillet 1806 continue néanmoins d'être en vigueur pour tous les recours formés devant le Conseil d'Etat, lorsqu'ils ne sont pas dirigés contre les arrêtés contentieux des Conseils de préfecture.

Le délai de deux mois, fixé par l'article 57, est augmenté, conformément à l'article 73 du Code de procédure civile, modifié par la loi du 3 mai 1862, lorsque le requérant est domicilié hors de la France continentale. L'article 1er de la loi du 11 juin 1859 est donc abrogé, en ce qui concerne les pourvois formés contre des arrêtés de Conseils de préfecture par des habitants de la Corse et de l'Algérie.

59. *Notification faisant courir le délai d'appel*. — Le délai d'appel court, d'une manière générale, à partir de la notification des arrêtés des Conseils de préfecture (art. 57).

Toutefois, en ce qui concerne l'Etat ou les administrations représentées par le préfet, il n'est pas nécessaire que la notification soit faite à ce fonctionnaire pour faire courir le délai. Le préfet est réputé avoir connaissance de la décision à dater du jour où lui-même en a fait la notification aux parties. Il serait en effet inutile d'exiger que, dans ce cas, une notification spéciale lui fût faite.

. . . .

60. *Appel des arrêtés préparatoires et interlocutoires.* — Je crois utile de rappeler ici les dispositions du Code de procédure civile qui établissent la distinction entre les jugements simplement préparatoires et les jugements interlocutoires, distinction que l'article 60 rend applicable aux recours formés contre les décisions des Conseils de préfecture :

« Sont réputés préparatoires les jugements rendus pour l'instruction de la cause et qui tendent à mettre le procès en état de recevoir un jugement définitif.

« Sont réputés interlocutoires les jugements rendus lorsque le tribunal ordonne, avant dire droit, une preuve, une vérification ou une instruction qui préjuge le fond.

« L'appel d'un jugement préparatoire ne pourra être interjeté qu'après le jugement définitif, et conjointement avec l'appel de ce jugement, et le délai de l'appel ne courra que du jour de la signification du jugement définitif ; cet appel sera recevable encore que le jugement préparatoire ait été exécuté sans réserves.

« L'appel d'un jugement interlocutoire pourra être interjeté avant le jugement définitif ; il en sera de même des jugements qui auraient accordé une provision. » (C. pr. civ., art. 451 et 452.)

. . . .

Telles sont, Monsieur le Préfet, les observations générales que m'a paru comporter la loi du 22 juillet 1889.

J'ai dû me borner à vous signaler les principales innovations qu'elle apporte à la législation antérieure, les lacunes qu'elles a comblées et les points sur lesquels elle a confirmé les règles anciennes.

Dans cette énumération, je n'ai pu aborder les difficultés de détail auxquelles peut donner lieu l'application de la loi nouvelle. Ces difficultés se trouveront résolues au fur et à mesure par la jurisprudence du Conseil d'État. Si, en attendant, vous éprouviez des doutes sur l'interprétation à donner à telle ou telle disposition spéciale, je continuerai, comme par le passé, à vous fournir, ainsi qu'à vos collègues, les explications que vous jugerez à propos de me demander, en vous rappelant toutefois que ces explications ne sauraient avoir que la valeur de simples avis. Les Conseils de préfecture sont des tribunaux régulièrement organisés et leur indépendance, comme leur responsabilité, doivent rester entières.

La nouvelle loi leur confère, en même temps que des pouvoirs mieux définis, une action plus efficace pour l'accomplissement de la mission que leur attribue notre organisation administrative. Ils sauront en user, je n'en doute pas, dans l'intérêt public, comme dans celui des justiciables.

Vous voudrez bien m'accuser réception de la présente circulaire, dont je vous adresse un nombre suffisant pour que vous puissiez en remettre un exemplaire à votre secrétaire général, au secrétaire-greffier et à chacun des conseillers de préfecture et des sous-préfets de votre département.

Recevez, Monsieur le Préfet, l'assurance de ma considération la plus distinguée.

Le Ministre de l'Intérieur,
Constans.

XIII

1891 (25 juillet). Loi *étendant à tous les travaux publics l'application du décret du 26 pluviôse an II.* (Voir la pièce II de l'appendice).

Art. Ier. — Les dispositions du décret du 26 pluviôse an II sont étendues à tous les travaux ayant le caractère de travaux publics.

En conséquence les sommes dues aux entrepreneurs de ces travaux ne pourront être frappées de saisie-arrêt, ni d'opposition au préjudice soit des ouvriers auxquels les salaires sont dus, soit des fournisseurs qui sont créanciers à raison de fournitures de matériaux et d'autres objets servant à la construction des ouvrages.

Les sommes dues aux ouvriers pour salaires seront payées de préférence à celles dues aux fournisseurs.

TABLE ANALYTIQUE DES MATIÈRES

Les numéros renvoient aux paragraphes du volume.

Abaissement du sol. — Donne droit à une indemnité, 300. — En cas d'expertise reconnue nécessaire, la ville en supporte les frais, 301. — L'indemnité est due quoique l'acquisition ait eu lieu après la connaissance du projet d'abaissement, 302. — Si la maison dont le sol est abaissé n'est pas à l'alignement, 303. — Si l'Etat donne une plus-value aux immeubles par l'abaissement, il peut demander une indemnité, 304.

Accidents de chantier. — L'entrepreneur seul responsable, 233. — En cas d'imprudence de l'ouvrier, 234 et suiv. — Si l'accident est le résultat des vices du plan, la responsabilité de l'architecte est engagée, 238. — De même si survenu à la suite de la ruine de l'édifice, 239. — Pas de responsabilité si l'accident est la suite d'un risque professionnel, 241. — L'Etat peut être rendu responsable s'il n'a pas surveillé ses entrepreneurs, 243. — Le propriétaire peut être rendu responsable s'il a confié le chantier à un incapable, 244. — Ou s'il en a conservé la direction, id. — Est nulle la convention déchargeant par avance le patron de toute responsabilité, 245. — Voir *Assurances contre les accidents*.

Acquéreur. — Substitué aux droits du vendeur pour les actions en responsabilité à intenter, 220. — Peut poursuivre directement l'architecte ou l'entrepreneur, 229.

Adjudications publiques. — Publicité et concurrence, 319-320. — Formes, 322. — Qualités pour soumissionner, 323. — Cautionnement, 325. — Les étrangers sont admis, 327. — Quand définitive? 328. — Droits de l'adjudicataire aux travaux, 329.

Architecte. — Est un mandataire, 1. — Peut être en même temps entrepreneur, 3. — Dans ce cas il n'est pas dû d'honoraires, 67. — Connaissances multiples que doit posséder (l'), 5. — Sa mort rompt le marché avec le propriétaire, 15. — Evincé au cours des travaux, 49-50. — Révoqué sans motifs, 63. — Est seul responsable du plan, 128-129-130. — Même s'il n'a fait que le signer, 133. — Responsable des travaux supplémentaires non autorisés, 152. — Responsable du défaut de surveillance, 178. — Mais non de l'erreur commune, 179. — Cas où il n'est responsable qu'en cas d'insolvabilité de l'entrepreneur, 181. — Responsable des retards des travaux, 182. — Responsable des règlements de mémoire,

184. — Responsable des vices du sol, 194. — Bien qu'il ait averti le propriétaire, 197.— Est responsable des dégradations en matière d'exhaussements, 203. — Responsable de l'observation des règlements, 205. — Responsable des dommages causés aux maisons des voisins, 231. — Responsable des accidents survenus par vice du plan, 238. — Ou par la ruine de l'édifice, 239. — S'il encourt la responsabilité décennale on peut la limiter à ses honoraires, 277.

Assurance contre les accidents. — Garantit les accidents même causés par la faute à moins qu'il n'y ait faute lourde ou dol, 246. — Une contravention aux règlements administratifs ne constitue pas la faute lourde, 247. — Quand le patron assure seul, il a seul une action, 248. — Mais s'il assure les ouvriers moyennant un prélèvement sur les salaires, chaque ouvrier à une action, 249.

Augmentation de prix. — Pour dépenses imprévues (trav. publ.), 348. — Cas de résiliation, 339.

Augmentation des travaux. — Augmentation du tiers, 146 et suiv. — D'un sixième, 149. — Qu'entend-on par augmentation en matière ordinaire ? 164. — Augmentation du sixième. Résiliation (trav. pub.) 390.

Bâtiments menaçant ruine. — 286 et suiv.

Cautionnement. — En matière d'adjudication publique, 325.

Changements. — Nécessités en cours d'exécution, 161.

Communes débitrices. — Moyens de les contraindre à payer. — Procédure, 419 à 435.

Conseil d'Etat. — Composition, 408. — Procédure, 411 et suiv.

Conseil de préfecture. — Compétence, 387. — Procédure, 389. — Transport sur les lieux, 402. — Vérification, 403. — Opposition, 404. — Exécution provisoire, 405. — Tierce opposition, 406. — Pourvoi devant le conseil d'Etat, 407.

Décès de l'entrepreneur. Résiliation, 15. — (Trav. publics), 346. — De l'architecte, 15.

Décompte. — Acceptation du décompte empêche de contester acceptation définitive, 106, — et même invoquer les erreurs de métrage, 107. — L'acceptation du décompte sans réserves est absolue, 425. — En cas de refus du décompte l'entrepreneur doit déduire les motifs, 427.

Dépassements. — Les honoraires ne sont pas dus si les dépassements n'ont pas été approuvés. (Trav. pub.), 66.

Devis. — Descriptif. Estimatif, 9. — L'architecte en est seul responsable, 139 et suiv. — Les entrepreneurs ne peuvent rien changer aux devis ; nombreux tempéraments apportés dans la pratique, 143 et suiv. — Tout changement aux devis entraînant une dépense comporte une indemnité, 146. — Les devis dépassés régis par article 1793 C. civ. 150. — Quand un devis est-il dépassé ? 155. — La faute du devis causant des accidents entraîne la responsabilité de l'architecte, 238.

Diminution du sixième. Résiliation (Trav. publ.), 330.

Dol. — L'emploi des matériaux par l'entrepreneur, par ruse ou par dol, dégage la responsabilité de l'architecte, 100.

Entrepreneur. — Définition, 2. — Nature du contrat de l'entrepreneur avec le propriétaire, 13-14. — La mort de l'architecte ne rompt pas son marché, 15. — S'il tombe en faillite, 19. — A un privilège sur leur construction, 69 et suiv. — N'est pas responsable des vices du plan, 135. — A moins qu'il n'ait travaillé sans architecte, 132. — Si le propriétaire est architecte, l'entrepreneur n'encourt pas de responsabilité, 131. — Responsable des vices du sol, 194. — Bien qu'il ait averti le propriétaire, 197. — Il n'en est pas ainsi en matière de travaux publics, 196. — Est responsable de l'observation des règlements de voirie, 205 et suiv. — Responsable des dommages causés aux maisons des voisins, 231. — Responsable des accidents de chantier, 233 et suiv. — Répond du fait de ses ouvriers, 267. — S'il a encouru la responsabilité décennale tenu de faire disparaître le vice (trav. pub.), 276. — En matière de Trav. Pub. a seul le droit de demander la résiliation, 332. — En matière de travaux publics a le droit d'extraire des matériaux dans des terrains désignés, 374 et suiv.

Etat. — Peut être rendu responsable des accidents de ses entrepreneurs dans le cas de manque de surveillance, 243.

Etat débiteur. — Moyen pour obtenir paiement, 436 à 439.

Etrangers admis aux adjudications, 327.

Evaluations. — L'architecte n'est pas responsable si dans un même travail, il donne des évaluations trop élevées et d'autres trop réduites, 192.

Exhaussements. — Architecte et entrepreneurs responsables, 194 et suiv.

Expertise. — Frais d'expertise sont privilégiés, 82. — Si nécessaire, en matière d'abaissement du sol, est à la charge de la ville, 301. — Importance des expertises, 305. — Nomination des experts, 306. — Prestation de serment, 308. — Récusation des experts, 309. — Opérations des experts, 310. — Nouvelle expertise,

312. — L'arrêt ordonnant l'expertise mesure préparatoire non susceptible d'appel, 316. — Taxe, 317. — En matière d'extraction de matériaux (trav. pub.), 386.

Extraction de matériaux. — (Trav. Pub.) Servitude légale établie au bénéfice des entrepreneurs et étendue aux simples fournisseurs, 374, 377. — Dans quels terrains peut-elle avoir lieu ? 375. — Formalités à remplir, 376. — Indemnité, 378 et suiv. — Prohibition pour l'entrepreneur de vendre des matériaux, 386.

Faillite de l'entrepreneur, 19, 347.

Faute lourde de l'architecte se traduit par dommages-intérêts, 193.

Force majeure. — Cas de force majeure, 116 et suiv. — Doivent être déclarées dans les dix jours (Trav. pub.), 125 et suiv. — Donnent lieu à indemnité, 350.

Forfait. — 11.

Honoraires. — Sont ordinairement de 5 0/0, 34. Pouvoir discrétionnaire des tribunaux, 36. — Peuvent dépasser 5 0/0, 37. — En matière de travaux publics, 38. — Fixation du ministère des travaux publics et de l'intérieur, 39. — En matière de réparation, 40. — Pour les travaux exécutés à plus de cinq kilomètres, 41, 42. — Pour travaux à l'étranger, 43. — Pour travaux d'art, 44. — Pour plusieurs édifices (cités ouvrières), 45. — Pour les travaux de reprise, sont de 7 0/0, 47. — En matière d'incendie, 54. — Pour monuments funéraires, 55. — Cumulés avec le traitement administratif, 56 et suiv. — Pour plans et devis non exécutés, 60, 61. — Calculés sur le montant des travaux à forfait, 64. — Le délai pour les architectes pour les réclamer est de 30 ans, 68. — Architecte a un privilège, 69. — Pour le conserver il faut remplir les formalités de l'art. 2103 c.

civ., 70. — La responsabilité décennale ne peut être limitée aux honoraires, 277.

Malfaçons. — L'architecte responsable des malfaçons résultant des erreurs du plan, 104. — Exemples, 184. — Peuvent être opposées jusqu'à la réception définitive, 422. — En cas de malfaçon il peut y avoir lieu à réfection mais pas à refus de paiement, 423.

Marché. — Différentes sortes de marchés : à forfait, par série de prix, marché maximum, 11, 157. — Régime économique, 12. — Est dissous par la force majeure, 18. — L'entrepreneur ne peut céder son marché sans le consentement du propriétaire, 20. — Le propriétaire a toujours le droit de résilier le marché, 23.

Matériaux. — Doivent être non seulement bons, mais bien employés, 180. — En cas de résiliation pour augmentation ou diminution du sixième (trav. publ.), doivent être repris par l'administration, 335. — Cas où il y a lieu à reprise des matériaux, 373 et suiv.

Matériaux de luxe. — Ne sont pas comptés en cas de dépassement, 175.

Matériel. — En cas d'augmentation ou de diminution d'un sixième de la masse des travaux, doit être repris par l'administration (trav. publ.), 335. — Cas où il y a lieu à reprise, 367. — S'étend à tous les objets indispensables, 368. — L'entrepreneur ne peut jamais faire de bénéfice, 370. — On doit lui tenir compte des frais de garde et d'entretien, 371.

Mémoires. — L'architecte responsable des règlements de, 184. — Un règlement de mémoire par un architecte n'est qu'une consultation, 185. — Une différence entre deux règlements ne constitue pas une faute, 186-187. — Une différence de moitié constitue la faute

lourde, 188. — Une différence peu importante ne constitue pas une faute, 189. — On admet une différence de 20 0/0 entre deux vérifications, 192.

Ouvrages (gros). — Qu'entend-t-on ? 255. — Sont compris dans la responsabilité décennale, 254.

Ouvrier. — En cas d'accident n'a pas d'action s'il y a seulement de sa faute, 236. — Une faute commune diminue la responsabilité du patron, 234. — En cas d'assurance par le patron, ce dernier seul a une action, 248. — A moins que l'assurance ne soit prélevée sur le salaire, 249. — Voir *accidents de chantier. Assurance contre les accidents. Responsabilité.*

Paiement des travaux. — Au fur et à mesure, conventions, 21. — Délai de l'action en paiement pour l'entrepreneur, 22.

Perte. — En cas de perte de l'édifice, le risque est pour l'entrepreneur 89 et suiv., 99 et suiv. — Pertes des ouvrages en matière de trav. publ. 93, 116 et suiv. — En matière de trav. publics, l'entrepreneur doit déclarer dans les dix jours, 118.

Plan. — Dressé avant le commencement des travaux, 8. — Obligations de l'architecte de remettre les plans quand on lui a payé les honoraires, 28. — Les architectes départementaux révoqués ne peuvent retenir les plans même en l'absence de paiement, 29. — Droits des architectes sur leurs plans, 32. — Droits des propriétaires sur les plans payés, 33. — Plans abandonnés après approbation en matière de travaux publics, 51. — Plans commandés par un maire ou un préfet et non exécutés, 52. — En matière d'immeubles vendus par autorité de justice, 53. — Copie de plans, allocation due, 65.

Prescription. — De la responsabilité décennale, 278 et suiv. — Interrompue par le dol, 280. — Mais non par la minorité, 282. — Peut l'être par une citation en justice, 283. — Des honoraires de l'architecte, 68.

Prise de possession. — Décharge l'architecte et l'entrepreneur de la responsabilité pour malfaçon, pour contravention de voirie et aux servitudes, 209.

Privilège. — Des architectes et constructeurs. Nature et objet, 68-69. — Formalités pour le conserver, 70. — Procès-verbal de réception, 71. — Etendue du privilège, 75, 76, 77, 80, 81. — Les frais d'expertises sont privilégiés, 82. — Les prêteurs des deniers sont aussi privilégiés, 83. — Les ouvriers et les fournisseurs sont également privilégiés en matière de trav. publics, 84.

Rabais. — L'emploi du rabais constitue un dépassement, 177.

Réadjudication. — En cas de mise en régie, 359 et suiv.

Réception des travaux. — Décharge de toute responsabilité, 86-250. — Après la réception les entrepreneurs et architectes ne sont tenus que de la responsabilité décennale, 108 et suiv., 250 et suiv. — En matière de travaux publics, 274 et suiv. — Après la réception définitive le solde est dû, 420.

Récusation des experts, 309.

Référé. — (*En matière administrative*), 401.

Régime économique. — 12.

Régie. — Motifs autorisant la mise en régie, 352. — L'entrepreneur peut se pourvoir devant le conseil de préfecture non pour demander la nullité de la régie mais pour en éviter les effets, 353. — Ne peut être prononcée que pour l'ensemble de l'entreprise, 354. — En cas de régie irrégulière ses conséquences supportées par l'administration, 355. — Faite aux frais de l'entrepreneur qui peut contrôler les opérations, 356, exiger les comptes, 357. — Doit être précédée d'une mise en demeure, 360. — L'irrégularité n'implique pas forcément une indemnité, 361. — Cas de régie irrégulière, 362. — Obligation de dresser inventaire, 364. — Si l'entrepreneur justifiait des moyens suffisants peut être relevé de la régie, 366.

Règlement des mémoires. — (V. mémoires).

Règlements de voirie. — Les architectes et entrepreneurs sont responsables de leur observation, 205 et suiv. — Cette responsabilité cesse avec la prise de possession, 206. — Pas de responsabilité civile si le propriétaire prévenu a ordonné de passer outre, 212. — Mais la responsabilité pénale subsiste, 215 et suiv. — En cas de condamnation à démolition le propriétaire a un recours contre l'architecte, 219. — Pas de responsabilité si l'entrepreneur a construit sous les ordres d'un propriétaire compétent, 214.

Réparations. — Pour conserver l'immeuble donnent lieu à privilège, 79.

Résiliation. — Règlement des droits des parties en cas de résiliation par suite de décès de l'architecte ou de l'entrepreneur, 16. — Situation de l'entrepreneur à forfait dans le cas de résiliation, 24. — Résiliation par le propriétaire dans le cas où le prix aurait été payé, 25. — Dommages dus par le propriétaire en cas de résiliation, 26. — Résiliation de l'art. 1794 n'est pas admise en matière de travaux publics, 27.

Résiliation (Travaux Publics). — Si la masse des travaux augmente ou diminue d'un sixième, 330. — Cas de résiliation pour aug-

mentation : pas d'indemnité, 331.
— Pour diminution : indemnité, 332. — Droit de demander la résiliation appartient à l'entrepreneur seul, 332. — Cessation et ajournement indéfini des travaux, 337. — Ralentissement considérable des travaux, 338. — Augmentation notable des prix, 339. — Détail dans les ordres de service, 340. — Indemnité pour retard apporté dans la résiliation, 341. — Augmentation postérieure à l'abandon des travaux, 342. — Augmentation momentanée, 343. — En cas de décès de l'entrepreneur, 346. — Faillite de l'entrepreneur, 348.

Responsabilité. — Responsabilité solidaire de l'architecte et de l'entrepreneur en cas de condamnations à des dommages, 30. — Base juridique de la responsabilité, 85. — On ne peut exonérer les architectes et entrepreneurs de la responsabilité décennale ; mais on le peut pour les malfaçons, 111.
Voir. *Architecte. Entrepreneur. Evaluation. Augmentation de travaux. Devis. Malfaçon. Mémoire. Perte. Plan. Responsabilité décennale. Retard. Solidarité. Travaux supplémentaires. Vérification.*

Responsabilité décennale. — Subsiste après la réception des travaux, 250. — Différence des art. 1792 et 2270, 251, 252. — S'étend aux gros ouvrages, 254 et suiv. — Ainsi qu'à toutes les conséquences dommageables, 264. — Mais pas aux défectuosités de la couverture, 266. — Cesse si les ordres ont été donnés par un homme de l'art, 268. — Ou si le propriétaire a voulu des constructions légères, 269. — Ou si le dommage est le fait du propriétaire lui-même, 270. — Ou s'il est la conséquence de travaux postérieurs, 271. — S'applique aux entrepreneurs de travaux publics, 273. — Délai de la prescription, 279. — Le dol l'interrompt, 280. — Mais pas la minorité, 282. — Elle peut l'être par une citation en justice. 283. — Est nulle l'exonération donnée par le propriétaire, 283.

Retard. — L'architecte peut en être responsable, 182-183. — Retard dans la livraison des plans (trav. pub.), 340. — Dans le prononcé de la résiliation. Indemnité, 341. — Dans les ordres de service (T. P.). Indemnité, 351.

Risques professionnels. — Si causent accidents pas de responsabilité, 241.

Salaire d'ouvriers. — Sont privilégiés en matière de travaux publics, 84.

Série de prix. — 11.

Serment. — Prestation des experts, 308.

Servitudes. — L'architecte et l'entrepreneur sont responsables de leur observation, 205 et suivants. — Cette responsabilité cesse avec la prise de possession, 209. — Pas de responsabilité civile si le propriétaire prévenu a ordonné de passer outre, 212. — Mais la responsabilité pénale subsiste, 215 et suiv. — En cas de condamnation à démolition le propriétaire a un recours contre l'architecte, 219.

Signature. — L'architecte a-t-il le droit de graver son nom sur l'édifice, 34.

Solidarité. — Une condamnation solidaire entre l'architecte et l'entrepreneur ne peut être prononcée que si la responsabilité découle des mêmes faits, 113.

Syndicats professionnels. — Peuvent concourir aux adjudications publiques, 321.

Taxe des experts, 317.

Tiers-experts. — Nomination, 315.

Titres de propriété. — Doivent être demandés par l'architecte avant de dresser les plans, 217.

Travaux supplémentaires. — Si non autorisés restent à la charge de l'architecte (Trav.Pub.),152. — A moins qu'ils ne soient profitables, 153. — Quatre conditions pour qu'ils restent à la charge de l'entrepreneur, 156. — Ordonnés pour insuffisance de prévisions, 162. — Sont à la charge de la commune quand ils n'entraînent qu'une faible dépense,165. — A moins qu'ils soient inutiles, 166. — La commune doit les payer s'ils étaient utiles pour la solidité, 168.

Travaux utiles et profitables. — Qu'entend-t-on ? 172 et suiv.

Travaux urgents. — Peuvent être ordonnés par le maire et doivent être payés par la commune, 167.

Vérification. — Architecte responsable de la vérification et de l'application des séries de prix, 190.

Vente judiciaire. — Ne comporte pas d'action résolutoire pour vices cachés, 225. — Vente faite par la masse des créanciers après concordat n'est pas une vente judiciaire, 226. — L'action résolutoire existe quand la vente judiciaire a été faite entre majeurs, 227.

Vices cachés. — L'action résolutoire existe pour les vices des immeubles, 221. — Exemples de vices cachés, 222. — L'action commence dans un bref délai, 223. — Le point de départ court du moment où le vice est reconnu, 224. — L'action résolutoire n'existe pas pour les ventes judiciaires, 225. — L'action de garantie n'est pas empêchée par une clause générale de non garantie du cahier des charges, 228.

Vices du sol. — Les architectes et les entrepreneurs responsables du sol, 102, 194 et suiv.

Voisins. — Les architectes et entrepreneurs responsables des dommages causés aux maisons des voisins, 231. — Peuvent actionner directement l'architecte et l'entrepreneur, 232.

TABLE GÉNÉRALE DES MATIÈRES

CHAPITRE PREMIER
Généralités.

Nos DU VOLUME	PAGES
Avant-propos	9
1. — L'architecte est un mandataire	14
2. — Définition de l'entrepreneur	14
3. — La profession d'architecte n'a rien d'incompatible avec celle d'entrepreneur	14
4. — Dans ce cas, il assume double responsabilité.	15
5. — Connaissances multiples que doit posséder l'architecte. . .	15
6. — La profession d'architecte est libre.	15
7. — C'est un art libéral	16
8. — Avant de commencer les travaux, il doit en dresser le plan et en établir les devis.	16
9. — Que faut-il entendre par devis descriptif? par devis estimatif? . . .	16
10. — Quid par marché?	16
11. — Il y a trois espèces de marchés : 1° à forfait ; 2° par série de prix; 3° le marché maximum.	16
12. — Que faut-il entendre par régime économique?	17
13. — Quelle est la nature du contrat consenti par l'entrepreneur, s'il fournit la main-d'œuvre, et le propriétaire le sol et les matériaux?	17
14. — Quid si l'entrepreneur fournit la main-d'œuvre et les matériaux?	18
15. — La mort de l'architecte ou de l'entrepreneur rompt le contrat.	18
16. — Règlement des droits des parties, en cas de résiliation à la suite de décès	18
17. — La mort du propriétaire ne rompt pas le contrat.	18
18. — Le marché est dissous par la force majeure	18
19. — Faillite de l'entrepreneur	19
20. — Interdiction pour l'entrepreneur de céder son marché sans le consentement du propriétaire	19
21. — Paiement des travaux	19
22. — Délai de l'action en paiement des entrepreneurs	19
23. — Le propriétaire a toujours le droit de résilier le marché. . .	19
24. — Situation de l'entrepreneur à forfait dans le cas de résiliation.	20
25. — Résiliation par le propriétaire, dans le cas où le prix aurait été payé	20
26. — Dédommagement dû par le propriétaire en cas de résiliation.	20
27. — La résiliation de l'art. 1794 n'est pas admise en matière de travaux publics	20

Nos DU VOLUME	PAGES

28. — Obligation pour l'architecte de remettre les plans, quand on lui a payé ses honoraires 20
29. — Les architectes départementaux révoqués ne peuvent retenir les plans, même en l'absence de paiement 20
30. — Responsabilité solidaire de l'architecte et de l'entrepreneur . 21
31. — Nom de l'architecte gravé sur les édifices 22
32. — Droit des architectes sur leurs plans. 22
33. — Droit de propriété des propriétaires sur les plans 24

CHAPITRE II

Des Honoraires des architectes.

34. — Les honoraires dus pour travaux exécutés et surveillés se calculent d'ordinaire, à raison de 5 0/0 sur ses dépenses réelles . . . 26
35. — Les honoraires doivent être évalués d'après les services rendus. 26
36. — Les tribunaux ont un pouvoir discrétionnaire pour évaluer les honoraires, en cas de contestation 27
37. — Les honoraires peuvent dépasser 5 0/0. 27
38. — Fixation des honoraires en matière de travaux publics. . . . 28
39. — Fixation des honoraires au ministère des travaux publics et au ministère de l'intérieur 28
40. — Honoraires en matière de réparations (Trav. publ.) 29
41. 42. — Honoraires pour les travaux exécutés à plus de cinq kilomètres de distance. 29
43. — Honoraires pour travaux exécutés à l'étranger 30
44. — Honoraires pour travaux d'art 30
45. — Honoraires pour plusieurs édifices (cité ouvrière) construits sur le même plan 30
46. — Les honoraires de l'architecte suivent le sort du paiement des travaux de l'entrepreneur 30
47. — L'honoraire pour les travaux de reprise est de 7 0/0 31
48. — La valeur des vieux matériaux employés dans une reconstruction doit entrer en ligne de compte pour fixer le montant de l'honoraire. 31
49. — Architecte évincé après avoir dressé les plans et remplacé par un confrère en cours de travaux 31
50. — Architecte évincé après qu'il a dressé les plans et devis, avant de commencer les travaux. Honoraires dus. 32
51. — Plans abandonnés après approbation en matière de travaux publics. Indemnité. 32
52. — Plans commandés par un maire ou un préfet et non exécutés. Honoraires dus ?. 33
53. — Honoraires pour levée de plans et évaluations des immeubles en matière de vente judiciaire 33
54. — Honoraires en matière de constatation de dégâts. Incendie. . 33
55. — Honoraires pour la construction des monuments funéraires. . 33
56. — Honoraires mis à la charge de l'entrepreneur cumulés avec le traitement administratif. 34
57. — Un architecte communal ou départemental n'a droit à aucun

honoraire pour plans et devis rentrant dans les prévisions de son traitement.	34
58. — Exception pour les travaux neufs très considérables.	34
59. — Absence de traitement de l'architecte communal, honoraires dus.	35
60. — Plans et devis non exécutés, émoluments du soixantième.	35
61. — Plans et devis approuvés en matière de travaux publics, diminution des dépenses, honoraires dus à l'architecte, calculés sur les premiers plans.	35
62. — Un architecte départemental ayant rédigé des projets et des études n'a pas droit à une indemnité en dehors de son traitement.	36
63. — Architecte révoqué sans motifs au cours des travaux, honoraires dus.	36
64. — Honoraires de 5 0/0 calculés sur le montant des travaux traités à forfait.	37
65. — L'allocation de tant pour cent pour copie de plans et devis est due en dehors des honoraires.	37
66. — Dans le cas de dépassement des prix du devis, les honoraires sont refusés, si les dépassements n'ont pas été régulièrement approuvés.	38
67. — L'architecte qui cumule la qualité d'entrepreneur n'a droit à aucun honoraire.	38

CHAPITRE III

Du Privilège des architectes et entrepreneurs sur les constructions.

68. — Le délai pour réclamer les honoraires des architectes est de trente ans.	39
69. — L'architecte et l'entrepreneur ont un privilège sur les constructions, mais ils doivent remplir les formalités de l'art. 2103 du code civ. à peine de nullité.	40
70. — L'art. 2103 impose 1° une constatation de lieux par expert avant de commencer les travaux; 2° la réception après l'achèvement; 3° l'inscription des deux procès-verbaux au bureau des hypothèques.	41
71. — Le propriétaire peut faire dresser lui-même le procès-verbal de constatation des lieux.	41
72. — Le procès-verbal de constat doit être dressé avant le commencement des travaux, néanmoins on peut le faire au cours des travaux si on peut constater l'état primitif des lieux.	41
73. — Pour exercer le privilège, il faut que les travaux soient reçus dans les six mois.	42
74. — Le délai de six mois est suspendu en cas de contestation pour malfaçons.	42
75. — Le privilège ne date que du jour de l'inscription du procès-verbal aux hypothèques.	42
76. — En l'absence d'inscription, pas de privilèges, mais on pourrait obtenir une hypothèque.	42
77. — Le montant du privilège se réduit à la plus-value.	43

Nᵒˢ DU VOLUME	PAGES

78. — La différence entre la plus-value et le montant des travaux donne naissance à une dette chirographaire. 43
79. — Les réparations pour la conservation de l'immeuble donnent lieu au privilège même, en l'absence de plus-value. 43
80. — Les intérêts du prix sont aussi privilégiés 44
81. — Le privilège s'étend à tous les intérêts dus, quelle que soit leur durée. 44
82. — Les frais d'expertise sont également privilégiés 44
83. — Le prêteur des deniers ayant servi à payer les ouvriers jouit aussi du privilège. 44
84. — Les ouvriers et les fournisseurs ont un privilège sur les sommes dues aux entrepreneurs et déposées dans les caisses de l'Etat, quand il s'agit de travaux publics (Décret du 26 pluviôse an II). . 45

CHAPITRE IV

Caractères généraux de la responsabilité.

85. — La responsabilité générale des architectes et des entrepreneurs découle des art. 1382 et 1383 C. civ. 48
86. — La réception des ouvrages décharge de toute responsabilité celui qui les a faits. 48
87. — L'entrepreneur qui fournit la matière reste propriétaire jusqu'à la livraison. 49
88. — Peu importe que des acomptes aient été payés 49
89-90-91. — Si l'édifice vient à périr avant la livraison, il périt pour l'entrepreneur 49,50
92. — Si le propriétaire avait été mis en demeure de prendre possession de l'ouvrage, la perte est pour le propriétaire. 50
93. — Ces règles ne s'appliquent pas aux travaux publics 50
94. — Cas où l'entrepreneur fournit seulement la main-d'œuvre et où l'édifice vient à périr. 50
95. — S'il fournit à la fois la main-d'œuvre et les matériaux . . . 51
96. — Dans le cas de force majeure, si la construction est faite sur le sol du propriétaire et si elle vient à périr, quoique l'entrepreneur ait fourni les matériaux, elle périt pour le propriétaire (Décision en contradiction avec la jurisprudence) 51
97. — Il en est ainsi quelle que soit la nature du marché (id.). . . 52
98. — Décisions contraires, conformes à la loi. 52
99. — Part de responsabilité de l'architecte et de l'entrepreneur, si l'immeuble vient à périr par suite de malfaçon 53
100. — L'architecte est dégagé si par ruse ou par dol l'entrepreneur a employé les mauvais matériaux 53
101. — Mais pour cela, l'architecte aura dû éprouver les matériaux défectueux. 53
102. — Les architectes et les entrepreneurs sont responsables des vices du sol qui compromettent la solidité de l'édifice. 53
103. — L'architecte et l'entrepreneur sont responsables des matériaux qui, quoique de bonne qualité, ont été employés dans de mauvaises conditions 54

Nos DU VOLUME	PAGES
104. — L'architecte est responsable des malfaçons résultant des erreurs du plan.	54
105. — L'acceptation du décompte empêche les demandes d'indemnités.	54
106. — L'acceptation du décompte par le conseil municipal empêche de contester l'acceptation définitive.	54
107. — Après la réception définitive, une commune ne peut plus invoquer les erreurs de métrage.	54
108-109-110. — Après la réception définitive, l'entrepreneur et l'architecte ne sont plus tenus que de la responsabilité décennale.	55
111. — On ne peut exonérer les architectes et entrepreneurs de la responsabilité décennale; mais on peut les exonérer de celle résultant des malfaçons qui n'altèrent pas la solidité de l'édifice.	56
112. — L'architecte est responsable du préjudice résultant du retard.	56
113. — Une condamnation solidaire contre l'entrepreneur et l'architecte ne peut être prononcée que si la responsabilité découle des mêmes faits.	57
114. — L'architecte peut être déclaré responsable à défaut de solvabilité de l'entrepreneur.	57
115. — Pertes des ouvrages en matière de travaux publics.	57
116-117-118-119-120-121-122-123. — Cas de force majeure (trav. pub.).	58,59
124. — L'entrepreneur de travaux publics doit déclarer la perte de la chose par cas de force majeure dans les dix jours.	59
125. — Manière de signaler utilement les accidents de cette nature.	59
126. — La déclaration est exigée, même dans le cas où l'opinion publique connaît l'événement.	60
127. — La force majeure ne dégage l'entrepreneur que s'il n'a aucune faute à se reprocher.	60

CHAPITRE V

Responsabilité du Plan.

128. — L'architecte est responsable des constructions dressées d'après ses plans, quand il surveille les travaux, par lui ou par ses préposés.	61
129-130. — Si l'immeuble vient à périr par vice du plan, l'architecte est seul responsable.	62,63
131. — L'entrepreneur est dégagé, quand le propriétaire est architecte lui-même.	63
132. — L'entrepreneur qui travaille sans plans assume la responsabilité de l'architecte.	63
133. — L'architecte qui n'a pas dressé le plan, mais qui l'a signé, en assume la responsabilité.	63
134. — L'architecte rendu responsable ne peut invoquer les ordres du propriétaire.	63
135. — L'architecte répond seul des vices du plan.	64
136. — A moins que les vices du plan ne soient trop grossiers, dans ce cas l'entrepreneur pourrait être recherché.	64
137. — Il importe peu que l'entrepreneur se soit conformé aux plans fournis par le propriétaire.	64

CHAPITRE VI

Responsabilité du devis au point de vue de ses prescriptions.

N°s DU VOLUME   PAGES

138. — Le devis prescrit deux choses : l'emploi de matériaux déterminés et un prix fixé à l'avance. 66
139-140-141. — L'architecte est seul responsable des devis à moins d'erreur grossière qui devrait empêcher l'entrepreneur de l'exécuter. 67,68
142. — Résistance de la jurisprudence à admettre cette dernière théorie 69
143-144. — En principe, les entrepreneurs ne peuvent rien changer aux devis, mais cette règle souffre, dans la pratique, des tempéraments. 69,71
145. — Les changements autorisés qui entrainent une augmentation de dépenses entrainent une indemnité 71
146. — En matière de travaux publics, l'augmentation ou la diminution d'un tiers des travaux peuvent donner lieu à indemnité. . 72
147. — La demande en indemnité doit être soumise au moment du règlement de compte 73
148. — Mais pour qu'il y ait indemnité il faut justifier d'un préjudice . 73
149. — L'augmentation ou la diminution d'un sixième donne droit à l'indemnité et à la résiliation, quand bien même les travaux auraient été exécutés par la régie 74

CHAPITRE VII

Dépassements des devis. — Travaux supplémentaires.

150. — Les devis dépassés sont régis par l'article 1793 code civ. qui refuse une augmentation de prix quand les devis, pour les travaux à forfait, ont été dépassés 77
151. — La jurisprudence a apporté des tempéraments à cette règle absolue 77
152. — L'architecte est responsable des travaux supplémentaires non autorisés. 78
153. — Si les travaux supplémentaires ont été profitables, ils doivent être payés (trav. publics). 78
154. — En matière civile la jurisprudence s'en tient davantage au texte 78
155. — Il ne suffit pas qu'un devis soit dépassé pour que naisse aussitôt la responsabilité de l'architecte et de l'entrepreneur . . 79
156. — Pour que les augmentations restent à la charge de l'entrepreneur, il faut : 1° qu'il y ait un forfait ; 2° un plan arrêté et convenu ; 3° des changements non autorisés par écrit ; 4° aucun prix convenu pour les changements possibles. 79
157. — Qu'entend-on par marché à forfait ? 80
158. — Par plan arrêté et convenu ? 80
159. — Par changement non autorisé par écrit ? 81
160. — Arrêt d'espèce. 82

Nos DU VOLUME   PAGES

161. — Circonstances exigeant des changements portant sur des détails d'exécution. 82
162. — Travaux ordonnés par l'architecte pour pourvoir à des prévisions insuffisantes 82
163. — Quand y a-t-il un prix convenu pour des changements possibles ? 83
164. — Pour qu'on puisse parler d'augmentation, il faut que les dépenses soient d'une [certaine importance par rapport aux projets primitifs 83
165. — Les travaux supplémentaires n'entraînant qu'une faible dépense, s'ils sont utiles, sont à la charge de la commune. 84
166. — A moins que ces travaux ne soient pas nécessaires et n'aient pas profité à la commune. 84
167. — Les travaux urgents ordonnés par le maire doivent être payés par la commune. 85
168-169. — La commune doit payer les travaux [supplémentaires, s'ils étaient nécessaires pour la solidité de l'édifice. 85
170. — A moins qu'une clause formelle du cahier des charges prohibe tous travaux supplémentaires, quels qu'ils soient 86
171. — Une commune ayant fait exécuter des travaux sur série de prix, peut-elle actionner, pour les ouvrages exécutés sans autorisation, l'architecte ou l'entrepreneur ? 86
172. — Qu'entend-on par travaux utiles et profitables ? 87
173-174. — Exemples 88
175. — L'emploi de matériaux de luxe, d'ornements doivent être laissés pour compte 89
176. — En cas de marché à forfait, les excédents des prévisions du devis sont dus, si les travaux étaient nécessaires et s'ils ont été ordonnés par l'autorité municipale 89
177. — Dépenser le montant des rabais d'adjudication constitue un dépassement du devis. 89

CHAPITRE VIII

Direction et surveillance des travaux.

178. — L'architecte responsable de son défaut de surveillance. . . . 90
179. — Mais il n'est pas responsable de matériaux impropres, employés suivant une habitude généralement reçue. 91
180. — Les matériaux doivent être non seulement bons, mais bien employés. 91
181. — Pour malfaçon provenant des infractions aux devis, les architectes peuvent n'être responsables qu'en cas d'insolvabilité des entrepreneurs. (Trav. publ.) 92
182-183. — L'architecte est responsable des retards dans les travaux. 93
184. — Exemples de malfaçons, engageant la responsabilité de l'architecte 93

CHAPITRE IX

Responsabilité de la vérification et du règlement des mémoires.

N°s DU VOLUME	PAGES
185. — L'architecte réglant un mémoire est un mandataire répondant de son dol et de sa faute. — Le règlement d'un mémoire par un architecte n'est qu'une consultation.	94
186-187. — Une différence de règlement entre deux architectes n'implique nullement une faute *ipso facto*.	95,96
188. — Une différence de la moitié constitue une faute lourde. . .	96
189. — Une différence peu importante ne constitue pas une faute . .	96
190. — L'architecte qui, n'ayant pas vérifié les attachements, a commis des erreurs de vérification et d'application de série de prix et a engagé le propriétaire à soutenir un mauvais procès portant sur ces faits, est responsable.	97
191. — Si l'architecte donne des évaluations trop élevées, et d'autres trop réduites, il n'y a pas faute	97
192. — On admet 20 0/0 dans les différences d'appréciation	97
193. — La faute lourde se traduit par des dommages-intérêts. . . .	98

CHAPITRE X

Vices du sol et travaux d'exhaussement.

194. — L'architecte et l'entrepreneur sont responsables des vices du sol.	99
195. — Si faute commune : réparation commune	100
196. — En matière de travaux publics, l'entrepreneur dégagé. . . .	100
197. — L'architecte et l'entrepreneur, en matière civile, sont responsables, bien qu'ils aient averti le propriétaire	101
198. — De la profondeur des fondations	101
199-200. — En matière de travaux publics.	102
201. — Si les fouilles sont faites par l'administration : pas de responsabilité.	102
202. — En matière de dégradation par tassement : même solution. .	103
203. — En matière d'exhaussement : l'architecte est responsable. . .	103
204. — Application des règles générales	103

CHAPITRE XI

Contraventions aux règlements et aux servitudes.

205. — La connaissance des lois, règlements, usages fait partie des connaissances de la profession d'architecte.	105
206. — L'architecte et l'entrepreneur doivent les respecter de façon à mettre le propriétaire à l'abri de réclamations.	105

Nos DU VOLUME	PAGES
207. — Pour les contraventions visibles, la responsabilité cesse avec la prise de possession : si elles sont cachées, il y a lieu de recourir à l'art. 1382 C. civ.	106
208. — Si à la vérification, l'architecte ne signale pas les infractions, il est responsable	106
209. — Mais cette responsabilité cesse aussi à la prise de possession	106
210. — Diverses infractions engageant la responsabilité	107
211. — Cas d'incendie par suite de la pose défectueuse d'une cheminée.	108
212. — Pas de responsabilité civile si les propriétaires ont voulu ces irrégularités	108
213. — En cas de la faute commune du propriétaire et de l'architecte, les dommages sont partagés.	108
214. — L'entrepreneur construisant sur les ordres d'un propriétaire connaissant les règlements, n'est pas responsable.	108
215. — Les poursuites pour violation des règlements peuvent être exercées contre l'architecte et contre l'entrepreneur.	109
216. — Un ordre écrit de l'architecte ou du propriétaire ne déchargerait pas l'entrepreneur de la responsabilité pénale.	109
217. — Les architectes, avant de dresser les plans, doivent demander les titres de propriété.	109
218. — Poursuites et contraventions.	109
219. — En cas de condamnation à la démolition, le propriétaire a un recours contre l'architecte.	110

CHAPITRE XII

Responsabilité vis-à-vis des voisins et des tiers-acquéreurs. Vices cachés.

220. — L'acquéreur d'un immeuble est substitué aux droits du premier propriétaire en ce qui concerne les actions contre l'architecte et l'entrepreneur	111
221. — La garantie à raison des vices cachés existe pour les immeubles	112
222. — Exemples de vices cachés.	112
223. — L'action pour les vices cachés doit être intentée dans un bref délai	112
224. — Le point de départ de l'action date du moment où l'acquéreur découvre le vice.	113
225. — L'action résolutoire est refusée pour les ventes faites par autorité de justice	113
226. — La vente faite par la masse des créanciers en vertu d'un concordat est une vente volontaire	114
227. — L'action résolutoire est admissible dans les ventes en justice faites par des majeurs.	114
228. — Elle n'est pas empêchée par une clause de non garantie générale insérée dans le cahier des charges	114
229. — L'acquéreur d'une maison peut poursuivre l'architecte directement.	114

Nos DU VOLUME	PAGES

230. — Quand le vice est imputable à l'architecte et à l'entrepreneur, l'acquéreur a une triple action. 114
231. — L'architecte et l'entrepreneur sont responsables des dommages causés par les travaux aux maisons voisines. 115
232. — Les voisins peuvent actionner directement l'architecte et l'entrepreneur. 115

CHAPITRE XIII
Des accidents de chantier.

233. — L'entrepreneur est responsable des accidents arrivés sur le chantier. 117
234. — Cas où l'ouvrier a commis une imprudence, sans que la responsabilité de l'architecte soit complètement dégagée. 118
235. — Les accidents peuvent donner lieu à une action civile et une action pénale. 118
236. — Si la victime est seule fautive : pas de responsabilité 119
237. — Il y a faute, si l'accident aurait pu être évité 119
238. — Si l'accident est la conséquence des vices du plan, il y a lieu à responsabilité de l'architecte 119
239. — L'architecte est responsable des accidents survenus à la suite de la ruine du bâtiment. 120
240. — Le maître devient responsable de l'accident qu'il aurait pu éviter en fournissant des lunettes en treillis 120
241. — Pas de responsabilité dans le cas où l'accident est le résultat du risque professionnel. 120
242. — Le patron est responsable des accidents des travaux effectués sur son chantier, alors même qu'il ne les a pas commandés . . 121
243. — L'État peut être rendu responsable des accidents de ses entrepreneurs, survenus en l'absence de surveillance de ses agents . . 121
244. — Le propriétaire n'encourt pas de responsabilité, à moins qu'il n'ait confié les travaux à un incapable, ou qu'il en ait conservé la direction 121
245. — Est nulle la convention par laquelle un ouvrier décharge par avance son patron de toute responsabilité 122
246. — En cas d'assurance, les accidents résultant même de la faute de l'assuré sont garantis, à moins qu'il n'y ait faute lourde ou dol . 122
247. — La contravention aux règlements administratifs ne constitue pas une faute lourde. 123
248. — Quand le patron assure seul les accidents de ses ouvriers, c'est lui seul qui peut intenter l'action 123
249. — Mais, quand l'entrepreneur assure ses ouvriers moyennant une prime prélevée sur le salaire, les ouvriers ont une action contre la compagnie. 124

CHAPITRE XIV
Garantie décennale, résultant des articles 1792 et 2 270 du code civil.

250. — La réception des travaux dégage l'architecte et l'entrepreneur de toutes responsabilités si ce n'est de celle résultant des vices

Nos DU VOLUME	PAGES
de construction qui mettraient l'édifice en danger	127
251. — Art. 1792 et 2270. Différences théoriques. Confusion dans la pratique.	127
252. — Arrêts d'espèces concernant cette confusion	129
253. — Le propriétaire doit faire la preuve d'une faute, d'une négligence ou d'une imprudence	130
254. — La responsabilité de l'art. 1792 s'étend aux gros ouvrages	131
255. — Qu'entend-t-on par gros ouvrages?	131
256. — La responsabilité décennale s'étend aux gros œuvres, que les édifices soient neufs ou vieux	131
257. — Elle s'étend aussi à la pose des cheminées	131
258-259-260. — A une prise d'eau, un canal, un four	132,133
261. — Elle ne comprend pas les objets mobiliers, les carrelages, dallages, peintures, etc.	133
262. — Il importe peu que l'entrepreneur se soit conformé aux plans, qu'il ait employé les matériaux indiqués par le marché	133
263. — En cas de consolidation d'un édifice, si l'immeuble vient à périr, l'architecte peut être déclaré responsable, quoiqu'il ait fait ses réserves et que le propriétaire ait passé outre.	134
264. — La responsabilité décennale s'étend à toutes les conséquences dommageables	135
265. — Notamment aux dégradations des maisons voisines.	135
266. — Mais pas aux défectuosités de la couverture.	136
267. — L'entrepreneur répond du fait de ses ouvriers	136
268. — La responsabilité cesse, si les ordres auxquels s'est conformé l'entrepreneur ont été donnés par un homme de l'art	136
269. — Ou si le propriétaire n'a voulu que des constructions légères pour une durée restreinte	137
270. — Ou si le dommage est le fait du propriétaire lui-même	137
271. — Ou s'il est la conséquence de travaux postérieurs	137
272. — Ou s'il est le résultat d'une erreur généralement répandue	117
273. — Les art. 1792-2270 s'appliquent aux entrepreneurs de travaux publics	137
274. — Article 47 des clauses et conditions générales sur la réception provisoire et réception définitive.	138
275. — Si l'entrepreneur a modifié les devis, on peut lui refuser la réception définitive jusqu'à ce qu'il s'y soit conformé.	139
276. — L'entrepreneur de travaux publics ayant encouru la responsabilité décennale est seulement tenu de faire disparaître le vice signalé	140
277. — La responsabilité de l'architecte peut être limitée à ses honoraires.	140
278. — Délai de la prescription décennale.	140
279. — Point de départ de la prescription.	142
280. — Le dol ou la fraude interrompent la prescription.	142
281. — Si les vices étaient apparents au moment de la réception définitive, pas de responsabilité.	143
282. — La minorité et l'interdiction n'interrompent pas la prescription.	143
283. — Elle peut l'être par une citation en justice	143
284. — Est nulle l'exonération de la responsabilité décennale, donnée par l'architecte	143
285. — L'entrepreneur est responsable des vices de construction,	

proviendraient-ils des ordres donnés par le propriétaire. 144

CHAPITRE XV

Bâtiments menaçant ruine. — Démolition. — Réparations.

286. — Le préfet (grande-voirie) le maire (petite-voirie) peuvent ordonner la démolition. 146
287. — Mais, sauf urgence, une expertise est nécessaire. 146
288. — Le propriétaire peut contredire à cette expertise. 147
289. — Il peut aussi se pourvoir devant le préfet, puis devant le ministre. 147
290. — Les arrêtés sont exécutoires, malgré les pourvois. 147
291. — Les décisions du ministre ne peuvent être déférées au conseil d'Etat. 147
292. — En cas d'urgence, la démolition peut avoir lieu sans expertise. 148
293. — Peu importe que le bâtiment ne joigne pas la voie publique, si sa ruine peut faire courir un danger aux passants. 149
294. — Résumé des formalités qui doivent être remplies. 149
295. — En cas de démolition par ordre du maire, les frais sont avancés par la ville. 150
296. — En cas de démolition immédiate reconnue non urgente, il y a lieu à des dommages. 150
297. — Le propriétaire qui rebâtit doit se conformer aux plans d'alignement. 151
298. — En cas de démolition par cas fortuit, les voisins n'ont pas droit à des dommages pour dégradation 151
299. — A défaut du maire, le préfet peut ordonner la démolition. . . 152

CHAPITRE XVI

Abaissement du sol. — Indemnité.

300. — L'abaissement du sol d'une voie publique donne droit à une indemnité 153
301. — En cas d'expertise reconnue nécessaire, la ville en supporte les frais. 153
302. — L'indemnité est due, quoique l'acquisition ait eu lieu après la connaissance du projet d'abaissement. 154
303. — Cas où la maison dont le sol est abaissé n'est pas à l'alignement. 154
304. — Si l'Etat donne une plus-value aux immeubles par l'abaissement du sol, il a le droit de demander une indemnité 154

CHAPITRE XVII

Des Expertises.

305. — Importance des expertises. 155
306. — Nomination des experts. 156

TABLE GÉNÉRALE DES MATIÈRES 341

Nos DU VOLUME   PAGES

307. — Vérification des travaux départementaux. 157
308. — Prestation de serment. 157
309. — Récusation des experts. 158
310. — Opération des experts 158
311. — Rapport des experts 159
312. — Nouvelle expertise. 159
313. — Quand les parties ont comparu à une expertise et conclu au fond, elles ne sont plus recevables à demander la nullité de la nomination des experts. 159
314. — Ni la régularité de l'expertise 160
315. — Nomination du tiers expert 160
316. — L'arrêté ordonnant l'expertise est une mesure préparatoire, non susceptible d'appel. 160
317. — Taxe 161
318. — Règles de procédure civile en matière administrative . . . 162

CHAPITRE XVIII

De l'adjudication en matière de travaux publics.

319. — Publicité 163
320. — Principe de la concurrence 164
321. — Cas spéciaux. — Syndicats professionnels 164
322. — Formes des adjudications. 165
323. — Qualités requises pour soumissionner. 165
324. — Pouvoir discrétionnaire de l'administration 165
325. — Cautionnement 166
326. — Procès-verbaux d'adjudication engagent l'entrepreneur . . 167
327. — Les étrangers sont admis 167
328. — L'adjudication ne devient définitive qu'après l'approbation du préfet et du ministre 167
329. — Droits de l'adjudicataire aux travaux faisant partie de l'adjudication. 168

CHAPITRE XIX

Résiliation des marchés.

(TRAVAUX PUBLICS)

330. — Il peut y avoir lieu à résiliation si la masse des travaux est augmentée ou diminuée d'un sixième 169
331. — Dans le cas de résiliation pour augmentation du sixième, il n'y a pas lieu à indemnité 171
332. — Dans le cas de résiliation pour diminution du sixième il y a lieu à indemnité. 171
333. — Le droit de demander la résiliation appartient à l'entrepreneur seul 171
334. — Obligation pour l'administration de reprendre les matériaux et le matériel. 171

TABLE GÉNÉRALE DES MATIÈRES

Nos DU VOLUME — PAGES

335. — Cas où l'administration s'est réservé d'ordonner des travaux non prévus. 172
336. — Cas où l'administration s'est réservé de faire exécuter une partie des travaux en régie 172
337. — Cessation et ajournement indéfini des travaux 172
338. — Cas de ralentissement considérable des travaux. 173
339. — Résiliation pour augmentation notable des prix 173
340. — Résiliation pour retard dans la remise des plans. . . . 174
341. — Indemnité due pour retard apporté dans la résiliation . . . 175
342. — Augmentation survenue postérieurement à l'abandon des travaux 175
343. — Augmentation momentanée 175
344. — La demande de résiliation pour augmentation de prix ne peut être présentée pour la première fois devant le conseil de préfecture. 176
345. — L'administration n'a pas le droit de demander la résiliation pour diminution de prix 176
346. — En cas de décès de l'entrepreneur : — I. Résiliation. . . . 176
         — II. En cas de malfaçon. 176
         — III. S'il y a plusieurs entrepreneurs . . . 176
347. — Résiliation en cas de faillite de l'entrepreneur. 176
348. — Augmentation de prix pour dépenses imprévues 177
349. — Prix fixe stipulé. 178
350. — Indemnité due en cas de force majeure. 179
351. — En cas de retard apporté dans les ordres de service. . . . 179

CHAPITRE XX

Mise en régie par la faute de l'entrepreneur.

(TRAVAUX PUBLICS)

352. — Motifs autorisant la mise en régie. — L'administration peut nommer un gérant ou procéder à une réadjudication. 181
353. — L'entrepreneur peut se pourvoir devant le conseil de préfecture non pour demander la nullité de la régie mais pour en éviter les conséquences 183
354. — La régie ne peut être prononcée que pour l'ensemble de l'entreprise 184
355. — En cas de régie irrégulière, l'administration en supporte les conséquences. 184
356. — La régie est faite aux frais de l'entrepreneur qui peut en contrôler les opérations 184
357. — Il a le droit d'exiger les comptes après les opérations . . . 184
358. — Les réclamations contre les comptes de la régie doivent être produites dans les vingt jours 184

Nos DU VOLUME	PAGES
359. — Réadjudication	185
360. — La mise en régie doit être précédée d'une mise en demeure	185
361. — La régie irrégulière n'implique pas forcément une indemnité	185
362. — Cas d'irrégularité de la régie.	186
363. — Obligation de dresser un inventaire	186
364. — Quantum des indemnités	187
365. — En cas de régie irrégulière l'entrepreneur peut demander la résiliation et le prix de l'usure du matériel	187
366. — L'entrepreneur justifiant de moyens suffisants peut être relevé de la régie	188

CHAPITRE XXI

Reprise du matériel.

367. — Cas où il y a lieu à reprise du matériel.	189
368. — S'étend à tous objets indispensables à la bonne exécution des travaux.	190
369. — La reprise ne s'étend pas aux outils ayant rempli leur office.	190
370. — L'entrepreneur ne peut jamais faire de bénéfice.	190
371. — On doit lui tenir compte des frais de garde et d'entretien.	191
372. — Les matériaux doivent être repris	191
373. — En cas de résiliation pour augmentation du sixième ou de faillite, l'administration n'est tenue que de reprendre les matériaux et pas le matériel	191

CHAPITRE XXII

Extraction des Matériaux.

374. — Servitude légale établie au profit des entrepreneurs de travaux publics	193
375. — Dans quels terrains peuvent avoir lieu des fouilles.	194
376. — Formalités à remplir vis-à-vis des propriétaires	195
377. — Le droit de fouille appartient aux simples fournisseurs de matériaux	195
378. — Pas d'indemnité préalable.	196
379. — Manière de procéder pour fixer l'indemnité. Expertise.	196
380. — Frais de l'expertise.	196
381. — Extraction dans des carrières déjà exploitées	197
382. — Quotité de l'indemnité	197
383. — Indemnité aux locataires et aux propriétaires	198
384. — Insolvabilité de l'entrepreneur. Responsabilité de l'administration	198
385. — Substitution de carrière imposée à l'entrepreneur.	198
386. — L'entrepreneur ne peut vendre les matériaux extraits.	199

CHAPITRE XXIII

Procédure devant le Conseil de préfecture et le Conseil d'Etat.
(*Loi du 22 juillet* 1889).

Nos DU VOLUME			PAGES
387-388. — Conseils de préfecture.	—	I-II. Compétence	200
389 à 400.	—	III à XIII. Procédure.	201,204
401.	—	XIV. Référé.	205
402.	—	XV. Transport sur les lieux	206
403.	—	XVI. Notification	206
404.	—	XVII. Opposition.	206
405.	—	XVIII. Exécution provisoire.	207
406.	—	XIX. Tierce opposition	207
407.	—	XX. Pourvoi devant le conseil d'Etat	207
408-410. — Conseil d'Etat. —		I-III. Composition	208
411-418.	—	I-VIII. Procédure	208,209

CHAPITRE XXIV

Travaux publics et communaux.— Réception définitive. — Malfaçons. Réserves. — Dettes des communes et de l'Etat. — Paiement en retard. — Moyens de contrainte.

419. — Communes récalcitrantes	211
420. — Après la réception définitive, le solde du décompte est dû	213
421. — Les malfaçons contrôlées avant la réception définitive n'impliquent pas résiliation.	213
422. — Les malfaçons peuvent être opposées jusqu'à la réception définitive	214
423. — En cas de malfaçons il peut y avoir lieu à réfection, mais non à refus de paiement	214
424. — Si on oppose des réductions à l'entrepreneur à raison des malfaçons il faut protester dans les vingt jours	214
425. — L'acceptation du décompte sans réserve est absolue.	215
426. — En cas de refus du décompte l'entrepreneur doit déduire les motifs.	215
427. — Que faut-il entendre par ces mots ?	215
428. — Commune débitrice refusant de payer	216
429. — On va d'abord devant le conseil de préfecture	217
430. — Puis on s'adresse amiablement au maire	217
431. — On lui fait sommation.	217
432. — On s'adresse au préfet	218
433. — On s'adresse au ministre.	218
434. — On se pourvoit devant le conseil d'Etat.	219
435. — On revient devant le préfet agent d'exécution	219
436. — L'État débiteur	220
437. — Paiement d'acomptes.	220
438. — Intérêts des intérêts.	221
439. — Résumé de la procédure.	222

APPENDICE

	PAGES
I. — 1793 (4 mars). *Décret* qui donne hypothèque à la nation sur les biens des entrepreneurs et fournisseurs.	225
II. — An II (28 pluviôse). *Décret* qui interdit aux créanciers particuliers des entrepreneurs autres que les ouvriers ou fournisseurs, toutes saisies arrêts sur les fonds revenant auxdits entrepreneurs.	225
III. — 1829 (10 mai). *Ordonnance* sur le mode d'adjudication des travaux des Ponts et Chaussées.	226
IV. — 1848 (15 décembre). *Arrêté* ministériel sur les secours aux ouvriers en cas d'accidents.	228
V. — 1864 (2 novembre). *Décret* sur quelques points de procédure devant les conseils d'Etat et les Ministres.	229
VI. — 1866 (18 novembre). — *Cahier* des clauses et conditions générales imposées aux entrepreneurs des travaux des ponts et chaussées	231
VII. — *Circulaire* de M. le Ministre des travaux publics sur le cahier des clauses et conditions générales de 1866.	243
VIII. — 1868 (8 février). — *Décret* sur les formalités à remplir vis-à-vis des propriétaires de terrains occupés pour l'exécution de travaux publics	252
IX. — 1877 (14 avril). — *Circulaire* de M. le Ministre des travaux publics à Messieurs les Préfets sur certaines modifications à apporter aux clauses et conditions générales de 1866.	254
X. — *Circulaire* n° 40. — Versailles, le 30 septembre 1878. Adjudications publiques. Dépôt des soumissions	259
XI. — 1888 (4-5 juin). — *Décret* qui fixe les conditions exigées des sociétés d'ouvriers français pour pouvoir soumissionner les travaux et fournitures faisant l'objet des adjudications de l'État.	261
XII. — *Instruction* sur l'application de la loi du 22 juillet 1889.	262
XIII. — 1891 (25 juillet). — Loi étendant à tous les travaux publics le décret du 26 pluviôse an II	289
Table analytique des matières	291

DIJON, IMPRIMERIE DARANTIERE, RUE CHABOT-CHARNY, 65

ERRATUM

Page 200, n° 387, *au lieu de* : Les Conseils de préfecture jugent toujours en DERNIER ressort, *il faut lire* : en PREMIER ressort. Le développement du chapitre contredit du reste cette faute d'impression.

www.ingramcontent.com/pod-product-compliance
Lightning Source LLC
Chambersburg PA
CBHW071330150426
43191CB00007B/679